KB040809

후천성 인권 결핍
사회를 아웃팅하다

후천성 인권 결핍 사회를 아웃팅하다

ⓒ 행성인 · 지승호, 2011

초판 1쇄 2011년 7월 8일 발행
개정판 1쇄 2017년 12월 1일 발행

지은이 행동하는성소수자인권연대
인터뷰 지승호
펴낸이 김성실
제작 한영문화사

펴낸곳 시대의창   등록 제10-1756호(1999. 5. 11)
주소 03985 서울시 마포구 연희로 19-1
전화 02) 335-6125   팩스 02) 325-5607
전자우편 sidaebooks@daum.net
페이스북 www.facebook.com/sidaebooks
트위터 @sidaebooks

ISBN 978-89-5940-656-2 (03300)

We have done our best to indicate the sources of all photographs in this book and to obtain permission for their use. In the case of that are not properly credited, are willing to take proper procedures at any time. Please contact us by email if you have any inquiries.

이 도서는 2010년 아름다운재단 공익단체 출판지원사업에 선정되어 제작되었습니다.

잘못된 책은 구입하신 곳에서 바꾸어드립니다.

이 도서의 국립중앙도서관 출판예정도서목록(CIP)은
서지정보유통지원시스템 홈페이지(http://seoji.nl.go.kr)와
국가자료공동목록시스템(http:www.nl.go.kr/kolisnet)에서 이용하실 수 있습니다.
(CIP제어번호 : CIP2017028933)

후천성 인권 결핍 사회를 아웃팅하다

행동하는성소수자인권연대 · 지승호 지음

두려움에서 걸어나온 동성애자 이야기

시대의창

나중을 지금으로 바꾸는 투쟁은 계속된다

2011년 여름 이 책이 나온 이후 벌써 여섯 해가 지났다. 그사이 사회적으로나 단체 내부적으로 다양한 변화와 사건이 있었다. 일단 '동성애자인권연대'는 2015년 총회를 기점으로 단체 이름을 바꿨다. 이제 '동인련'이 아니라 '행성인'으로 불린다. '행동하는 성소수자인권연대'. 다양한 성소수자와 이성애자가 함께 행동하는 단체임을 드러내기 위해 열심히 토론해 결정한 새 이름이다. 이제 제법 행성인이라는 이름이 익숙해졌다.

그간 성소수자 인권 운동은 역동적인 시간을 보냈다. 책 속에 자주 언급되는 2010년 드라마 〈인생은 아름다워〉 반대 활동 이후 반성소수자 운동은 점점 더 조직적이고 공세적인 활동을 펼쳤다. 정부와 기성 체제에서 노골적으로 성소수자의 존재를 부정하고 혐오를 펀드는 일들이 거듭됐다. 교육부는 성교육에서 성소수자를 배제했고, 법무부는 성소수자 인권 재단의 설립 허가를 거부했다. 지자체에서 성소수자 인권 조항이 포함된 조례나 정책이 후퇴하거나 제정이 무산되는 일도 벌어졌다. 정치인들, 심지어 개혁적이고 진보적이라고 일컬어지는 이들조차 성소수자 인권을 외면하고 부정하는 발언을 내뱉곤 했다. 반성소수자 운동의 중심에 보수 개신교계와 우익 단체들이 있었던 만큼 우파 정권 아래에서 반성소수자 운동은 기세등등했다.

성소수자를 향한 혐오만이 아니라 이주민, 무슬림, 여성, 장애인 등 사회 소수자를 향한 혐오도 거셌다. 세월호 유가족이나 민주노총처럼 정부에 비판적인 집단에 대한 비난과 매도가 사회적 혐오와 연결돼 읽히면서 '혐오'는 우리 시대의 키워드가 됐다. 청와대, 국정원 등이 직간접적으로 정부 비판 세력을 향한 공격에 연루했다는 사실이 박근혜 정권 퇴진 촛불운동 국면에서 밝혀졌다. '누군가를 변태로 만들고 따돌림으로써 그들이 원하는 대로 사회를 유지'하는 수법을 생생히 목격한 셈이다.

성소수자들이 무력하게 고통받기만 한 것은 아니다. 한국 최대의 성소수자 행사인 퀴어문화축제는 매해 참가자 수가 크게 증가해 올해에는 8만 명이 넘는 사람이 참가했다. 차별과 혐오가 부당하다고 느끼는 성소수자들이 늘어났다. 누더기 차별금지법에 맞선 싸움을 계기로 '성소수자차별반대무지개행동'이라는 연대체가 만들어져 성소수자 운동의 구심으로 자리 잡았다. 노골적인 혐오 앞에 '과격하고 거친' 운동 방식을 배우기도 했다. 2011년 겨울 성소수자들은 서울시 학생인권조례가 차별금지법처럼 난도질당할 수 있다는 위기감에 점거 농성이라는 적극적인 방식의 싸움을 단행했다. 2014년 퀴어퍼레이드가 반대 시위에 가로막힌 경험을 한 뒤 서울시민인권헌장을 둘러싸고 박원순 시장이 혐오에 굴복하자 성소수자들은 절박한 심정으로 서울시청 로비를 점거했다. 서울시는 끝끝내 인권헌장을 선포하지 않았지만 점거 농성은 유례없는 지지와 연대를 경험하며 성소수자 활동가들에게 싸울 수 있다는 확신을 줬다. 이런 과정을 거치며 성소수자가 차별에 저항하는 사회 집단이라는 인식이 확대됐다.

불통과 탄압으로 일관하고 혐오와 불평등을 키우며 유지되던 박근혜 체제가 막을 내렸고 적폐 청산과 변화의 열망 속에 정권이 교체됐다. 하지만 혐오의 말들이 좀먹은 공론장은 여전하고, 성소수자에게 덧씌워진 낙인은 뚜렷하기만 하다. 긴 겨울을 촛불과 함께 거리에서 보낸 무지개깃발의 존재가 무색하게 성소수자 인권은 여전히 나중으로 밀려나고 있다. 존엄과 권리가 유예되는 만큼 비극도 지속된다. 지난 6년 사이에만 행성인은 또 친구 둘을 잃었다. 동성과 사랑을 나눴다는 이유로 동성애자 군인을 처벌하는 사건이 2017년에 버젓이 자행되면서 다른 시대를 향한 열망에 찬물을 끼얹었다.

행성인은 혐오와 차별에 맞선 성소수자들의 싸움 한복판에서 헌신적으로 활동했다. 소수자들, 노동자들, 세월호 유가족들…. 외롭고 지난한 싸움을 이어가는 사람들의 곁을 찾아 무지개깃발을 들고 거리에 섰다. 꾸준히 조직한 '성소수자 부모모임' 활동은 성소수자 운동의 든든한 우군을 만들어냈다. 돌아보니 행성인은 훌쩍 자라 한국에서 가장 규모가 큰 성소수자 단체로 자리 잡았다. 기동력 있는 활동에도 '누구 하나 튀는 사람 없이 행성인이 고유명사가 되어 활동하고 있는 모습'이야말로 행성인의 가장 큰 강점이자 자랑거리다. 행성인은 그 누가 대신해주는 것이 아니라 "행동하는 성소수자가 세상을 바꾼다"라고 다짐하며 스무 살을 보내고 있다.

인터뷰에 참여한 동인련 회원들의 근황이 궁금하신 분들이 있을 것이다. 정율은 언제나처럼 청소년 성소수자와 HIV 감염인을 위해 최선을 다하고 있다. 동인련이 함께 인큐베이팅한 '청소년성소수자위기지원센터 띵동' 대표면서, 2012년 발족한 감염인 연합회 'KNP+'에서 간사 역할도 맡고 있다. 곽이경은 노동운동으로 나아가 커밍아웃한 민주노총 활동가로 자리 잡았다. 여기동은 2015년 행성인 회원들과 가족들, 친구들의 축하를 받으며 꿈꾸던 공개 결혼식을 올렸다. 윤가브리엘은 여전히 '나누리+' 활동을 열심히 하고 있다. 이혁상, 우주, 민수도 모두 각자의 자리에서 치열한 삶을 이어가고 있다. 두려움을 용기로 바꾼 우리 성소수자들은 오늘도 '나중을 지금으로 만드는 싸움'을 진행하고 있다.

6년 전 동인련 회원의 이야기가 오늘날에도 유효하다는 사실이 말해주듯 성소수자 차별의 현실은 여전하다. 아직 가야 할 길이 먼 것이 사실이다. 그래서 행성인 20주년을 맞아 개정판을 내자는 출판사의 제안이 더욱 반가웠다. 시대의창 출판사에 진심으로 감사를 전한다. 2017년 행성인 운영위원들은 개정판과 초판 사이의 거리를 좁히기 위해 6년의 시간을 간략히 정리하는 글을 썼다. 성소수자 인권이 결정적인 변곡점을 앞두고 있는 오늘날 이 책을 통해 변화의 길을 함께할 벗들을 만날 수 있기를 바란다.

행동하는성소수자인권연대 운영위원회를 대신해,
나라 씀

여전히, 겨우 숨 쉬는 그들의 목소리

지난해 9월 '바른성문화를위한국민연합'과 '참교육어머니전국모임' 등의 단체에서 《조선일보》에 "〈인생은 아름다워〉 보고 '게이'된 내 아들 AIDS로 죽으면 SBS 책임져라!"는 광고를 냈다. 그 후일간지 몇 곳에도 비슷한 내용의 광고가 실렸다. 우리 사회에 도사리고 있던 동성애에 대한 편견의 극단을 보여 준 사건이다.

영화 〈래리 플린트〉 밀로스 포먼 감독은 '권위주의 정권이 포르노그래피에 대해 그렇게 신경질적인 이유가 뭐라고 생각하느냐'는 어느 인터뷰 질문에 이렇게 답했다.

"신경질적인 게 아니다. 단지 대중의 신뢰를 얻는 데 이용할 뿐이다. 포르노가 위협이 못 된다는 걸 그들도 알고 있다. 중요한 건 포르노와 싸우면 그들에게 문이 열린다는 것이다. 포르노와 매춘과 싸우는 걸 반대하는 사람은 없으니까. 하지만 그들이 우리 집 문 안에 한 발 들여놓으면 절대로 거기서 끝나는 법이 없다. 그리고 마침내 정부의 공식 정책에 동의하지 않는 사람은 누구든지 변태로 만든다. 그 모든 게

포르노그래피와 싸우는 것에서 출발하는 거다. 포르노와 싸
우면 모두 박수를 친다. 그러면 그 정부는 의기양양해져서
더 많은 사회 세탁 과정을 밟게 되고, 그 강도도 점점 세지
는 거다."

이 글에서 포르노를 동성애로, 정부를 기성 사회로 치환해도
무방할 것이다. 그렇게 보면 이 사회가 왜 그렇게 열을 올리며 동
성애를 공격하는지 짐작된다. 누군가를 변태로 만들거나 따돌림
으로써 그들이 원하는 대로 사회를 유지할 수 있기 때문이다. 케
케묵었지만, 여전히 꽤 효과가 있는 수법이다.

2009년 한국여성정책연구원이 전국의 성인 2천 명을 대상으로
설문 조사한 결과에 따르면, 한국에서 차별받는 집단을 묻는 항목
에서 동성애자가 3.48점(4점 만점)으로 가장 높았다. 미혼모나 이
주노동자, 장애인이 그 뒤를 이었다. 그런데 이웃으로 지내고 싶
지 않은 가족을 묻는 질문에서도 동성애자는 1위였다(《게이 컬처
홀릭》 참고). 왜 동성애자들이 가장 많이 차별받는 그룹이 되었는
지 알려 주는 결과다.

1978년 미국 학자 벨과 에인버그의 조사 결과에 따르면 미국
청소년의 자살 시도 중 게이 남성이 이성애자보다 17세 그룹에서
는 16배, 20세 그룹에서는 13배나 높았다. 동성애에 대해 우리보
다 비교적 관대한 사회에서도 동성애자라는 이유로 살해되는 일도
많다.

톰 행크스와 덴젤 워싱턴이 열연한 영화 〈필라델피아〉는, 유능
했던 변호사가 에이즈에 걸려 해고를 당하고, 이에 맞서 결국 승

리한다는 내용이다. 동성애자에 대한 사회적 편견에 대항해 가는 과정도 멋있었지만, 개인적으로 가장 감동적인 장면은 에이즈에 걸린 주인공이 가족들에게 "내가 앞으로 할 일들 때문에 힘들어 질지 모르겠다"고 말했을 때 가족들이 "난 너를 믿는다" "네 권리를 찾기 위해 싸워라" "난 자식들에게 버스 뒷좌석에 앉아 있으라고 가르치진 않았다"며 격려하는 것이었다. 물론 대부분 가족이 이들처럼 격려하겠지만, 그렇지 못한 가족도 있다. "에이즈에 걸린 놈이 무슨 낯으로 소송을 건다는 거냐" "집안 망신시키지 말고 때려치워라"고 말하는 가족도 있을 것이다.

　동성애자들의 바람은 소박하다. 자기 존재를 부정당하지 않는 것, 최소한 가족들과 친한 몇 사람만이라도 '나는 너를 믿는다. 힘든 게 있다면 도와줄까?'라고 물어봐 주는 것이다. 게이 네 명의 삶을 소개한 다큐멘터리 〈종로의 기적〉을 찍은 이혁상 감독의 바람도 크게 다르지 않다. 그는 "다큐 주인공들을 보면서 사람들이 '나와 크게 다르지 않구나, 다른 사람이 아니구나' 느꼈으면 좋겠다"고 했다. 나 역시 사람들이 이 책을 보면서 동성애자들이 '나와 다른 사람이 아니'라는 사실을 알게 되길 빈다. 〈종로의 기적〉이 '2010년 올해의 독립영화상'을 받았을 때 이 감독의 수상 소감처럼, 나 역시 이 책이 "이성애자들에게는 자신과 다른 삶을 살아가는 타자를 이해하고 존중하는 법을 알게 하고, 성소수자들에게는 자신을 긍정하고 치유할 수 있는 용기를 불어넣어 주길" 바란다.

　한국성적소수자문화인권센터 한채윤 대표는 이렇게 말한 적이 있다.

"내가 나의 성정체성을 알게 된 것은 스물다섯 해를 보내고 있을 때였다. 내가 레즈비언이란 걸 알기 전에는 나의 정체를 알지 못해 괴로웠고, 내가 레즈비언이란 걸 깨닫고 난 이후에는 세상이 나를 이유 없이 (아니, 그들의 이유는 너무나 명료했지만) 미워한다는 것이 괴로웠다. 단지 동성애자라는 이유만으로 나를 한 번도 본 적 없는 사람들로부터 '찢여 죽여버리겠다' '미친년' '저주 받아라'는 등 온갖 종류의 욕을 다 들어 보았다. 가끔 호모포비아들로부터 테러를 당하는 꿈을 꾸기도 한다. 하지만 그런 때일수록 내가 동성애자임을 감사하게 된다. 적어도 편견과 무지가 얼마나 나쁜 것인지, 인간의 존엄성이 무엇인지는 알고 살아갈 수 있으니 말이다."

한채윤 대표처럼 고통을 겪던 사람들이 동성애자인권연대(이하 동인련)를 비롯한 여러 단체에서 활동하면서 자존감을 회복하고, 기쁨과 아픔을 서로 나누면서 위로하는 모습이 아름다웠다. 그들 사이에 있으면 '성소수자'가 되는 나는, 가끔 그런 '연대'가 부러웠다. 청소년 활동가들의 밝고 활기찬 모습을 보면 나도 덩달아 유쾌해졌다. 꼭꼭 숨어 혼자 고민하는 동성애자들에게 인터뷰이들은 한결같이 손짓했다. "나오세요. 그럼 삶이 바뀌어요."

10년째 대표를 맡고 있는 동인련 회원들의 친구이자 형, 오빠인 정욜은 동인련이 "가벼워 보이지만 원칙은 센, 할 말은 하는 단체, 사람들과 갈등했을 때 갈등만 남는 게 아니라 서로에 대해 공감하는 능력이 더 깊어지는 단체, HIV 감염인들을 위해 최선을 다하는 단체, 청소년 인권을 위해 최선을 다하는 단체"가 되었으면 좋겠다고 말했다. 그의 말대로 되는 데 이 책이 조금이라도 도움이 되면 좋겠다. 아마도 그렇게 될 것이다.

이 책에서 인터뷰이들은 자신들이 겪은 많은 상처에 대해 말해주었다. 그중 나조차도 쉬 잊을 수 없는 것이 있다. 같이 집회를 하고, 인권·평화 등에 관해 고민을 나눴던 단체들이 어느 순간 동성애자라는 이유로 자신들을 외면하거나 "나는 동성애자가 싫어!"라고 말할 때 그 어느 때보다 그들 마음은 깊이 베인다. '아직은 더 급한 게 있어'라며 삶 전부를 던져 운동하는 그들을 밀어내는 사람들과, 같은 성소수자이면서도 "문제 만들지 말고, 그냥 조용히 살면 좋잖아."라며 호모포비아보다 더 격하게 그들에게 달려드는 사람들 사이에서 그들은 여전히, 겨우 숨 쉬고 있다. 그들이 설 자리를 내주지 않는 사람들에게 마르틴 니묄러의 시 〈처음 그들이 왔을 때〉를 읽히고 싶다.

나치가 공산주의자를 잡아갔을 때
나는 아무 말도 하지 않았다.
나는 공산주의자가 아니었으니까.
그들이 사민주의자들을 가두었을 때
나는 침묵했다.
나는 사민주의자가 아니었으니까.

그들이 노동조합원을 체포했을 때
나는 항의하지 않았다.
나는 노동조합원이 아니었으니까.

그들이 유대인을 잡아갔을 때
나는 방관했다.
나는 유대인이 아니었으니까.

그들이 나를 잡아갔을 때
항의해 줄 누구도 남아 있지 않았다.

동성애 혐오는 시대착오적이다. 그 증거는 아주 많다. 미학자 진중권은 최근 불거진 카이스트 사태(학업 스트레스로 학생들이 잇달아 자살한 사건)를 보며 자신의 트위터에서 "21세기는 best가 아니라 'unique'의 시대라고 하지요. best를 얻는 것은 쉽죠. 100명의 학생에게 시험을 보게 하면 best는 반드시 1명(혹은 그 이상) 나옵니다. 하지만 거기서 unique가 나온다는 보장은 없지요."라고 말했다. 확실히 21세기는 유니크(독특한)한 사람이 돋보이고, 패션과 디자인, 창의력이 중심이 되는 시대다. 그런데 이런 시대를 이끄는 이들 중에는 게이가 많다. 세계적인 패션 디자이너 중에서 게이가 많은 것은 익히 알려진 사실이다. 잡지《에스콰이어》패션 디렉터 심정희 씨는 게이들이 패션업계에서 각광받는 이유를 이렇게 분석한다.

"여자가 보지 못하는 여자의 아름다움과 남자가 보지 못하는 여자의 아름다움 그 모두를 포착해 낸다고 할까, 남자가 보지 못하는 남자의 아름다움과 여자가 보지 못하는 남자의 아름다움 그 모두를 포착해 낸다고 할까. 그로 인해 그들의 시선은 일반인에게 신선한 자극을 줄 수밖에 없고, '신선한 자극'은 패션계가 늘 애타게 원하는 '무엇'이다."

이제 진부해진 '다양성'이라는 말을 굳이 덧붙이지 않더라도, '모든 인간은 소중하다'는 말을 굳이 반복하지 않더라도, 우리 사회의 잠재력을 싹트게 하려면 동성애자들이 가진 장점을 이제 인정하고 받아들여야 하지 않을까.

나라마다 조금씩 다르겠지만 여러 연구에 따르면 한 사회에서 성소수자들은 적게는 5퍼센트, 많게는 13퍼센트 이상이라고 한다. 엄청난 숫자다. 동성애자가 어디에 있냐고, 눈을 씻고 봐도 자기 주변에는 없다고 장담하는 사람이 있다면 먼저, 주위 동성애자들에게 자신이 편협한 사람으로 비추어지지는 않았는지 돌아볼 일이다.

인터뷰어로 나를 선택해 주고, 바쁜 시간을 쪼개 인터뷰에 응해 준 동인련 활동가들을 비롯한 많은 동인련 회원에게 이 자리를 빌려 감사와 우정의 말을 전한다. 모두 행복해지시라.

지승호

'그날'을 위한 생생한 증언록

'동성애자인권연대' 회원 인터뷰집이 아름다운재단의 공익출판 지원사업에 선정된 지도 어느새 일 년이 훌쩍 지나 버렸다. 그 사이 동성애를 둘러싼 크고 작은 사건들로 동인련은 정신없는 하루하루를 보내야만 했다. 특히 본격적으로 동성애자를 주인공으로 내세워 가족과 갈등하는 것을 현실적으로 다룬, 김수현 작가의 드라마 〈인생은 아름다워〉는 논란의 중심에 섰다. 이 드라마를 계기로, 동성애 억압을 위해 급조된 '바른성문화를위한국민연합(이하 바성연)'은 막대한 자금을 쏟아 부어 조직적으로 움직이기 시작했다. 군대 내 동성 간의 성행위를 '계간'으로 규정하고 1년 이하의 징역형에 처하도록 명문화한 군형법 92조(현재는 개정되어 2년 이하의 징역에 처하도록 되어 있다)에 대한 위헌제청을, 바성연은 마치 동성애를 조장해 군 기강을 문란하게 만들려는 행동인 것처럼 호도했다. 나아가 이들은 차별금지법을 동성애 허용법으로 곡해하며 차별금지법 제정을 방해하는 공작을 은밀하게 펼치고 있다. 그만큼 한국에서 치열하게 살아가고 있는 동성애자들의 진실한 외침을 담은 이 책의 필요성은 더욱 절실해졌다.

누군가가 물었다. 동인련이 동성애 커뮤니티를 대표할 수 있느냐고. 물론 인터뷰에 참여한 동인련 회원들은 우리 주변에서 다양한 모습으로 살아가는 여러 동성애자들보다는 한 발짝 앞서 세상과 당당하게 맞서고 있다. 그러나 이들 역시 다른 동성애자들과 동일한 출발선에서 남과 다른 자신의 성정체성으로 인해 괴롭고 외로운 날들을 보냈다. 적어도 한국에서 동성애자로서 살아가면서 겪을 수밖에 없는 아픔과 시련만큼은 가감 없이 대변할 수 있을 것이다. 그들의 삶에는 동성애자들의 과거와 현재 그리고 미래가 고스란히 투영되어 있다.

그렇다고 해서 이 인터뷰집이 단순히 동성애자들의 비참한(?) 현실에 대한 고백록에 그치는 것은 아니다. 그들의 삶에 대한 이야기는 곧 그들이 살아가고 있는 이 사회의 치부에 대한 폭로이기도 하다. 동성애자들의 삶이 비참하다면, 그것은 이 사회의 인권 감수성이 그만큼 결핍되어 있기 때문이다. 권력화된 보수 기독교계는 자신들의 편협한 교리주의로 동성애자를 '치료'의 대상으로 소환하며 동성애 혐오를 조장한다. 다국적 제약회사는 에이즈 환자의 목숨을 담보로 한 돈벌이에 혈안이 되어 있다. 군대는 시대착오적인 가치관을 고집하며 외부로부터 철저하게 고립된 채 동성애자를 죄인 취급한다. 가부장적인 혈연 중심의 가족주의는 가장 큰 부채감으로 동성애자의 일상을 옥죄어 온다. 동성애 혐오적인 학교 교육은 많은 성소수자 청소년의 삶을 죽음으로 내몰고 있다. 미디어는 각종 검열로 '실제 동성애자'의 모습을 배제하거나 왜곡하고 있다.

이처럼 동성애는 한국 사회의 인권지수를 측정하기 위한 리트

머스 시험지로서 이 사회의 치부를 철저하게 까발린다. 우리 사회가 표적으로 삼는 소수자가 비단 동성애자만이 아니라는 사실을 명심해야 한다. 이들의 화살은 언제든지 다른 약자를 향해 발사될 수 있다. 따라서 동성애자의 삶을 보호하는 것은 이 사회의 다른 모든 소수자의 삶을 지키는 일과 진배없다. 훗날, 동성애 혐오자들은 부끄러움에 치를 떨며 통한의 눈물을 흘릴 것이다. 이 책은 그날을 위한 생생한 증언록으로 남을 것이다.

끝으로, 동인련 회원들의 이야기를 책으로 엮어 낼 수 있는 소중한 기회를 주신 아름다운재단과 흔쾌히 인터뷰어라는 막중한 임무를 맡아 주신 '인터뷰 달인' 지승호 님, 선뜻 출간에 응해 주신 '시대의창' 출판사 여러분에게 감사의 말을 전한다. 그리고 동인련을 대표해 용기 내어 자신의 목소리를 빌려 준 활동가분들에게 그 누구에게보다 큰 박수를 보낸다.

김경태

차례

3장 군이 군형법 92조 '계간'에 목매는 이유 민수

1장

—

"우리는 어디에나 있습니다"

★ 인터뷰이 **이혁상**

중학교 1년 때 학교에서 스티븐 스필버그 감독의 〈레이더스〉를 단체 관람했다. 그 후 영화에 영혼을 팔았다. 그리고 결심했다. 영화감독이 되겠다고. 하지만 확실치 않다. 내가 '영화'를 좋아했던 것인지 아니면 주인공 '해리슨 포드'를 좋아했던 것인지는. 감독이 되려면 연극영화과에 가야 한다고 생각했다. 하지만 소년은 '영화쟁이는 배고픈 딴따라'라며 입시 원서 날인을 거부하던 어르신들 뜻에 너무 쉽게 굴복하고 말았다. 무역학과에 들어갔다. 학과 공부는 철저히 등한시했다. 영화동아리 활동만이 대학 생활의 전부였다. 그러다 당시 지식 사회를 휩쓸던 동성애 담론을 접했다. 그리고 여성에게는 도통 관심이 없던 스스로를 의심하기 시작했다. 결국 95년 즈음, 숨을 꼴딱거리며 한국게이인권운동단체 친구사이의 문을 두드렸다. 말하자면 그것이 나의 '데뷔'였던 셈이다.

하지만 오랫동안 '동성애자가 아닐 수도 있다'는 쓸데없는 고민에 빠졌다. 되지도 않는 이성 연애를 시도하며 방황도 했다. IMF가 터졌다. 한국 사회의 미래만큼이나 내 인생도 불안하고 여전히 모호했다. 졸업 후 사회생활을 하다가 한 가지만큼은 확실히 해야겠다고 마음먹었다. 영화. 막판 뒤집기 심정으로 대학원에 입학해 영화 이론을 공부했다. 2002년이었다. 인생 한 번 뒤집고 나니 두 번, 세 번도 할 수 있겠다 싶었다. 그래서 스스로 정리했다. 나는 동성애자다.

남자와 첫 연애를 시작했다. 2003년, 서른이었다. 세상은 온통 분홍빛이었다. 그 무렵 여성주의와 섹슈얼리티에 대해 공부하던 선배가 세미나를 제안했다. 꼬드김에 넘어가 참석했던 세미나가 바로 '성적소수 문화환경을 위한 모임 연분홍치마'의 전신이었다. 책만 보던 우리는 여성주의를 바탕으로 다양한 성적 감수성을 드러내는 무언가를 만들어 보자며 의기투합했다. 2004년 연분홍치마가 공식 발족했다. 우리가 가장 잘할 수 있는 활동을 고민하던 끝에 영상을 선택했다. 영화 제작에 관해선 글로만 배운 게 전부였다. 그러나 우리는 무작정 카메라를 들었다. 맨땅에 헤딩해 가면서 기지촌 성매매를 다룬 연분홍치마의 첫 다큐멘터리 〈마마상〉을 완성했다. 2005년이었다. 아쉬움이 남았다. 모두 다음번에는 더 잘할 수 있으리라 생각했다. 다시 도전했다. 2008년 성전환 남성의 커밍아웃 다큐 〈3×FTM〉을 만들었다. 2009년에는 커밍아웃한 레즈비언 국회의원 후보 최현숙의 선거 다큐 〈레즈비언 정치도전기〉를 선보였다. 여전히 우리는 고군분투했다. 하지만 연분홍치마는 조금씩 성장했다. 더불어 나 역시 활동가로서 정체성을 찾게 되었다.

트랜스젠더와 레즈비언 다큐가 완료되자 자연스럽게 게이 다큐에 대한 논의로 이어졌다. 마침 친구사이에서 게이 커밍아웃 다큐멘터리 제작을 제안해 왔다. 이전 다큐에서 촬영과 편집에 참여했던 나에게 첫 연출권이 돌아왔다. 게이 다큐는 게이가 찍자. 단순한 논리였지만 명쾌한 시작이었다. 하지만 나의 첫 다큐 연출은 재난에 가까웠다. 용기 있게 다큐 제작에 동참했던 친구들과 응원을 아끼지 않은 커뮤니티가 없었다면 〈종로의 기적〉의 완성은 요원했을 것이다. 좌충우돌과 천신만고 끝에 이 작품을 털어낸 것이 2010년. 결국 나는 까까머리 중학생 시절 꿈이었던 영화감독이 되었다. 신기하다. 스티븐 스필버그 같은 블록버스터 영화를 꿈꾸던 내가 다큐멘터리 감독이 되다니. 더욱이 이제는 사회적 발언을 서슴지 않는 다큐멘터리 활동가가 되다니. 신기를 넘어 신비롭기까지 한 인생역정이다. 그래도, 어쨌든, 2011년 내 삶이 연분홍빛인 것만은 확실하다.

● 〈종로의 기적〉*이 '2010년 올해의 독립영화상'을 받았죠? 축하드립니다.

감사합니다. (웃음)

● 그동안 게이들 얘기는 독립영화뿐만 아니라 공중파에서도 간간이 나왔는데요. 본격적인 장편 다큐멘터리는 이것이 처음이지 않습니까? 다루기 쉽지 않은 주제라 이제야 나왔을 것 같은데요.

★ 〈종로의 기적〉은 30대 게이 네 사람(영화감독 소준문, 동인련 활동가 장병권과 정욜, '친구사이' 노래 소모임 지보이스에서 활동하는 '시골 게이' 영수)의 삶을 보여 준 국내 첫 게이 다큐다. 감독 역시 게이다. 보수 기독교계가 이 사회를 쥐락펴락하는 현실을 감안하면 이 영화의 '커밍아웃'은 용기 그 이상이다. 영화 마지막 장면에서 감독은 소망한다. '종로의 기적'이 평범한 일상이 되기를. 종로라는 공간에선 그들도 잠시 '평범한' 사람들이 된다.

'종로의 기적'이 평범한 일상이 될 수는 없을까. 다큐멘터리 〈종로의 기적〉 포스터.

사실 성소수자 다큐멘터리는 그 자체가 커밍아웃입니다. 감독 자신이 성소수자로서 성소수자 이슈를 다룬다는 것 그리고 주인공들이 다큐멘터리에 출연한다는 것은 곧 개인적 차원이 아닌 사회적 차원의 커밍아웃을 결심하는 것입니다. 이성애 중심적인 한국 사회에서 커밍아웃은 그 자체로 인생의 대전환이 시작되는 순간이죠. 그렇기 때문에 '성소수자로서 나와 내 친구들의 삶을 다큐를 통해 담고 싶다. 성소수자 인권을 얘기하고 싶다'고 해도 커밍아웃이라는 과정에 대해 심각하게 고민하게 됩니다. 제 주위에도 성소수자 미디어에 관심이 많고, 스스로 제작해 보고 싶어하는 성소수자가 많습니다. 하지만 자신의 미래를 뒤바꿀 수 있는 커밍아웃이 선결되어야 한다는 점은 부담이 될 수도 있겠죠.

그동안 한국 사회에서도 다양한 방식의 커밍아웃을 통해 성소수자에 대한 인식이 변해 왔기 때문에 자연스럽게 〈종로의 기적〉과 같은 성소수자 다큐멘터리가 나올 수 있었던 것 같습니다.

● '개봉은 더 큰 세상을 위한 커밍아웃이고 캠페인, 운동의 시작'이라고 하셨는데요. 판이 커져 주인공뿐만 아니라 출연한 다른 분들도 고민이 많아질 수 있을 것 같은데요. 생각지도 못한 변수들이 나타날 것 같아 두렵기도 할 거고요.

시대가 뒤숭숭하니까요. (웃음) 성소수자에 대한 혐오와 차별이 더욱 거세지고 있습니다. 보수 기독교계를 중심으로 조직적이고 광범위하게 호모포비아*를 수면 위로 드러내고 있어요. 이 다큐에 대한 그들의 시선이 곱지만은 않을 겁니다. 너무 예민한 건지도 모르겠지만, 혹시 주인공들이 혐오범죄와 같은 폭력적인 상황에 노출되지 않을까 하는 걱정도 들더라고요.

● **사실 지금 분위기로 봐선 그런 일이 없으리라고 단정할 수는 없겠죠.**

〈종로의 기적〉의 커밍아웃 수위가 이전의 성소수자 영상과는 다르기 때문에 주인공들이나 저 역시 걱정되는 부분이 있습니다. 주인공들의 커밍아웃 수준이 모두 다릅니다. 형제는 알지만 부모님은 모르시거나, 친구들에게는 커밍아웃했지만 직장 동료에게는 하지 않았거나. 주인공마다 커밍아웃 정도가 다르기 때문에 불특정 다수의 대중들에게 영화가 공개되는 '개봉' 시점에는 예상치 못한 커밍아웃 상황이 발생할 수도 있을 겁니다. 이런 조건에 대해 저와 주인공 모두 합의가 아닌 '결의'를 했다고 할 수 있죠. 다큐 제작에 참여한다는 것부터가 또 다른 커밍아웃의 과정인 것이고, 이후에 예상치 못한 상황이 생길 수 있음을 감안하고, 이 모든 것을 끌어안고 함께 나아가자고 결심을 했습니다. 물론 부담감은

★ 동성애자에 대한 무조건적인 거부감과 비합리적인 혐오감을 말한다. 동성애라는 말만 들어도 왠지 소름이 돋고 역겨워 자기 주위에 동성애자들이 있는 것조차 싫어한다. 이런 동성애 혐오증은 동성애자들은 반드시 처벌돼야 하고, 자신이 그들을 응징해도 상관없다는 혐오범죄로 나아가기도 한다. 동성애자들 중에도 '호모포비아'가 있을 수 있다. 이들은 자신이 동성애자임을 부끄러워하고 죄의식도 가져, 끊임없이 자신의 성향을 부정하고 비하할 뿐만 아니라 다른 동성애자들도 싫어해, 동성애자 탄압에 오히려 더 적극적으로 앞장서기도 한다. 한국성적소수자문화인권센터www.kscrc.org '성적소수자사전' 참고.

여전히 있죠. 대중의 한가운데에 〈종로의 기적〉이 놓이는 순간, 전혀 새로운 상황이 펼쳐질 테니까요. 하지만 그 때문에 또 흥미진진하기도 합니다.

● 영화 찍는 동안에 압력은 없었나요? 이주노동자가 등장하는 〈반두비〉 찍을 때 신동일 감독이나 주인공에게 협박 전화도 오고 그랬다던데요.

사실 이 다큐에 대해 사람들은 거의 관심이 없었죠. 그래서 협박 같은 것도 없었어요. 다만 기억에 남는 사건이 두 가지 있습니다. 하나는 다큐에 대한 종로 게이 커뮤니티의 두려움과 마주했던 것이고, 또 하나는 종로 포장마차 거리를 관할하는 건달과 충돌한 일이었죠.

동성애자인권연대(이하 동인련) 활동가인 장병권과 정율이 HIV/AIDS* 감염인 인권 캠페인을 위해 종로 게이바를 돌아다니

★ HIV는 'Human Immunodeficiency Virus'의 약자로 인체면역결핍바이러스를 말한다. HIV는 에이즈를 일으키는 원인 바이러스이고 보통 이 바이러스에 감염된 상태를 HIV 감염이라고 한다. HIV에 감염되면 우리 몸의 면역 세포인 CD4 양성 T-림프구가 이 바이러스에 감염되어 파괴된다. 그러면 면역력이 떨어지고 그 결과 각종 감염성 질환과 종양이 생긴다.
AIDS는 'Acquired Immune Deficiency Syndrome'의 약자로 후천성면역결핍증후군을 말한다. HIV에 감염돼 인체의 면역력이 급격히 떨어져 감염성 질환과 종양이 나타나기 시작하는 상태를 이른다. 따라서 에이즈에 감염되는 것이 아니라 HIV란 바이러스에 감염되는 것이므로 HIV에 감염된 사람은 HIV 감염인이라고 부르는 게 맞다. 하지만 에이즈는 알려져 있지만 HIV는 잘 모르는 경우가 많아 HIV/AIDS를 같이 쓴 것이다. 《하늘을 듣는다》(사람생각) 231쪽 참고.

며 포스터와 전단을 배포했던 때였죠. 저는 두 사람을 뒤쫓으며 그 모습을 촬영했고요. 한 골목에 들어갔는데 어르신들이 나오는 거예요. 딱 '대선배님이시구나' 하는 느낌이 왔죠. (웃음) 그런데 그분들이 제 카메라를 보자 경직되면서 호통을 치기 시작했어요. "왜 종로에 카메라를 들고 와 설치느냐, 뭐 하는 사람이냐?" 그래서 말씀드렸죠. "저도 게이고, 젊은 게이 친구들의 삶을 촬영하고 있다"고요. 이성애자의 눈을 피해 안전하게 쉴 수 있었던 종로라는 공간에 난데없이 카메라가 들어오니까 두려움을 느끼시더라고요. 이미 성소수자에 대한 편견을 끊임없이 재생산했던 주류 미디어의 만행을 경험하셨을 테니까. 외부의 시선에 대한 우리 안의 공포가 순간 터져 나왔던 거죠. 그 일로 한동안 고민이 많았습니다. 커뮤니티 내에서도 '왜 굳이 게이들의 삶을 찍느냐, 숨어서 잘 살고 있는데……' 하며 거부감을 드러내는 사람들이 없지 않다는 생각에 의기소침해지기도 했지요. 게이가 만드는 게이 다큐멘터리인데 커뮤니티의 지지가 없다면 무슨 의미일까, 이런 생각 때문예요. 이 영화는 커뮤니티가 적극적으로 반응하고, 커뮤니티의 응원과 힘을 얻어야만 더 큰 파급력을 보여 줄 수 있는 작품인데, 누군가는 긁어 부스럼 만든다고 생각할 수도 있으니까요. 말하자면 호모포비아에 대해 종로가 보여 주는 반작용인 셈이죠.

다른 한 사건 역시 HIV/AIDS 거리 캠페인 때 벌어졌어요. 종로 포장마차 골목 가운데에 가판을 차렸거든요. 'HIV/AIDS 감염인의 인권은 모두의 인권입니다' 등의 피켓을 들고 서 있는데, 포장마차 사장이 거리를 관할하는 건달에게 얘기를 했나 봐요. '게이들이 와서 더럽게 에이즈 얘기한다, 장사 방해한다', 이런 식으로. 그랬더니 건달이 출동한 거죠. 캠페인을 당장 그만두라고 하고, 제게는 카메라 끄라며 위협했죠. 사실 포장마차 사장이나 건달이 결정적으로 문제 삼았던 건 피켓에 쓰인 '에이즈'라는 말이었어요. 왜 더럽게 에이즈 얘기를 여기 와서 하고 있냐, 사람들이 술 마시며 즐겁게 놀고 있는데, 이런 식의 반응이었죠. 결국 옥신각신하다가 폭행까지 당할 뻔했어요. 다큐 제작 중 동성애 혐오와 정면으로 충돌했던 순간이었습니다.

그날 참 씁쓸했죠. 사실 종로의 업주들은 게이들 때문에 먹고 사는 면도 있거든요. 하지만 그들이 종로에서 동성애자 상대로 장사를 하면서도 자신들의 이익에 반하는 상황이 발생한다면 언제든지 우리를 거부할 수도 있겠다는 생각이 들었습니다. 그전에는 술 마시러 가면 반갑게 맞이해 주던 사람들도 장삿속에 따라 얼마든지 돌변할 수 있다는 생각을 하니 배신감마저 들더군요. 게이들의 유토피아 또는 안식처로서 종로를 담고 싶어 제목을 〈종로의 기적〉이라고까지 했는데 이런 일이 생기니까요.

이 사건 이외에 다큐 제작 과정에서 심각한 압력을 받은 경험은 없었습니다. 이런 다큐를 만들고 있다는 사실도 몰랐을 테니까요. 하지만 본격적인 혐오와 충돌은 개봉한 이후부터 드러나지 않을까요.

안 '이쁜' 진짜 게이가 나오는 다큐

● 그동안 성소수자를 소재로 한 영화는 주로 극영화였는데요. 극영화

에는 배우들이 나오긴 해도 가짜잖아요. 그런데 이번에는 진짜 게이들이 나오니까 그동안의 영화와는 반응이 다를 것 같습니다.

기존 극영화들과 다른 점은 일단 주인공들이 안 예쁘다는 거죠. (웃음) 게이들은 꽃미남에 세련된 스타일의 남자들이라 생각하는 사람들이 많은데 그렇지 않은 애들이 등장하니 당황하는 반응도 있어요.

극영화와 다른 점을 설명하기보다는 이 작품을 만들고자 했던 목적부터 얘기하는 게 낫겠네요. 그동안 주류 미디어를 통해서 게이들 모습이 종종 재현된 적이 있지만, 실질적으로 성소수자들이 어떻게 이 사회에서 공존하며 살아가고 있는지에 대해서는 섬세하게 보여 준 적이 없었다고 생각해요. 일상적인 모습, 우리의 실질적인 고민, 삶의 목적 등은 보여 주지 않았다는 거죠. 영화나 TV 속 게이들은 대부분 홍석천 씨의 "쁘와송" 같은 희화화된 캐릭터로 그려지거나 아니면 과도하게 신화화된 '꽃게이'의 모습으로 등장해 왔어요. 또는 음험한 범죄자나 변태처럼 모자이크나 음성 변조 뒤에 가려져 있었죠. 그래서 이제는 다양한 게이 모습을 보여 줘야 할 때라고 생각했습니다. 형식적으로는 다수의 '실제 게이'들이 등장하는 다큐멘터리 형식이 효과적이라 생각했고요.

〈종로의 기적〉은 제가 활동하는 '성적소수 문화환경을 위한 모임 연분홍치마'(이하 연분홍치마)의 성소수자 커밍아웃 다큐멘터리 시리즈의 완결편이었고, 친구사이*에서 홈페이지를 통해 연재해 왔던 '커밍아웃 인터뷰'를 영상화하는 기획이었기 때문에 다큐라는 형식은 자연스러운 선택이었습니다. 이번 작품 찍으면서 항상 염두에 둔 것은 다큐를 보는 관객들이 성소수자들과 공감할 수 있는 접점을 만들고 싶다는 것이었어요. 성소수자는 분명 다른 존재지만 이 사회에 더불어 공존하고 있는 '다르면서도 다르지 않은' 사람들임을 깨닫기를 바랐죠. 더 나아가서는, 성소수자들 특히 게이들이 자신과 주인공들에게 감정이입하고 동일시하는 즐거움을 느끼길 바랐습니다. 주류 미디어의 근저에는 항상 '보편적 가치'라 이야기되는 이성애 중심주의가 깔려 있잖아요.

이건 비단 성소수자뿐만 아니라 다른 소수자들도 마찬가지이리라 생각합니다. 다수의 질서에 따라 움직이는 주류 미디어에서 '저것이 나의 이야기구나' 동일시할 만한 대상은 사실 찾기 힘들죠. 그래도 이송희일 감독님, 김조광수 감독님이 게이로서 게이들의 욕망을 영화로 담아내기는 했지만, 그전까지 한국의 퀴어영화 역사는 거의 전무하다시피 했고요. 게이들이 '나도 저런 고민을 했어, 나도 저런 때가 있었지' 하며 공감할 수 있는 다큐를 만들면 좋겠다고 생각했어요. 그것이 바로 성소수자가 직접 제작하는 다큐가 가질 수 있는 최대의 미덕이 아닐까 싶었습니다. 그래서 영화 속에 나오는 주인공들이 롤모델이 될 수도 있고, 때로는 욕망의 대상이 될 수도 있고요. 여하튼 이성애 중심적인 관계망을 통해서 욕망을 전유하는 것이 아니라 성소수자가 스스로, 성소수자들이 가감 없이 재현되는 영상 또는 다큐를 즐기길 바랐어요. 성소수자를 드러낸다는 전략과 함께 바로 그 점이 이 다큐의 중요한

★ 1993년 창립된 '초동회'를 모태로 1994년 2월에 결성된 한국 최초의 성소수자 인권운동단체. 주 회원이 게이들이다. 홈페이지는 chingusai.net.

목적입니다. 〈종로의 기적〉을 통해 많은 사람이 커밍아웃을 하고, 커밍아웃까지는 아니어도 자기를 긍정하고, 친구를 만나고, 사랑을 찾고, 종로로 상징되는 성소수자 커뮤니티와 공동체의 일원이 되기를 바랍니다.

촬영 과정이 '커밍아웃' 과정

● 영화를 찍기 전과 찍고 난 후 달라진 점이 있나요? 완성하고 나서의 개인적인 변화 같은 거요. 영화를 통해 사람들을 만나고, '관객과의 대화'도 해 보셨잖아요.

커밍아웃과 동시에 영화 한 편을 완성했기 때문에 더욱 변화가 큰 것 같습니다. 일단은 개인적으로는 영화를 통해 커밍아웃한 이후 제 자신이 굉장히 자유로워졌어요. 자기 고백적인 커밍아웃이 아닌 공공의 매체라고 할 수 있는 다큐멘터리를 통해 응원을 받으며 커밍아웃을 하게 되니까 더욱 큰 자신감이 느껴집니다. 남성 동성애자라는 제 삶의 조건을 가지고, 제가 그토록 원했던 영화라는 매체를 통해 제 자신의 삶을 이야기한다는 방식 자체가 마치 치유의 과정처럼 저를 오히려 편하게 해 줬어요. 이제 더는 이성애자인 척 가장하지 않아도 되고, 군이 동성애자라고 구구절절 설명하지 않아도 되고요.
　또 다큐멘터리 주인공들이 그들의 용기에 대해 찬사와 지지를 받고, (물론 보수 진영에서는 여전히 차별적인 언사를 뱉어 내고 있겠지만), 그런 과정 속에서 주인공들이 새로운 자신감을 얻는 모습을 보면서, 결국 우리가 초반에 가졌던 생각들, 우리 삶은 기록될 만한 가치가 있고, 이 기록을 통해 더 많은 연대와 지지를 받을 수 있으리라는 생각이 옳았다는 생각을 하게 됐습니다.

에피소드에서 소준문(영화감독)이 얘기했던 것처럼 다큐를 통한 커밍아웃은 이제부터 시작일 텐데, 성소수자 다큐를 만들고 나니 더욱 큰 책임감이 생기는 것 같아요. 연분홍치마는 단순히 다큐만 제작하는 단체가 아니거든요. 미디어를 통한 성소수자 인권운동을 고민했고, 그 과정에서 다큐멘터리라는 형식을 선택한 건데요. 그래서 연분홍치마 활동가들은 감독보다 활동가로서 정체성이 더욱 강한 것 같습니다. 기본적으로 〈종로의 기적〉역시 개인의 삶의 조건과 미래에 대한 기획을 끊임없이 고민해야 하는 커밍아웃에서 출발하기 때문에 자연스럽게 제게도 성소수자 인권활동가로서 책임감이 더 생긴 것 같아요.

보통 감독이 되고 나면 콧대가 높아진다고들 하시더라고요. 하지만 제게는 감독으로서 권위가 아닌 활동가로서 책임이 부여되는 느낌이 들었어요. 한편으로는 어깨가 무거워져 부담스럽기도 하지만, 저를 믿고 따라와 준 주인공 네 명을 비롯해 수많은 성소수자가 있었고 이들 모두가 함께 집단적으로 커밍아웃하면서 성소수자 커뮤니티가 함께하는 인권 프로젝트가 되었다고 생각합니다. 그 과정에서 저 역시 활동가로서 스스로를 정체화하게 된 거죠.

여전히 세상은 제게 별 관심이 없을지 모르지만, 누군가는 성소수자 인권이나 이슈에 관해 궁금할 때 제게 말을 건넬 수도 있잖아요. 성소수자로서 어떤 '대표성'을 갖게 된다는 것이죠. 제가 그저 〈종로의 기적〉을 만든 감독의 위치만이 아닌, 성소수자 이슈를 적극적으로 전달하는 이슈 파이터로서 제 자신의 역량을 키워야겠다는 생각도 합니다. (이런 말은 좀 웃기긴 한데) 타의 모범이 되는 게이가 되도록 노력해야 되지 않나 하는 고민인 거죠. (웃음)

● 말씀하셨듯이 영화를 찍는 과정이 커밍아웃의 과정이었는데요. 커밍아웃하지 않았던 주위 몇 사람에게는 '영화가 좀 센데, 한번 보러 와 봐' 하는 식으로 가볍게 얘기하셨다면서요. 보고 나서 그분들 반응은 어떻던가요?

하하하. 고등학교 동창 친구들은 인권활동가와 관계자들을 위한 쇼케이스 시사 때 오라고 일정을 잡았어요. 그리고 그전에 만나서 차근차근 커밍아웃할 생각이었죠. 그런데 친구 한 놈이 쇼케이스 전에 개최된 서울독립영화제 상영에 예고도 없이 찾아온 거예요. 그 친구는 하루라도 빨리 제 다큐를 보고 싶었던 건데, 문제는 커밍아웃 전이었다는 거였죠. 상영 시간이 임박한 상황이어서 설명할 시간이 없었어요. 일단 극장으로 들여보내면서 "네가 생각하지 못했던 것이 나올 수 있으니까 너무 놀라지 마라"고 얘기했죠.
　영화 끝난 뒤 무대 앞으로 관객과의 대화를 하러 나갔는데, 친구 모습밖에 보이지 않는 거예요. 그 친구 표정이 아주 복잡하더라고요. '대체 이 다큐를 어떻게 봤을까?' 하는 생각만 들었고요. 사회자가 '다큐 제작 후 어떤 변화가 있었느냐'고 묻더군요. 아무래도 다큐를 통해 커밍아웃을 하는 과정이기 때문에 그동안 나를 이성애자라 생각했던 사람들과 관계의 변화가 가장 크다고 답하면서 그 친구 얘기를 했어요. "사실 지금 이 현장에도 영화를 보고 내가 게이임을 알게 된 고등학교 동창이 있다." 그 순간 울컥하더라고요. 제가 말을 잘 못하고 있으니 그 친구가 "이혁상 파이팅!" 하며 박수를 쳐 주었어요. 끝나고 나서 친구한테 "내가 먼저 말했어야 했는데 미안하다"고 했죠. 친구는 "괜찮다. 친군데 어떠냐"고 하더군요. 뭔가 약간 서로 어색한 분위기이긴 했지만요. 헤어진 후 그 친구한테 문자를 보냈어요. 전화로 하기에는 좀 그래서요. '놀랐겠지만 함께해 줘서 정말 고맙다.' 그랬더니 서너 시간 지나 답장이 왔어요. 저는 그 시간 동안 친구가 대체 무슨 생각을 하고 있나 궁금해서 피가 말랐죠. (웃음) '너무나 하고 싶은 말이 많은데, 오늘은 이 정도로 하고, 나중을 기약하자. 네가 자랑스럽고, 영화 잘 봤다'고 왔어요.

쇼케이스 시사에 왔던 다른 친구들에겐 시사 전에 커밍아웃을 했습니다. 이 다큐는 '게이들이 나오는 다큐멘터리다'라고요. 그 전에 친구들이 무슨 다큐 찍느냐고 물으면 이명박 시대를 살아가는 네 명의 88만원 세대 얘기라고 둘러댔거든요. 아예 틀린 말은 아니었지만. (웃음)

● 영화 제작하는 데 2년이 넘게 걸렸잖아요. 도망가고 싶을 정도로 힘드셨던 적도 있었고요. '완벽을 추구하느라, 다른 팀원들한테 참여의 여지를 안 줬던 것 같다'는 말씀도 하셨잖아요.

첫 연출작에 대한 부담, 저의 완벽주의 성향, 촬영 과정에서 생긴

실수 등을 떠나 가장 어려운 것 중 하나는 대사회적인 커밍아웃을 해야 된다는 사실이었던 것 같아요. 거기서 고민과 불안이 시작되었죠. 내가 작품을 통해서 커밍아웃을 해야 한다는 운명은 '게이가 직접 게이 커밍아웃 다큐멘터리를 만들어 보자'고 합의한 순간 시작된 거죠. 이 결정에서 마음을 다잡아 가는 과정이 힘들었습니다. 후반 작업을 하면서도 계속 마음이 왔다 갔다 했죠. 나와 작품의 거리를 어떻게 설정할 것인가. 객관적인 거리를 유지하는 척하면서 나를 드러내지 않는 방법도 있고, 아예 나를 적극적으로 드러냄으로써 주인공들과 관계를 보여 주는 방법도 있었죠. 이 두 방식 중 무엇을 선택할까. 결국 저의 성정체성을 드러낼 것이냐 말 것이냐를 놓고 많이 고민했습니다. 저의 커밍아웃이 곧 다큐의 형식을 결정짓는 셈이니까요.

많은 사람이 게이가 만들었으니 당연히 게이로서 성정체성이 드러날 것이고, 그랬을 때 더욱 가치 있을 거라고 이야기했어요. 저조차도 당연히 그래야 한다고 생각한 것이었는데도, 막상 제작 과정에서는 흔들림이 있었죠. 제 스스로에게 확신을 갖기까지 시간이 오래 걸렸던 거죠.

● **안 밝히고, 노코멘트 하는 식으로 찍을 수도 있었을 텐데요. 배우들과 공동 책임을 지고 싶어서 그랬던 건가요?**

사실 그게 가장 큰 이유였어요. 영화감독이 되겠다고 결심했을 때 언젠가는 영화를 통해 내 삶을 이야기하면 좋겠다고 생각했어요. '영화를 몇 편 찍은 거장 감독이 됐을 때 커밍아웃을 하자. 그러면 아무도 못 건드리지 않을까?' 하고 막연하게 상상했죠. (웃음) 허황된 생각이지만 그런 적이 있었어요. 나의 역량과 자신감이 충분히 쌓였을 때 영화를 통해서 내 얘기를 하겠다고요. 하지만 데뷔작에서 이렇게 될 줄은 정말 꿈에도 몰랐죠.

이 영화는 커뮤니티 안에서 만들어졌다는 사실이 중요합니다. 설령 이 다큐가 엉망으로 만들어졌다고 하더라도 사람들이 제대로 욕을 못할 이유는 게이가 만든 게이 다큐이기 때문일 거라고 생각해요. 이 가치를 끝까지 외면할 수 없었고요.

제가 스스로를 가다듬을 수 있었던 것은 온전히 주인공들 그리고 영화에 참여했던 성소수자 커뮤니티 덕분이에요. 그들의 용기가 저를 움직인 거죠. 저는 감독으로서 게이 주인공 네 명의 삶을 기록하는 입장이잖아요. 제가 허울 좋게 '객관적인 관찰자 시선' 따위를 유지하면서 카메라 뒤에 숨어 주인공들을 바라보는 것은 무슨 의미일까, 그런 것은 이전에 해 왔던 주류 미디어가 이미 보여 주지 않았나, 스스로 묻게 된 거죠. 카메라 뒤에 서 있는 사람이 이성애자라고 전제하고…… 아니 전제를 하지도 않죠. 너무나 당연하게 이성애자의 시선이라고 생각할 테니까요. 나도 '객관과 보편'이라는 기준 아래 주류 미디어와 똑같은 입장을 취한다면 무슨 의미가 있을까. 주인공들은 제 카메라 앞에서 인생의 전환점을 맞이하고 있는데, 그리고 그들의 용기가 아름다울 정도로 당당한데 나는 과연 무슨 생각을 하고 있는 것인가.

다큐 제작하면서 주인공들과 저의 관계도 변했어요. 서로 더욱 가까워졌죠. 물론 영수를 제외하고는 이전부터 안면이 있긴 했어요. 하지만 친하지는 않았죠. 게다가 소준문은 2004년에 저를 좀

좋아했는데 결과가 좋지 않았어요. 제가 원수가 됐죠. (웃음)

● 쇼케이스 때 소준문 감독이 뭔가 있는 듯 얘기했던 것이 그거였군요. (웃음)

네. 한편의 치정극이었죠. (웃음) 준문이 자신의 마음을 고백했는데, 제가 그걸 무시하고 다른 남자를 사귀는 걸 보면서 준문이가 상처를 좀 받았죠. 그 뒤로 4년 정도 서로 모른 척하면서 지냈어요. 병권과 정율은 동인련 활동을 하면서 만났는데 연대 활동은 함께했지만 정서적인 교류는 없었어요. 영수는 다큐를 통해 처음 만났고요. 그러다 다큐 때문에 제2의 관계를 새롭게 맺은 거죠. 성소수자 커뮤니티에서 서로의 행복과 고민을 나누며 남은 인생을 함께할 든든한 동지가 된 느낌이랄까요.

촬영하면서 저와 주인공들의 관계가 변하니까 '다큐입네, 객관적인 거리를 유지합네' 하는 것이 의미 없어지더라고요. 주인공들과 끊임없이 다큐에 대해 논의하면서 촬영을 했거든요. 그러다 보니까 제 자신이 자연스럽게 다큐 안으로 들어가게 됐습니다.

어쨌든 주인공들 삶이, 말하자면 감독의 시선을 통해 보이는 거잖아요. 어느 순간 그게 막중한 책임감으로 다가왔어요. '아, 내가 주인공의 삶에 큰 영향을 끼칠 수 있겠구나.' 사람들은 두 시간 남짓 편집된 영상을 통해 주인공들 삶에 대해 이야기할 텐데, 나는 감독이랍시고 카메라 뒤에 숨어 있는 게 비겁하게 느껴졌어요. 그리고 촬영 과정에서 새롭게 변한 나와 주인공의 관계가 의미 있다고 생각하게 됐죠. 그래서 자연스럽게 드러내자고 결심했습니다.

● 그래서 첫 장면에 감독님 얘기가 나온 거군요. 사람들은 네 사람 이야기지만, 다섯 사람이 출연한 것 같다는 얘기도 했는데요. 미디어 운동으로서 영화를 찍기도 하지만, 영화감독 자체가 꿈이기도 하셨잖아요. 처음부터 이렇게 센(?) 소재를 하면 나중에 다른 영화를 찍기 힘들 수도 있을 텐데요.

중학교 1학년 때부터 꿈이 영화감독이었어요. 그때부터 막연하게 극영화를 연출하는 상상은 했었는데요. 연분홍치마에서 활동하면서 다큐를 만들고, 연출 데뷔작도 만들고 나니 꼭 극영화이어야만 하는 건 아니라는 생각도 들었습니다. 아직까지는 다큐를 통해 뭔가 더 할 수 있는 일이 있지 않을까 하는 생각도 들고요. 〈종로의 기적〉은 제 개인의 꿈을 실현한 것이기도 하지만, 사실 그것보다 더 큰 의미는 성소수자 커뮤니티의 꿈을 실현하기 위한 프로젝트라는 것이죠. 성소수자인 저와 제 친구들의 삶을 영상을 통해 담아내는 것은 아마 평생 가지고 가야 할 숙제가 아닐까 싶습니다.

이렇게 살 수도 죽을 수도 없는 30대 게이들 이야기

● 소준문 감독 같은 경우 개인적인 인연이 있어서 부담이 되었을 텐데, 조금 늙긴 했지만 이송희일 감독 같은 '대안'들도 있었잖아요. (웃음)

30대 얘기를 하자고 생각해서 〈종로의 기적〉에서는 그 이상의 사람들은 배제했어요. 30대가 되면 먼 미래까지 생각하게 된다고 생각해서요. 이송희일 감독님은 이런 다큐에 나오기에는 너무 유명한 분이시죠. 충분히 그분 나름의 삶을 살아가고 계시고요.

● **40대만 되어도 새로운 도전을 하기는 쉽지 않지만, 30대의 경우는 조금 다르죠. 그렇다고 30대가 아주 젊지도 않은 나이지만요. 그래서 김광석 씨가 〈서른 즈음에〉라는 노래를 불렀을 겁니다. (웃음)**

이성애자들도 주로 30대에 결혼을 하거나 아이를 낳는 등 인생의 큰 줄기를 세워 가면서 미래에 대한 고민을 시작하죠. 게이들도 마찬가지고요. 저는 그랬거든요. 친구들이 결혼하고 아이를 하나 둘 낳는 것을 보면서 이성애 가족 시스템에서 배제되는 나의 노후에 대해 생각하기 시작했던 것 같아요. 그러면서 성소수자로서 잘 살 수 있는 미래에 대한 고민이 깊어졌죠. 나와 같은 고민을 하고 있는 주인공을 찾고 싶었습니다. 30대라는 약간 애매할 수도 있는 위치에서 자신의 현재와 미래를 고민하는 모습을 담고 싶어서 (물리적인 나이가 중요한 것은 아니지만) 저와 같은 세대인 30대 주인공들을 섭외한 거죠. 준문은 저보다 먼저 퀴어영화를 연출하며 성소수자 미디어 운동을 시작했다고 할 수 있죠. 그 모습을 다큐에 담고 싶었습니다. 게다가 준문은 극영화 현장에서 활동하고 있으니 또 다른 고민을 담아낼 수 있을 것 같았고요. 그래서 준문을 만나 깨끗이 과거를 청산하고 섭외를 했습니다. (웃음)

● 여러 이야기를 끌어낼 수 있는 요소가 있으리라고 생각해서 주인공 네 사람을 선정했을 텐데요. 다른 기준은 없었나요? 섭외가 쉽다든가. (웃음)

성소수자를 재현하는 다큐에서 섭외 가능 여부는 무척 중요합니다. 출연을 승낙한다는 것은 곧 사회적 커밍아웃을 하겠다는 얘기니까요. 일단 친구사이 '커밍아웃 인터뷰'를 통해 이미 커밍아웃하신 분들을 대상으로 했습니다. 30대의 동시대 게이라는 기준을 바탕으로, 한국에서 거주하는 분들을 찾았습니다. 하지만 역시 중요한 관건은 다큐를 통한 커밍아웃이었던 거죠. 그건 텍스트를 통한 커밍아웃과는 또 다르니까요. 이런 점을 감안하다 보니 네 명의 주인공이 캐스팅된 겁니다. 네 명도 출연을 결심한 처음과 스케일이 점점 커져 가는 현장을 보면서 커밍아웃에 대한 고민도 많아졌을 거예요. 그 부담감을 함께 나누며 극복하는 과정이 필요했습니다. 저 역시 부담스러웠으니까요.

이렇게 영화 촬영의 필요조건은 자신의 삶을 드러낼 수 있느냐였습니다. 출연한 네 명에게서 무슨 이야기를 꺼낼 수 있을까, 어떤 게이들의 모습을 보여 줄 수 있을까 하는 건 그 이후의 문제였죠. '다큐를 통해 대사회적 커밍아웃을 함께할 수 있겠습니까?' 그게 가장 중요했죠. 이것이 성소수자를 다루는, 성소수자가 주인공이 되는 다큐 또는 미디어에 있어 선결 조건인 것 같습니다.

● 시간이 오래 걸리면 '과연 이것이 완성될 것인가?' 하는 고민도 생길 텐데요. 여러 가지 불안감도 밀려오고요. 계속 믿음을 갖고 완성

을 할 수 있었던 동력이라고 할까요? 그건 뭔가요?

영화를 끌고 올 수 있었던 힘은요. 그동안 저질렀던 민폐에 보답해야겠다는 생각? (웃음) 이런 생각을 하게 된 건 아까도 말씀드렸지만, 주인공들과 성소수자 커뮤니티 때문이죠. 자기들 인생이 어떻게 변할지 모르는 상황인데도 제 카메라 앞에서 자신의 삶을 보여 줬잖아요. 영화가 저 때문에 지지부진해지거나 좋지 못한 결과를 가져온다면 주인공들에게 큰 잘못을 저지르는 거라는 생각이 들었습니다. 또 이 영화는 많은 다양한 단체와 개인 등 성소수자 커뮤니티가 함께하는 연대 투쟁의 의미도 갖고 있고요. 단체와 개인의 헌신 그리고 우리가 "동성연애" 편하게 한번 해 보자고 으샤으샤했던 것 등을 떠올리면서 이 의미들을 다치지 않게 끌어가야겠다고 생각했습니다.

● 어렵게 만들었으니까 사람들이 재밌게 봤으면 좋겠다는 기대도 있고, 어떻게 볼까 하는 두려움도 있었을 텐데요. 특별하게 남는 관객 반응들은 없었나요?

비성소수자 관객의 반응은 굉장히 다양했던 것 같아요. 다큐를 통해 성소수자를 처음 본 관객들도 있었고, 관객과의 대화를 통해 '실제' 게이들과 처음 마주한 분들도 있었죠. '내가 이런 것을 너무 모르고 살아왔다. 내 친구도 그런데……' 하면서 눈물을 흘리신 분도 있었습니다. 물론 성소수자 관객들도 있었죠. 그래서 특정 장면에서 웃음소리가 어느 정도 크게 들리는지 유심히 관찰했어요. 그 웃음소리 크기로 '오늘 게이 관객들이 이 정도 왔구나' 하고 가늠했죠. 비성소수자 관객도 관객이지만, 이 다큐의 가장 큰 목적은 게이를 비롯한 다양한 성소수자가 스스로를 긍정하고 자긍심을 갖게 하는 데 있기도 하니까요. 관객과의 대화 시간에 커밍아웃하는 성소수자분들도 있었습니다. 그럴 때면 '괜찮으실까' 걱정되면서도 한편으로 이 다큐가 큰 용기를 드렸구나 싶어 마음이 뜨거워지기도 했죠.

● **"〈종로의 기적〉이 이성애자 관객들에게는 이해와 존중의 다큐멘터리가 되고, 동성애자 관객들에게는 치유의 다큐멘터리가 되길 원한다"던 바람이 어느 정도 이루어진 것 같습니다. 부산국제영화제에서 메세나 상을 받으면서도 자부심을 느끼셨을 것 같은데요.**

저보다는 주인공들, 연분홍치마, 친구사이, 동인련 등 성소수자 커뮤니티가 모두 함께 힘을 모은 덕분인 것 같고요. 사실 저는 감독이라는 이름만 얹어놓은 거죠. 상패를 받고 보니 일단 '아, 우리 성소수자들이 무언가 해냈구나!'라는 생각이 들더군요.

부산국제영화제라고 하면 아시아에서 손꼽히는 영화제이고, 한국 최고, 최대 규모잖아요. 그래서 저는 부산국제영화제가 '도발적인' 선택보다는 안전한 선택을 하리라 생각했어요. 그런데 이전에 선보인 적 없던 성소수자 다큐멘터리가 상을 받은 거잖아요. 물론 영화제 기간 동안 다양한 퀴어영화들이 소개되기는 했지만요. 왠지 성소수자 커뮤니티의 존재와 활동에 대해 존중받았다는 느낌이 들어서 저희들끼리는 "부산에서 드디어 LGBT*를 알아줬구나." 하면서 환호했거든요. (웃음) 그 점이 상을 받은 가장 큰 의미인 것 같아요. 나중에 혹시 보수 기독교계에서 〈종로의 기적〉에 대해 음해할 경우, "이 영화는 한국에서 최고로 권위 있는 부산국제영화제에서 상 받은 다큐야! 당신들이 뭔데 난리야?"라며 응수할 수도 있을 것 같고요. (웃음)

● 보수적인 분들은 문화계가 동성애에 대해 너무 관대하다고 공격하기도 하는데요. 어떤 면에서는 보수적이기도 한 부산국제영화제조차도 '좌파 영화제'라고 색깔론을 들이대잖아요. '〈인생은 아름다워〉보고 '게이' 된 내 아들 AIDS로 죽으면 SBS 책임져라!' 이런 광고도 나왔고요.

처음 보고서 "야, 카피 정말 잘 뽑는다"고 감탄했어요. (웃음) 성소수자들은 굳이 듣지 않아도 될 소리를 일상에서 워낙 많이 들어왔어요. 그래서 그런 혐오 발언을 담담하게 받아들이거나 유쾌한 농담으로 맞받아쳐 대응하기도 합니다. 하지만 그런 소식을 들을 때마다 스트레스를 받는 건 어쩔 수 없죠. 자존감에도 상처를 입고요. 바른성문화를위한국민연합(이하 바성연)의 광고가 여러 번 지면에 실렸잖아요. 그거 보면서 일단 "얘네들이 돈은 참 많구나." 했어요. (웃음) 기독교 신자를 중심으로 매우 조직적으로 움직이고 있구나 싶어 위기감도 들었고요.

하지만 그들에게 〈종로의 기적〉을 보여 주고 이들의 얘기를 끌

★ 레즈비언Lesbian, 게이Gay, 양성애자Bisexual, 성전환자Transgender를 말한다.

어내고 싶다, 뭔가 논쟁의 장을 만들어 보고 싶다는 생각도 했습니다. 〈인생은 아름다워〉가 회자되었듯이 〈종로의 기적〉이 대화의 창구가 되지 않을까, 논쟁의 장을 만들 수 있지 않을까 싶었던 거죠. 나중에 개봉할 때 보수 진영을 한번 흔들어 볼까도 생각했습니다. 공적인 장에 나와 망신당해 보라는 생각이었죠. (웃음)

성소수자들도 모금해 광고를 냈습니다만, 바성연 같은 단체의 거대한 자본력과 조직력을 따라가긴 어렵죠. 우리는 그들처럼 전국적인 조직이나 네트워크 그리고 자본도 없으니까요. 자본력과 조직력을 바탕으로 한 보수단체가 유력한 매스미디어를 이용할 때 우리는 어떤 전략으로 맞설까, 특히 우리 나름의 미디어를 가져 볼 순 없을까 고민을 했습니다. 보수 진영에서 받는 스트레스와 피로감을 풀어 내고 우리의 목소리를 전달할 수 있는 마땅한 통로가 아직 부족한 것 같습니다. 그래서 성소수자 미디어를 고민하게 되었던 것이죠.

성적소수 문화환경을 위한 모임 '연분홍치마'

● '연분홍치마'는 기존의 미디어가 보여 준 성소수자 재현의 한계를 뛰어넘으려는 미디어 운동으로 시작했다고 들었습니다. 활동의 성과나 목표 같은 것을 말씀해 주신다면요.

연분홍치마는 여성주의를 바탕으로 문화운동을 하기 위해 2004년에 만들어졌어요. 초반에는 기지촌 성매매에 대한 실태 조사와 연구 작업에 참여를 했죠. 그 과정에서 연분홍치마만이 할 수 있는 문화운동을 고민했고 다큐멘터리라는 영상문화운동에 관심을 갖게 되었죠. 그래서 제작한 첫 작품이 송탄 미군 기지촌의 성매매 여성에 관한 다큐멘터리 〈마마상〉(2005)이었습니다. 이후 우연한 기회에 민노당에서 실시한 성전환자 실태 조사에 참여하게 됐는데, 이때부터 연분홍치마가 본격적으로 성소수자 인권운동 현장에 뛰어든 것이죠. 전국 방방곡곡의 성전환자를 인터뷰한 내용을 바탕으로 자료집을 만들었는데, 좀 더 많은 사람에게 메시지를 전할 수 있는 방법을 생각하다 또다시 다큐멘터리 이야기가 나왔죠. 그래서 제작한 것이 바로 김일란 감독의 〈3×FTM〉(2008)이었습니다. 여성에서 남성으로 성전환한 세 명의 성전환자 남성, 즉 FTM(Female to Male)의 삶을 다룬 다큐였죠.

〈3×FTM〉의 후반 작업이 진행되던 2007년 말 즈음, 당시 정부가 입법 준비 중이던 차별금지법에서 성적 지향을 비롯한 몇 가지 조항이 삭제될 위기에 놓였습니다. 이에 맞서 성소수자 커뮤니티가 적극적으로 투쟁을 시작했죠. 그때 생긴 연대 모임이 바로 '차별금지법 대응 및 성소수자 혐오 차별 저지를 위한 긴급행동(이하 긴급행동)'이었습니다. 연분홍치마는 긴급행동 안에서 미디어 기록팀으로 활동하며 다양한 활동을 기록하고 관련 소식을 UCC 속보로 제작해 인터넷에 업로드했습니다. 매일은 아니지만 사건이 있을 때마다 기록하고 편집해 유투브 또는 다음 TV팟으로 영상을 올렸습니다. 이 시기에 많은 활동가와 함께 작업하면서 연분홍치마 활동력이 급성장했다고 생각해요.

아마 이 무렵부터 성소수자들이 주체적으로 이끌어 가는 미디어에 대한 갈증이 표면화되지 않았나 싶습니다. 긴급행동 활동에 참여했던 많은 성소수자가 자신들의 활동이 영상을 통해 선보이는 것에 열광했어요. 보는 사람들도 마찬가지였죠. 반응이 참 좋았습니다. 놀라웠어요. 그 영상에 출연하는 것 자체가 커밍아웃이니까요. 처음에는 꺼렸지만 미디어 기록팀의 영상을 통해 커밍아웃해도 괜찮겠다고 생각하는 사람들이 조금씩 늘어났어요. 그전에는 생각지도 못하고 두려워했던 일인데, 성소수자인 자신의 존재를 영상을 통해 드러내는 것에 쾌감을 느꼈던 것 같습니다. 연분홍치마가 미디어 운동을 하면서 얻은 가장 큰 성과가 이것이 아닌가 싶어요. 미디어라는 것은 자신의 존재를 다시 바라보게 하는 거울 역할을 하잖아요. 그 거울을 통해 자신감을 얻고, 다른 누군가에게 새로운 영감을 주죠. 긴급행동의 미디어 활동은 성소수자로서 내 모습이 저렇게 당당하고 유쾌하게 보일 수도 있구나, 그럼 나도 한번 해 볼까 하는 발상의 전환을 가능케 했던 것 같아요.

이런 경험이 쌓여 〈레즈비언 정치도전기〉(2009)와 〈종로의 기적〉(2010)이 이어 나올 수 있었던 것이죠. 성소수자 커밍아웃 시리즈 3부작을 통해 연분홍치마는 우리만의 미디어, 비성소수자의 시각이나 이성애 중심주의로 왜곡된 성소수자 모습이 아닌, 우리 안에서 출발하는 다큐멘터리를 만들고 싶었습니다. 우리, 즉 성소수자 커뮤니티 스스로를 존중하고 신뢰하면서요.

● 〈3×FTM〉〈레즈비언 정치도전기〉〈종로의 기적〉을 커밍아웃 3부작이라고 하셨잖아요. 그런데 앞의 두 작품에는 스태프로 참여했다가 이번에는 감독으로 촬영했고, 또 앞의 두 작품은 게이와는 다른 성소

수자 문제를 다룬 것이라서 이번 작업은 이전과 다른 점이 있을 것 같은데요.

이전 작품들에서 저는 촬영이나 편집 등 기술적인 부문을 담당했습니다. 하지만 연분홍치마의 작업 방식은 공동 연출에 가까워요. 물론 감독의 역할은 일종의 프로젝트 매니저로서 중요합니다. 〈3×FTM〉 〈레즈비언 정치도전기〉와 〈종로의 기적〉이 연출 측면에서 달랐다면 그건 주인공들과 저의 위치가 같았다는 점이 아닐까 싶어요. 〈3×FTM〉의 경우는 여성주의 활동가의 시선으로 성전환 남성들의 삶을 담은 다큐였고, 〈레즈비언 정치도전기〉의 경우는 함께 선거 운동에 참여했던 동료로서 그리고 역사적 사건의 기록자로서 역할을 했습니다.

그런데 〈종로의 기적〉은 영화를 만드는 사람이 주인공과 같은 정체성의 성소수자임을 선언하고 시작하잖아요. 그것이 이전 연분홍치마의 성소수자 커밍아웃 다큐들과 다른 점이지 않나 생각합니다. 감독과 주인공의 정체성을 함께 드러내면서 성소수자 공동체의 연대하는 모습이 이전보다 두드러졌던 것 같습니다.

● 〈3×FTM〉는 못 보고, 책*으로만 봤습니다. 게이든, 레즈비언이든, MTF**까지만 해도 다는 아니어도 그분들이 어떻게 살아왔겠구나 하며 그분들의 고충을 느낄 수 있었거든요. 그런데 이 책 내용은 좀 당

★　〈3×FTM〉 다큐 내용을 책으로 정리해 낸 것이 《3×FTM : 세 성전환 남성의 이야기》(그린비)이다.

황스러웠습니다. 남자라고 해서 100퍼센트 남성성만 가지고 있는 것은 아니거든요. 자기 속에 조금씩 여성성이 있잖아요. 여자뿐만 아니라 여성성이 많은 남자가 마초 남성을 보면 불편한 것도 이런 이유에서인데요. 그런데 책에 나온 분들은 마초로서 남성다움을 주장하는 것까지는 아니지만, 자신이 남자임을 증명하려다 보니까 남성성을 찬양한달까, 여성성을 약간 낮추어 보는 태도를 보이는 것 같더군요.

세 분 입장이 모두 달랐어요.

● 스타일이나 생각하고, 표현하는 방식도 다 다르시더군요.

다큐 찍는 과정에서 주인공들이 마음을 여는 과정이 중요했어요. 기본적으로 생물학적인 출발은 감독과 주인공들 모두 여성이었다는 점에서 공감대를 형성할 수 있었던 것 같습니다. 여성주의적 시각에서 이성애 남성 중심의 사회와 남성성을 바라보는 입장에 대해서 논쟁, 비판할 수 있을 것이라 생각했어요. 사실 그전까지 트랜스젠더에 대한 고민은 아주 짧았습니다. 하지만 다큐 찍으면서 생각하게 된 거죠. 비록 촬영 스태프였지만 주인공들과 관계 맺기에서 어려움이 있었습니다. 저는 게이이긴 하지만 생물학적으로는 남성이잖아요. 그렇기 때문에 생물학적으로 여성에서 출발했지만 남성으로서 정체화한 주인공들을 만날 때 내가 어떻게 행동해야 하는지 고민스러웠습니다. 같은 성소수자라고 얘기할

★★　　Male to Female. 남성에서 여성으로 성전환한 사람을 말한다.

수 있지만, 게이 남성과 성전환 남성의 층위는 분명 다르거든요. 그래서 생물학적 여성의 특성을 버리고자 하는 주인공들과 생물학적 남성의 특징을 가진 제 위치에 대해 많은 고민을 했어요. 그러면서 카메라를 든 생물학적 남성의 위치에 대해서도 고민했습니다. 현장에 따라서 때로는 저의 남성성을 제거하기도 했고, 때로는 지나치게 보여 주기도 했죠.

〈마마상〉을 찍을 때도 마찬가지였는데요. 생물학적인 남성으로서 제가 개입할 수 없는 부분들이 있었거든요. 기지촌에 있는 성매매 업소나 미군 전용 클럽에는 한국 남성은 들어갈 수가 없었어요. 성매매 여성들을 인터뷰할 때는 카메라 설치만 해 놓고 밖으로 나와 있었죠. 이런 상황이 계속 생기다 보니까 카메라를 들고 있는 남성의 입장에 대해서 존재론적인 고민을 하게 되더라고요. 더불어 성소수자로서 어떤 방식으로 성소수자 미디어 활동에 개입할 것인가를 고민했죠.

연분홍치마라는 단체가 어떤 활동을 하는지 사회적으로 점차 알려지면서 자연스럽게 이런 고민이 해소되었던 것 같습니다. 결국 그 과정은 여성주의 운동 진영과 성소수자 커뮤니티 내부로부터 연분홍치마가 신뢰를 얻어 가는 과정이었다고 볼 수 있죠. 최현숙 후보 선거본부에서 선거운동원으로 활동하던 연분홍치마 활동가들이 "선거 운동 과정을 다큐멘터리로 기록하겠습니다!"라고 했을 때 흔쾌히 동의해 주셨기 때문에 다큐도 만들 수 있었고요. 〈종로의 기적〉도 마찬가지였죠. 친구사이에서 연분홍치마 활동을 존중해 주었기에 제안해 주셨고, 주인공들도 저희를 믿고 함께해 준 것 같아요. 〈마마상〉에서 〈종로의 기적〉까지 이어져 온 역사가 성소수자의 존재뿐만 아니라 성소수자 미디어 활동을 드러내는 커밍아웃의 과정이지 않았나 싶어요.

여성주의자 게이의 위치

● 〈마마상〉과 관련된 인터뷰에서 "성매매 여성들을 만나는 과정에서 내가 아무리 활동가라고 해도 아무리 의도가 좋아도 생물학적 남성이란 이유로 거부감, 위협을 줄 수 있다는 사실을 깨닫게 되었다. 남성으로서 여성주의 운동을 과연 잘할 수 있을지 회의가 들었다"고 하셨는데요.

오래전 일인데 잘 찾으셨네요. (웃음)

● 검색하면 나옵니다. (웃음) 여성주의 활동가랑 같이 활동하면서 갈등도 좀 있었을 것 같습니다. 지금은 가족보다 더 친해져서 연분홍치마 동료들이 없으면 못 살 것 같다곤 하셨습니다만.

생물학적인 성이 달라 불편을 겪었던 적은 없어요. 여성주의자로서 저의 태도가 성숙하지 못해 '불편'한 일이 생길 때는 있었지만요. 스스로 여성주의자라고 선언하는 것은 단순히 선언에 그치는게 아니라 삶의 태도까지 변화시키겠다는 의지까지 표명한 것이죠. 여성주의자답지 않은 행동으로 다른 사람에게 불편함을 주었다면 제가 고쳐야 한다고 생각해요. 소변 본 후 변기 뚜껑을 내리

지 않아 문제가 된 일이 있었는데, 요즘은 앉아서 일을 보니 문제가 해결됐죠. (웃음)

연분홍치마 활동가들과는 워낙 오랜 시간 같이 있어서 설명이 필요 없는 사이지만, 단체 바깥에서 여성들과 만날 때는 긴장합니다. "저는 남성 페미니스트입니다." 하면서 그분들과 관계를 시작하는 건 아니니까요. 여전히 한국 사회는 남성 중심적이기 때문에 여성들이 남성의 힘으로 인해 폭력적 상황에 노출되는 경우가 상대적으로 많잖아요. 제가 아무리 여성주의자라고 해도 상대방이 온전히 인식할 수 없는 경우도 있고요.

〈마마상〉 찍을 때 소외감을 느낀 건 그저 제가 남성이기 때문에 단정되고 규정되어 버리는 것 같아서였어요. 그분들 태도가 당연하다고 생각해요. 유구한 세월 남성에게 억압당해 온 여성의 역사를 돌아보면 그래요. 제가 단지 여성주의 활동을 지향하는 단체에 소속돼 있다는 이유만으로 아무런 경계감 없이 저를 이해하는 건 무리였을 것 같습니다.

처음에는 생물학적인 남성으로서 어떻게 여성주의 활동가들과 이야기하고, 활동하고, 외부 사람들과 만날 수 있을까 고민했는데, 지금은 좀 편하게 생각하고 있어요. 다만 저의 말과 행동이 남성 중심적이지 않은지 항상 돌아보죠. 저도 모르는 사이에 제가 싫어했던 남성 문화에 물들어 있지는 않은지 끊임없이 돌아보고 그렇게 되지 않도록 긴장해요. 지금은 많이 훈련이 돼서 이런 '긴장'이 조금 편해졌어요.

여성주의를 지향할 수는 있어도 제가 온전한 여성주의자가 될 수 있다고는 생각하지 않아요. 여성주의를 지향하고 그것을 향해

가는 구도의 과정이라고 생각하죠. 그렇기 때문에 여성주의자로 서 어떤 모습을 보여 줄 수 있을까를 고민하기보다는, 어떻게 하 면 남성 중심적이지 않을 수 있을까를 고민하는 것이 더욱 중요한 과제인 것 같습니다. 완전무결한 여성주의자의 모습을 실천하려 고 애를 쓰는 것보다는, 내 안에 숨겨져 있는 남성 중심성과 가부 장성을 하나둘씩 지워 가는 실천을 하다 보니 오히려 고민이 풀리 는 것 같아요. 그 과정에서 제가 게이라는 것이 다층적인 면을 생 각할 수 있게 하는 하나의 조건이 된 것 같습니다.

● 오랫동안 신뢰를 쌓아 왔기 때문에 사람들이 자신을 드러내고 참여 를 했을 텐데요. 성소수자 운동으로 미디어를 활용하는 과정이 어려 웠을 것 같습니다. 그나마 정보가 있는 소수자들의 경우에는 자연스 럽게 대할 수 있어도 그렇지 않을 경우에는 너무 모르니까 '만나면 어떻게 해야 되지?' 이런 두려움도 있었을 것 같은데요. 그런 것 때 문에라도 다양한 소수자의 삶을 애정 어린 시선으로 보여 주는 다큐 멘터리가 많아져야 할 것 같습니다.

연분홍치마의 성소수자 커밍아웃 3부작의 경우, 주인공들이 사 회적 커밍아웃에 합의하고 개봉까지 결의하긴 했지만 주인공들 의 커밍아웃 단계가 모두 다르기 때문에 이후 배급 채널은 계속 고민할 수밖에 없어요. 영화관 또는 공동체 상영에 참여한다는 것은 적어도 '저 영화 보고 싶다, 보러 가야겠는걸' 하고 스스로 마음의 준비를 하고 가서 보는 행위잖아요. 물론 멀티플렉스에서 시간 나면 보지 하는 경우도 있겠지만요. 그런 경우를 제외하고 대개 사람은 영화에 대한 기본 정보와 기대를 갖고 영화를 본다고 생각해요. 그런데 DVD나 인터넷 다운로드로 풀려 버리면 또 다른 문제가 생기는 것 같아요. 불법 다운로드도 그렇고, 제대로 된 커밍아웃의 의미 전달 없이 불특정 다수에게 무방비로 노출되는 거니까요.

● 〈3×FTM〉 예고편에도 주인공 세 사람의 얼굴이 나오지는 않더라고요.

〈레즈비언 정치도전기〉 역시 모자이크 없이 커밍아웃하고 출연했더라도 공동체 상영까지만 합의한 분이 많았죠. 커밍아웃에 대해서는 이렇게 사람마다 입장이 달라요. 성소수자 미디어 운동에서 모자이크는 여러 의미를 띠죠. 어쩔 수 없는 선택이면서도 그 사회의 성소수자 인권 수준을 드러내는 장치이기도 합니다. 즉 모자이크가 들어갈 수밖에 없는 현실과 이 때문에 성소수자들이 얼마나 차별, 억압을 받고 있는지 보여 주는 거죠.

● 커밍아웃이라는 문제가 성소수자에게는 중요한데, 매스미디어의 영향력이라는 게 워낙 파괴적이잖아요. 친구사이 '커밍아웃 인터뷰'에서 "주인공들이 출연에 동의를 했었고 개봉이 가지는 의미에 대해서도 모르지는 않겠지만 감독의 입장에서 개봉으로 인해 혹시 주인공들에게 예기치 않은 피해가 가지 않을까 걱정되는 부분이 있다"고 하셨는데요. 본인이야 내가 저지른 일이니 내가 책임져야겠다고 생각할 수 있겠지만, 다른 분들 때문에 걱정은 되실 것 같아요. (웃음)

아마도 그 걱정은 평생 가져가게 될 것 같아요. 그리고 평생 함께 싸워야겠죠. 〈종로의 기적〉은 평생 끝나지 않을 숙제가 될 것 같아요. 하지만 부담스럽게 생각하지는 않으려고요. 저지르고 나니까 해방감과 자유로움이 너무 좋습니다. 리키 마틴(미국 가수)이 커밍아웃한 인터뷰를 봤는데, "행복하다. 왜 진작 이러지 못했을까." 하더라고요. 최근에 발표한 노래도 차별에 관한 것들인데요. 제가 리키 마틴처럼 잘생기고 세계적인 지명도가 있는 사람은 아니지만 (웃음) 그 말에 저도 공감했어요. 리키 마틴도, 저도, 도전을 받고 안 좋은 상황에 처하게 될 수도 있겠죠. 그거야 두고 볼 일이고요.

농담 삼아서 하는 얘기가 아니라 진담인데요. 제가 주인공들에게 그랬어요. "내가 앞서 나아가마." 어쨌든 〈종로의 기적〉은 평생의 과제가 될 것이고, 죽을 때까지 가지고 가야 할 꼬리표잖아요. 일단 개봉을 앞두고 주인공들을 비롯해 성소수자 커뮤니티의 의지와 자신감이 매우 큽니다. 그래서 크게 걱정이 되거나 그렇지는 않아요. 문제가 생기면 커뮤니티가 함께 모여 풀어 나가는 과정이 될 것이고요.

만일 〈종로의 기적〉 때문에 새로운 문제나 사건, 사고가 생긴다면 오히려 그것이 우리의 또 다른 출발점이 되지 않을까 싶어요. 농담처럼 정욜한테 "네가 이것 때문에 회사에서 잘리면 〈종로의 기적 2〉를 찍을게." 했거든요.

어쨌든 〈종로의 기적〉 촬영 과정은 성소수자 인권운동의 투쟁 전략이 더욱더 중요하다는 것을 서로 인식하게 한 공감의 시간이었던 것 같아요. 걱정을 농담처럼 말할 수 있는 여유도 좀 생겼고요. 예전에는 걱정이 너무 커서 농담도 못했거든요. 이제는 "그러면 싸워야지" 하고 맞받아치면서 편하게 얘기해요. 사실 주인공 네 명은 저보다 더 많은 구구절절한 사건, 사고 속에서 강하게 스스로를 다져 온 사람들이거든요. 이렇게 보면 주인공들보다는 제가 더 문제죠. 제가 중심을 잡고 나가야 될 것 같아요.

● **다 산전수전 겪으신 분들이니까요.**

이성애자 중심의 사회에서 내가 게이요, 레즈비언이요 하고 대중에게 소수자로서 커밍아웃하는 순간, 투쟁과 활동이 시작될 수밖에 없다는 생각이 들어요.

● **〈3×FTM〉 주인공들은 부담감 때문에 한 번씩 다 잠수를 탔다고 하던데요. 〈종로의 기적〉 주인공들은 그러지 않으셨겠네요. (웃음)**

〈3×FTM〉의 경우 잠수가 오히려 더 도움이 됐다고나 할까요? 주인공들이 다큐멘터리에 대해 깊이 고민할 수 있는 여유를 갖게 되었죠. 〈종로의 기적〉 주인공들도 잠수만 안 탔지, 말은 참 안 들었어요. (웃음) 여러 고민 속에서 영화가 만들어졌어요. 그런 고민이 다큐에 알게 모르게 녹아들어 가 주인공들도, 만든 저도 공감할 수 있었던 것이 아닐까 싶습니다.

〈종로의 기적〉이라는 최전선

● **앞으로 계획이 있다면요.**

일단은 개봉을 잘해야죠. 영화진흥위원회에서 개봉 지원금을 받았기 때문에 상반기 안에는 개봉해야 하는 상황이에요. 앞서 말했듯 주인공들이 출연을 결정하는 데 굉장한 결심이 필요했습니다. 개봉에도 이런 결심이 필요한 것 같습니다. 개봉이 큰 변화가 시작되는 새로운 기점이 될 테니까요. 개봉이란 영화에 참여했던 사람들의 품을 떠나 대중에게로 넘어가는 순간이잖아요. 그렇다면 그 순간을 어떤 식으로 기획해야 될까, 어떻게 더 많은 메시지를 효과적으로 전달할 수 있을까, 고민하게 되죠. 이 영화를 배급하고 극장에서 개봉하는 협력업체 · 회사들도 이 영화를 어떻게 포장해야 많은 사람이 보고 흥행이 될 것인가, 마케팅 측면에서 작품을 바라보면서 고심할 테고요.

'게이 다큐가 나왔어, 게이 다큐가 개봉된대' 하는 말이 회자되면 회자될수록 사람들은 그동안 보이지 않던 게이, 성소수자라는 존재에 대해 생각하게 되겠죠. 그리고 극영화가 아닌 다큐라는 점 때문에 성소수자의 현실과 만날 수 있는 기회라 여길 겁니다. 그렇기 때문에 저희에게 개봉이란 더 큰 차원의 커밍아웃이자 성소수자 인권 캠페인이기도 합니다. 개인적으로는 이 영화를 보수 기독교 단체나 정치인들과 함께 보는 시사회를 제안해서 이슈화하고 싶은 생각도 있습니다. 성소수자 내부에서 만들고 자축하는 데 머물지 않고 보수적인 이성애자, 소위 말해서 '우리의 적진'을 향해 울림을 줄 수 있어야 한다고 생각하니까요. 이런 다각도의 전략이 필요하지 않을까 싶습니다. 보수 진영의 반응을 공론의 장으로 이끌어 내어 논쟁을 확대하는 것 자체가 새로운 시작이 될 수 있다고 봅니다. 요즘 성소수자들을 향한 보수주의자들, 특히 보수 기독교 진영의 조직적인 차별과 혐오는 현재 성소수자 커뮤니티의 힘이 그만큼 더욱 커졌다는 의미이기도 하니까요. 그래서 더 밀어붙여야 되겠다는 생각, 〈종로의 기적〉을 휴머니즘 차원이 아니라 싸움의 최전선으로 만드는 기획들이 필요하지 않을까 싶은 거죠.

그와 함께 우리가 가진 문화적 역량을 보여 줄 방법을 찾아야겠다는 생각도 듭니다. 안타까운 건 재능 있는 게이들이 이성애자들을 위해 복무하는 현실이죠. (웃음) 성소수자로서 자신의 정체성을 드러내지 못한 채 이성애자라고 가정되는 대중을 위해 옷, 영화, 방송 등을 만들잖아요. 성소수자들이 성소수자임을 드러내고 새로운 문화를 만들 수 있다는 것을 보여 주는 계기를 만들어야 하지 않을까 싶습니다.

● 상업영화에서도 동성애자를 다루는 경우가 많아졌는데요. 이안 감독의 〈브로크백 마운틴Brokeback Mountain〉을 보면서 남자들끼리의 사랑도 이렇게 아름다울 수 있구나 하고 느낀 사람이 많았을 것 같고, 〈쌍화점〉에 주진모, 조인성 같은 잘생긴 배우가 나와서 게이에 대한 판타지를 갖게 된 분도 있을 것 같습니다. (웃음) 이런 영화들도 그렇고, "괜찮다 싶으면 여자 친구가 있고, 완벽하다 싶으면 남자 친구가 있다"는 광고 카피 등이 동성애자를 이해하는 데 긍정적인 역할

도 하지만, 왜곡시키는 면도 있는 것 같습니다. '동성애자는 예쁘다'
는 편견을 갖게 할 수도 있다고 보거든요.

요런 거, 대답 잘해야 되는데요. (웃음) 사실 그렇게 잘생기고, '이
쁜' 사람들도 있죠. (웃음) 저는 일단 더 다양한 동성애자 모습이
나와야 한다고 생각해요. 대개 미디어에서는 이성애자들이 나오
잖아요. 그들 모습은 굉장히 다양하죠. 잘생긴 사람들만 있는 것
이 아니고, 착한 사람, 나쁜 사람, 못난 사람, 잘난 사람 다 있잖
아요. 드라마 한 편을 봐도 그렇고요.
　　그런데 성소수자들은 그렇게 다양한 자신의 모습을 재현할 기
회를 가져 보지 못했잖아요. 최근 몇몇 미디어를 통해서 재현되는
소수의 게이나 레즈비언 이미지가 물론 왜곡된 것이라고 받아들
일 수도 있지만, 꼭 그런 것만은 아니거든요. 조금 전에도 말했듯
이 정말 그런 사람들도 있을 수 있으니까요. 사람 모여 사는 곳엔
별별 사람이 다 있잖아요. 하지만 문제는 왜곡된 모습에만 카메라
를 들이댄다는 거죠. 다채로운 삶과 사람들에게 주목하지 않아요.
　　결국 성소수자들 역시 다양한 방식으로 충분히 재현될 수 있는
기회를 가져야 한다고 생각합니다. 하지만 이성애 중심적인 주류
미디어에선 그러기 어렵죠. 그렇다면 우리가 스스로 그런 조건을
만들어 낼 수 있는 다양한 방법을 고민하는 수밖에 없을 것 같습
니다. 외국 같은 경우에는 성소수자 전문 채널이 있고 성소수자
얘기를 다룬 드라마도 많이 제작되고 있잖아요. 다채로운 모습의
성소수자들이 비성소수자들과 함께 공존하는 삶이 재현될 때, 비
로소 현실에 발붙이고 있는 성소수자 삶이 받아들여질 수 있을 겁

니다.

어떤 영화에서는 게이가 무척 우스꽝스럽고 못되고 기묘한 캐릭터로 그려지는데요. 물론 실제로 그런 사람이 있을 수도 있습니다. 하지만 비성소수자들은 잘 알지도 못하면서 성소수자를 자신들의 편견과 고정관념에 기초해 재현하는 것 같아요. 왜곡된 성소수자 모습은 계속해서 확대 재생산되고 성소수자들은 그런 재현을 보며 자신이 부정당하는 경험을 하게 됩니다. 때로는 그런 몰이해 속에서 방황하다 극단적인 선택을 하기도 합니다. 결국 주류 미디어에서 재현된 고정된 이미지의 동성애자들이 아닌 다양한 동성애자들의 현실을 보여 주어야 할 시점이 되었다고 생각합니다.

"우리는 어디에나 있다"

● 기존의 다른 매체에서는 성소수자를 비롯해 다른 소수자에 대한 인권, 차별 감수성이 거의 느껴지지 않았는데요. 미디어들이 어떤 식으로 성소수자들을 왜곡하고 이들에게 상처를 준다고 생각하시나요?

성소수자뿐만 아니라 다양한 소수자가 살고 있지만 없는 사람 취급하죠. 이른바 '정상성'에 속하는 사람은 이성애자 남성밖에는 없잖아요. 그 '정상성'을 기준으로 생각하는 태도들이 가장 큰 문제인 것 같아요. 소수자들은 이 세상 어디에나 있습니다. 방송국에도 있을 거고요. 미디어라는 공공재의 기능에 충실하려고 다양성을 배제한 채 공익적인 태도, 사회의 지배적인 가치를 중심으로 프로그램을 만들어야 한다는 것에 그 안의 소수자들도 괴로우리라 생각합니다. 그러나 시청자들의 다양성, 그러니까 미디어가 만들어 낸 프로그램을 향유하는 시청자들의 다양성은 생각하지 않는 거죠.

사실 자신이 원하는 것을 보겠다는 것도 권리입니다. 그런 면에서 봤을 때 성소수자들은 자신에게 즐거움을 주고, 자신의 지향과 맞는 문화를 즐길 권리를 박탈당한 거죠. 공공 미디어에서 중요한 기준은 보편적 가치를 지향하는 '정상적인' 사람들이니까요. 그렇지 않은 성소수자에 대해서는 아예 생각을 하지 않으니까 당연히 불균형이 생길 수밖에 없는 겁니다. 그러다 보니 재현을 한다 해도 성찰 없이 피상적으로 그리거나 왜곡하는 일들이 계속 반복되는 것 같습니다.

앞에서도 얘기한 것처럼 비성소수자들이 〈종로의 기적〉을 보면서 공감하며 깨달음을 얻는 것도 중요하지만, 자신의 정체성을 고민하는 성소수자들이 자신과 같은 사람들이 이곳에 함께 존재한다는 사실을 알게 되는 것이 더욱 중요하다고 생각합니다. 지금도 어딘가에서 벽장 속에 갇혀 있는 게이들은 '나, 이러면 어떻게 살지? 나는 남자인데 남자를 좋아해. 사람들이 나보고 죄인이래, 정신병자래' 하며 고민하고 있고, 누군가는 자살을 결심하거나 자살 직전의 상황에 놓여 있을지도 모릅니다. 이들이 자신과 같은 성소수자의 삶을 담은 문화적 생산물을 접하게 된다면 힘을 얻을 수 있지 않을까요. 이것이 곧 시민으로서 문화를 향유할 기본적인 권리이기도 하고요. 그 권리 행사가 누군가에게는 생존으로 이어질 수도 있고 말입니다.

　대부분 성소수자, 게이들이 그렇듯이 저도 처음 종로에 나갔을 때 깜짝 놀랐어요. 당시 미디어에서 재현된 성소수자들 모습은 다들 죄인처럼 모자이크 또는 음성 변조로 처리되었죠. 저 역시도 당시에는 막연히 게이는 '여자 같은 남자'이거나 '느끼한 변태 스타일'이라고 생각했어요. 그전까지 봐 왔던 미디어 영향이죠. 그래서 저는 종로에 나가면 그런 사람들만 있겠거니 생각한 겁니다. 그런데 게이바에 가 봤더니 옆집 아저씨, 옆집 형하고 별반 다르지 않은 보통 사람들이 있는 거예요. 그 광경이 너무나도 충격이었죠. 만일 제가 이런 사실을 좀 더 일찍 알았더라면 좀 더 편하게 제 정체성을 쉽게 받아들이고, 편하게 살지 않았을까 하는 생각이 들었어요. 미디어에서 왜곡했던 모습의 게이들만 있는 것이 아니라 나와 다르지 않은 게이들이 존재한다는 사실을 알았다면 좀 더 일찍, 두려움 없이 성소수자 커뮤니티로 나오지 않았을까, 좀 더 연애도 많이 하고 벅차게 놀지 않았을까 싶은 거죠. (웃음)

　활동을 하면서 느낀 것은 이전의 저 같은 사람들이 여전히 많다는 겁니다. 이반시티www.ivancity.com라는 포털사이트가 있고, 동성애 카페 등 동성애 관련 정보를 얻을 수 있는 곳이 많고, 여기저기 P2P 사이트에서 게이 포르노를 다운받을 수 있는 세상인데도 여전히 그런 곳에 접근 못하는 사람들이 있거든요. 그리고 아직까지도 성소수자라는 것 때문에 자신의 생명을 담보로 극단적인 고민을 하는 사람도 있을지 모릅니다. 〈종로의 기적〉 개봉에 관해서 논의할 때 개봉이 가질 수 있는 힘은 그런 거라고 얘기했어요. 적어도 극장은 시내에 가면 하나 이상은 있지 않느냐, 그런 곳에서 〈종로의 기적〉이라는 것을 상영한다면 여전히 소통의 채널을 찾지 못해 방황하는 사람들이 좀 더 손쉽게 성소수자 커뮤니티와 만날 수 있을 거라고요.

동성애자 중에는 젊은 세대만 있는 건 아니거든요. 60이 돼서 동성애자임을 자각하는 할아버지도 계실 수 있으니까요. 인터넷도 전혀 모르고, 이반시티라는 것이 있는지도 모르는 분들이 상대적으로 접하기 쉬운 영화라는 것을 통해, 극장이라는 공간을 통해서 '내가 저런 사람인 것 같은데 저런 사람들이 모이는 곳이 있다는 거지? 그래, 이상한 사람들이 아니었구나, 내가 잘못된 것은 아니구나'라고 느끼게 하는 것이 〈종로의 기적〉의 목표죠. 사실 성소수자들도 자신들 문화를 만들고 누릴 수 있게 하는 것은 공적인 영역에서 책임져야 할 일인데, 개네들이 안 하니까. 우리가 해야죠. (웃음)

● 하고 싶은데 못하신 말이 있으시다면요.

충분히 한 것 같은데요.

● 그럼 정리 발언해 주세요. (웃음)

관객과의 대화 할 때도 마지막 발언으로 주로 하는 건데요. 나와 성정체성이 다른 사람들이 내 주위에는 없겠지 하고 생각하는 사람들이 많아요. "내 주위에는 게이가 한 명도 없어, 내 주위에는 레즈비언이 한 명도 없어" 하는 사람은 사실 섬세하지 못한 사람이죠. 주변의 성소수자 친구들이 그 사람의 편견과 차별적인 태도 때문에 커밍아웃하지 못했을 가능성이 크죠. 그러나 성소수자는 어디에나 있습니다.

다른 한편으로 성소수자들도 자신감을 갖고 자신을 적극적으로 드러내는 과정이 필요하다고 봐요. 저는 그 방법으로 〈종로의 기적〉이라는 영화를 택한 거죠. 물론 차별적인 이성애 중심 사회에서 커밍아웃이란 쉽지 않습니다. 부당한 차별을 받을 수도 있죠. 앞으로 인생을 새롭게 기획해야 한다는 점에서 많은 준비가 필요하고요. 그래서 '커밍아웃'을 두렵게 생각하는 분이 많아요. 저도 그랬고요. 커밍아웃할 자유와 권리가 있는 것처럼 하지 않을 자유와 권리도 있다고 생각합니다. 결국 개인의 선택이죠. 하지만 중요한 것은 지금까지 커밍아웃하며 투쟁해 온 수많은 성소수자의 노력이 있었기 때문에 지금의 성소수자 커뮤니티가 가능해졌다는 겁니다. 커밍아웃할 용기가 아직 없으세요? 그럼 〈종로의 기적〉을 보세요. 그리고 성소수자 인권단체를 후원하세요. 저희가 먼저, 대신 싸우겠습니다. (웃음)

변화의 전파를 타고 연결되고 확장하는 성소수자 인권

불과 몇 년 사이 SNS와 인터넷 방송 이용자가 급속히 늘었다. 다양한 매체에 손쉽게 접근할 수 있는 환경도 갖췄다. 이전에 비해 성소수자의 목소리를 다양한 매체를 통해 접할 수 있게 된 것이다. 성소수자 이슈를 발굴하고 인권 단체와 SNS를 바탕으로 현안과 메시지를 전달할 필진을 지속적으로 확보하려는 모습을 이제 언론사에서 어렵지 않게 볼 수 있다. 성소수자 인권 현안을 실시간으로 전달하는 매체는 이제 소수의 진보 언론과 시민 언론에 국한되지 않는다. 최근에는 방송 시사 프로그램들 역시 성소수자의 얼굴과 목소리를 드러내고, 이들의 요구가 사회의 차별에 어떻게 맞닿아 있는가를 구체적으로 짚어낸다.

한편 성소수자 커뮤니티에서는 유투브, 팟캐스트 등 독립 방송인들의 활약이 두드러진다. 이들은 온라인 방송을 통해 본인 스스로 성소수자임을 밝히고 인권 현안부터 커뮤니티 문화 전반을 소재 삼아 이야기를 만들고 나눈다. 더불어 커뮤니티 성소수자 당사자들이 특정 주제를 잡고 기획하는 잡지와 출판 사업도 증가세를 보인다. 연례 기획으로 출간하는 잡지 《뒤로DUIRO》나 언니네트워크에서 기획한 잡지 《쨈》에 이어, 최근 플래그 페이퍼가 《플래그 페이퍼FLAG PAPER》를 출간했다. 이들은 커뮤니티의 하위문화 언어나 HIV/AIDS, 페미니즘과 같은 성소수자 현안을 심도 있게 다루면서 대중에게 친근하게 어필한다.

커뮤니티가 자체적으로 목소리를 만들고 유통하는 풍경은 성소수자가 사회에 어떻게 드러날 수 있을지를 가늠케 해줄 뿐 아니라, 커뮤니티와 성소수자 인권 운동이 상호 성장하며 자기 목소리를 드러내고 있는 오늘의 변화를 보여주기도 한다. 2016년 개봉한 〈위켄즈〉는 국내 최초 게이코러스 '지보이스G_Voice' 구성원의 이야기와 활동을 담은 다큐멘터리다. 〈위켄즈〉는 커뮤니티 활동이 어떻게 시민사회에 성소수자의 모습을 드러내고 인권 운동의 결을 더하는지 보여준다. 성소수자 인권 운동의 구체적인 얼굴들을 담는 영상 작업들은 직·간접적으로 성소수자 인권 운동 단체들에 사람들이 모이고, 이들이 보다 넓은 활동을 모색할 수 있는 동기가 되었다.

반면 반인권과 차별의 목소리를 키워가는 이들 역시 일련의 매체 환경 변화와 가능성을 활용하는 실정이다. 2010년도 〈인생은 아름다워〉 방영 당시 조직적으로 나타난 반동성애 목소리는 이제 드라마나 기사 등 특정 콘텐츠에 머무르지 않는다. 혐오가 '세력'이 된 상황에 이들은 언론을 규합하고 방송을 활용하는가 하면, 콘텐츠를 생산하고 유통함으로써 반인권 여론 선동의 도구로 언론과 방송사를 활용한다.

두 차례의 보수 우익 정권 속에 혐오와 차별 선동은 언론과 방송사를 잠식했다. 이들은 요직에 '차별 선동 인사'들을 앉힘으로써 반인권에 힘을 실어줬다. 방송통신위원회는 방송에 성소수자가 나오는 것 자체를 검열하는가 하면, KBS 이사는 동성애자가 "더러운 좌파"라며 공론장에서 혐오 표현을 서슴지 않았다. 공중파는 반인권적 보수 우익 세력에 잠식된 지 오래라는 평가가 더 이상 무색하지 않은 상황이다.

매체의 반인권과 적폐의 문제는 단순히 성소수자 이슈에만 머무르지 않는다. 적폐 청산과 민주주의, 누구도 배제되지 않는 모두의 인권을 외쳤던 시민 대중의 목소리가 박근혜 대통령 파면을 이끌어냈다. 그러나 성소수자 혐오와 차별 선동은 계속되고 있다. 개헌 정국에서 보수 정치 세력은 성소수자 혐오를 최전선에 내세우며 변화의 가능성을 차단하고자 안간힘을 쓴다. 성소수자를 비롯한 인권 현안을 다루는 방송인들이 방송국 정상화를 위한 싸움을 지금까지 이어가고 있다. 이러한 현실은 여전히 적폐에 잠식된 사회의 실상을 보여준다.

시민들의 의지로 되찾은 사회 변화의 토대는 새로운 변화를 발굴하고 조직한다. 그 속에서 소수자 인권 운동의 과제는 언론에 대한 모니터링은 물론, 목소리를 크게 낼 수 있는 매체를 활용하고 개발하는 것이다. 무엇보다 각자의 위치에서 변화를 이끌어내는 동력을 모으는 운동도 중요하다. 언론 개혁과 공영방송의 적폐 청산을 주장하는 운동이 힘을 모으는 과정 위에, 그간 보수 언론에 조리돌림당해온 성소수자들은 이제 사회구성원으로서 변화의 운동에 힘을 실어야 할 때다. 이는 매체를 다루는 기술적인 문제를 넘어, 성소수자들이 반차별 운동에 참여하고 사회운동과 연대함으로써 인식 개선과 인권 증진에 나서야 한다는 운동의 방향을 노정한다.

– 남웅(행동하는성소수자인권연대 공동운영위원장)

2장

—

"하나님이 바비를 치료하지 않은 건 아무 문제가 없었기 때문이야"

★ 인터뷰이 곽이경

대학 동성애자 모임 친구들과 함께 대형 무지개 깃발을 학교 외벽에 걸면서 처음으로 가슴 뛰는 자긍심을 느꼈다. 대학 졸업과 동시에 동인련을 찾아갔다. 그 후 지금까지 길바닥에서 무지개 깃발을 펼치며 다양한 사람들과 연대하는 것을 꿈꾼다. 동네에 있는 작은 교회인 '성문밖교회'에 우연찮게 발을 들여놓은 뒤, 그곳에서 운명 같은 사람을 끌어안고 마지막 시간을 함께했다.

이제는 예수님이 성문 밖에 내처진 자들과 언제나 함께하신다는 걸 믿는다. 그를 생각하면 가슴이 두근거린다. 동네일에 관심 많은 성소수자, 노동자 투쟁을 지지하고 전쟁에 반대하는 성소수자, 모든 차별과 혐오에 반대하는 오지랖 넓은 성소수자로 살고자 한다. 요즘에는 특히 성소수자도 평등하게 일터를 제공받을 수 있게 하는 활동에 집중하고 있다. 틈틈이, 못 가 본 길에 서는 걸 좋아하고, 만나는 이에게 맛있는 커피 한잔 내려 주는 걸 행복으로 여기는 삼십대 여자다.

● 어린 시절 이모하고 같이 교회를 다녔다고 하던데요. 모태신앙이었나요?

그건 아니고요. 엄마가 근무하시던 학교가 미션스쿨이에요. 그래서 엄마는 학교에서 교회를 다니셨죠. 이모 집이 좀 어려웠어요. 사촌 동생이랑 둘이 광명시 근처 아파트에서 사셨어요. 엄마 아빠가 일하느라 힘드셔서 저는 이모 집에서 살 때가 많았는데, 이모가 주일마다 우리를 데리고 다닌 거죠. 그때가 제 기억으로 네다섯 살 때인 것 같아요. 조그만 교회였어요.

● 고등학교 때부터 교회 다니는 것이 불편했다고 하던데요.

교회 다니는 게 습관 같은 거잖아요. 계속 다니니까 그냥 다니는 거고. 중학교 때 처음으로 같은 반 친구를 좋아하면서 나는 왜 다른 애들처럼 이성을 좋아하지 않는가에 대해 의문을 가지고 많이 생각했어요. 나는 뭐가 다를까, 그때는 게이, 레즈비언 이런 단어도 몰라서 '나는 호몬가 봐. 동성연애자인가 봐.' 이렇게 일기장에 쓰고 그랬는데요. 그때는 그 이외의 말은 몰랐어요. 고등학교 때는 교회 가는 게 재미없어서 안 갔어요. 소설 쓰는 걸 되게 좋아했고, 동성애를 다룬 영화도 많이 수집해서 봤어요. 트랜스젠더와 동성애자가 나오는 〈크라잉 게임〉과 〈M. 버터플라이〉〈패왕별희〉이런 거 보면서 그래도 이게 나만 가지고 있는 특수성은 아닐 거라고 생각하면서 위안을 삼았죠.

고등학교 2, 3학년 때쯤 무척 좋아하는 만화가가 있었어요. 그런데 동성애를 소재로 만화를 그렸다가 그게 청소년 유해 매체물이 됐거든요. 당시 청소년보호법에 따르면 동성애 표현을 못하게 돼 있었어요. 그래서 결국 만화가가 절필을 했죠. 어린 마음에 '아니 동성애가 무슨 죄라고 이렇게 하나' 하고 반감을 가지면서 교회하고도 점점 멀어졌어요. 그러면서 한편으로는 기독교인 중에 동성애에 빠졌다가 구원된 사람은 없나 하고 찾아봤는데 성 아우구스티누스가 있더라고요. 젊은 시절 남색을 했는데, 나중엔 구원을 받았다고 책에 쓰여 있더라고요. 그래서 그 사람한테 굉장히 끌렸죠. 제가 당시에 창작했던 만화나 소설 배경이 동성한테 끌렸다가 구원을 받고 다 그런 거였어요.

대학교에 가서는 다시 교회에 나가 볼까 했어요. 친구들이 묻지도 않았는데, '나는 꼭 남자하고 결혼할 것'이라고 얘기했는데요. 애들 딴에는 왜 자꾸 그런 얘기를 하나 의아했나 봐요. 생각해 보니까 대학 1학년 때 강박관념이 있었던 것 같아요. 더 이상한 데로 갈까 봐. 결혼을 꼭 할 거다, 이런 얘기를 동아리 가서도 계속 반복했던 것 같아요. 그런데 잘 안 됐죠.

동성애가 병?

● 자기 암시 같은 거였나 보네요. 동성애는 일시적일 수 있고, 회개하고 목사가 된 사람도 있다고 하잖아요. 이요나 목사처럼.

제가 이요나 목사*를 고등학교 3학년 때 만났으면 신봉자가 됐을 것 같아요. 그때 제가 가지고 있었던 고민이 '내가 왜 이렇게 살아야 되나' 그거였거든요. 제가 생각하기에 이요나 목사 얘기는 전혀 합리적이지 않지만 고통스러워하는 성소수자들에겐 설득력이 있죠. 크리스천 동성애자들은 너무나 큰 고통을 받기 때문에, 이요나 목사가 동성애는 치유될 수 있는 거라고 얘기를 하면 어느 순간 '나도 한번 치유 상담하러 가 봐야지' 생각하게 돼요. 저도 '내가 혹시 동성애자는 아닌가' 하는 고민에서 벗어날 방법을 찾고 있었는데 해법은 둘 중 하나였거든요. 생긴 그대로 인정을 받든가, 치유를 받아서 이성애자가 되든가. 그런 갈등의 시기였어

★   중독치유상담센터 '홀리라이프' 대표이자 갈보리채플 담임목사이다. '회복한 동성
    애자'를 자처하며, 차별금지법 제정 반대에 앞장서는 대표적인 인물이다. 40여 년
    을 동성애자로 살았다는 이 목사는 서울 이태원에 국내 처음으로 '게이바'를 열었
    고 동성애에 관해서는 속속들이 알고 있어, 동성애는 죄이고 동성애자는 '이성애
    자로' 회복되어야 한다는 것을 누구보다 확신한다고 주장한다.

요. 그때 제가 쓴 글을 보면 남장 여자를 그려 놓고, 왜 이 사람이 이상한가부터 시작해서 '동성애는 죄인가'까지 이어지는 게 아주 많았어요.

저는 이요나 목사 같은 분에게 사람들의 고통을 이용하지 말라고 말해 주고 싶어요. 제 경우 성소수자로서 저를 받아들인 지 이제 11년이 되었지만, 그전까지 너무 큰 고통을 겪었거든요. 그걸 생각하면 이요나 목사가 동성애는 치유될 수 있다고 하는 것은 특히 크리스천 동성애자들을 더 고통스럽게 하고 그 고통의 기간을 연장하는 것밖에 안 된다고 생각하거든요. 제가 만약 그 상태로 2, 3년을 살았다면 엄청나게 편협하고 보수적인 사람이 되었거나 아니면 스스로 해답을 찾지 못해서 은둔하는 사람이 되지 않았을까 싶어요.

● 성경 보면 동성애 혐오에 관한 구절이 별로 없잖아요. 어떤 구절은 해석상의 논쟁이 있기도 하고요. 성경 해석도 시대에 맞춰서 변하는데, 동성애에 관해서만은 다른 해석을 용인하지 않는 것 같습니다.

유연하지 않죠. 저는 그 이유가 이런 게 아닐까 생각해 봤어요. 보수성과 도덕성, 성적인 순결주의 이런 것을 하나로 꿰는 맥이 있잖아요. 이것이, 크리스천이라고 하긴 그렇고, 개신교나 가톨릭이 사회를 순조롭게 운용하도록 하는 이데올로기를 제공하는 바탕이 돼 왔다고 생각하는데요. 이제는 피임한다고 처벌하거나 욕하기 좀 어려운 상황이 됐고, 예전처럼 선교사 체위*로만 성교를 하도록 하는 것도 말이 안 되는 현실이 되었잖아요. 사회가 개인화되면서 사생활의 장막 속에 가려져 있던 일들을 교회가 통제할 수 있는 시기는 중세 이후로 끝나 버렸거든요. 교회가 사회에 대해 하나씩 하나씩 통제할 수 있는 부분을 잃어 가면서, 성적인 보수성과 도덕성이라는 가치를 들고 나왔고, 그 이데올로기로 흠집을 낼 수 있었던 게 동성애라는 생각이 들어요.

이 사회의 가족 제도는 이성애 중심이잖아요. 동성애자들은 가족 제도에 편입되고 싶어하는 것이지, 가족 제도를 붕괴시키고 싶어하지 않거든요. 붕괴시키려고 마음먹었다면 '혁명 세력'일 텐데, 그렇지 않으니까요. 그런데 개신교나 가톨릭계는 동성애자들을 희생양으로 삼으려는 것 같아요. 동성애자들이 우리 사회를 붕괴시킬 수 있다고 얘기하는 거죠. 그들에게 동성애는 마지막 보루가 아닌가 싶어요. 이 사회의 제도를 유지하기 위해서 가장 비정상적인 성, 몸, 존재를 상징하게 하려면 이제는 여성도, 장애인으로도 안 되죠. 그래서 억압하고 낙인찍기 쉬운 존재로 동성애를 설정한 거라고 봐요. 에이즈가 처음 발견되었을 때 우파들이 에이즈 환자들에게 '하나님이 동성애자에게 내린 천형'이라고 했잖아요. 저는 그것이 지금의 상황을 가장 극명하게 보여 준 사건이라고 생각해요.

★ 남녀가 섹스할 때 서로 마주 보는 소위 '정상 체위'를 서양에서는 '선교사 체위'라고 한다. 유럽의 기독교 선교사들이 해외에서 선교할 때 현지 주민들에게 정상 체위로만 할 것을 강요했던 데서 비롯된 말이다. 기독교 신학자 토마스 아퀴나스는 자위, 수간, 정상 체위가 아닌 성교 체위 그리고 동성 간의 성관계를 자연에 반하는 것이라고 주장했다. 이처럼 중세부터 근대 초까지 기독교에서는 남녀 간 성행위 자세까지 간섭하려 했다.

성경을 문자 그대로 해석하면 굉장히 편협해지고 말거든요. 지느러미와 비늘 없는 생선은 먹어선 안 되고, 굽이 갈라지고 되새김질하는 짐승만 먹을 수 있고, 여자가 월경 하면 불경하고……. 이런 규율들을 요즘 세상에서 지킨다는 건 말이 안 되잖아요. 그러니까 하나씩 삭제되기 시작한 거죠. 그러면서도 남아 있는 하나가 동성애에 관한 것이죠.

사실 성경은 어떤 세력이 해석을 하느냐에 따라 내용이 달라지잖아요. 소돔과 고모라는 부유하고 권세 있는 자들이 가난한 사람들을 돌보지 않은 죄로 멸망한 건데도 미국에서 성경이 잘못 왜곡되면서 소돔에서 유래한 '소도미Sodomy'가 동성애를 뜻하는 말이 된 거죠.

● 시카고 신학대 테드 제닝스 교수는 "호모포비아적인 성서 읽기가 성서를 비열한 횡포의 규정집으로 만들었고, 복음의 포도주를 율법적이고, 보복적인 비난으로 바꾸었습니다."고 했는데요. '호모포비아'를 '성경적'이라고 하면서 '가난한 자들과 함께하라'는 말씀은 무시하는 주류 기독교계에 대한 비판이 꽤 있지 않습니까? 미국의 어떤 목사는 성서에서 가난한 자들을 도우라는 메시지를 다 오려 낸 후 너덜너덜해진 성경을 들고, "이것이 미국의 성경이다"고 했다던데요.

그렇죠. 모순이에요. 본인들도 그 모순을 모르지 않으리라고 생각해요. 기독교라는 것이 현실적으로 보면 사회적인 거잖아요. 사회에 뿌리내린 종교기 때문에 사회적 상황이나 역사적, 정치적 맥락 이런 것을 다 흡수하고 있다고 생각하는데요. 저는 그렇기 때문에 마치 기독교 근본주의자, 성서주의자들이 동성애는 죄라는 식으로 해석하는 것에 동의하기 힘들어요. 정말 성서를 읽었는가 싶기도 하고요.

최근에 새기운(새로운 기독교를 여는 운동)이란 단체가 출범했는데요. 거기 계신 분이 성소수자 문화제 할 때 발언을 하셨어요. 주류 기독교계를 향해 '진정한 원리주의자들도 아니면서 성경을 왜곡하고 호도한다'고 비판하시더군요. 한국 사회라는 같은 공간에 있으면서도 종교가 누구에게 이득이 되느냐에 따라 교회 입장이 다르다는 걸 보여 준 일이라고 생각해요. 김홍도 목사가 있는 금란교회에서도 카트리나 참사가 동성애자 때문에 일어났다는 어불성설의 얘기를 설교 때 했잖아요. 그런데 그것을 신도들이 진지하게 받아들인다는 게 우스운 거죠. 도대체 동성애하고 카트리나 참사가 무슨 상관이 있어요. 저는 우리나라 기독교가 이성을 상실했다고 생각해요. 카트리나 참사가 동성애자들 때문에 일어났다는 이야기를 진지하게 들으면서 열심히 성경 읽고, 만날 QT(quiet time, 하나님과 영적으로 교제하는 시간) 하고, 밤마다 성경 통독하고, 심지어 성경을 공책 수십 권에 손수 옮기고, 이렇게 열심히 예수님 말씀이 무엇인지 공부하는 분들이 차별금지법*은 반대하는 거예요. '약자들에 대한 차별을 금지하는 것'을 반대하는 것을 보면 성경은 멋으로 읽나 싶은 거죠.

교인들이 생각을 못하게 만드는 주요한 원인은 그 교회가 누구에게 기대고 있느냐인 것 같아요. 국가 조찬기도회의 면면을 보면 알잖아요. 순복음교회를 비롯해서 주요 복음주의 교회들이 다 모이는데, 그들이 한기총 멤버들이거든요. 제가 다니는 교회들은 한기총과 사이가 나빠서 서로 등을 돌리고 살아요. 이런 교회들은 국가 조찬기도회를 비판하면서 기륭전자 가서 노동자들하고 같이 농성하고 그러거든요. 사실 교회에서도 이데올로기라는 것이 보이기 때문에 마치 교회가 중립적이고 신성한 것처럼 얘기하면 닭살이 돋아요. 저도 크리스천이지만요. 신성한 것은 개인의 마음이나 예수의 진리잖아요. 예수가 말씀하시는 진정성이 신성하다면 신성했지, 지금 교회는 신성하다고 생각하지 않아요.

김규항 씨 《예수전》을 읽고 굉장히 감동받았어요. 〈마가복음〉을 강해한 건데, 제가 가장 많이 읽은 복음서도 〈마가복음〉이거든요. 예수의 행적을 기록한 복음서 내용은 처음부터 끝까지 예수가 가난한 자와 함께했다는 것인데, 다 잘려 나갔죠. 미국의 영어 성경을 그대로 국내에 들여오면서 성경의 많은 부분이 왜곡되었어요. 성경만 봐도 그렇고, 우리나라는 미국에서 몹쓸 것을 많이 배웠다는 생각이 들어요.

★ 차별금지법(안)은 헌법의 평등 이념을 실현하려는 인권 기본법이자 차별을 금지하려는 포괄적인 최소한의 장치이다. 소외되고 억압받을 상황에 노출된 사회적 소수자에 대한 차별을 법으로 금지함으로써 개인의 차이와 다양성을 존중하고, 차별을 없앨 수 있는 제도적 근거가 될 중요한 법안이다. 2007년 가을, 병력 · 출신 국가 · 출신 민족 · 인종 · 피부색 · 언어 · 가족 형태 및 가족 상황 · 성적 지향 · 학력 등 20개의 차별 금지 조항과 함께 이 법안이 입법 예고되자, 경총을 비롯한 재계와 보수 기독교 단체들이 강력히 반대했다. 그 과정에서 보수 기독교 단체의 주장에 따라 성적 지향을 비롯한 7개 차별 금지 조항이 삭제된 누더기 법안이 되었다. 인권단체들은 이 법의 제정을 다시 강력히 요구하고 있으나, 여전히 보수 기독교계의 강력한 반대에 부딪히고 있다.

믿었던 도끼에 발등 찍힌 일

● 테드 제닝스가 한국에서 강연할 때 "약한 자들과 방어할 수 없는 사람들을 학대하면서 정말로 죄와 관련 있는 섹스 문제에 있어서는 교회가 침묵을 합니다. (중략) 교회에 의해 성사된 이 악마의 거래에서 동성애는 중요한 부분을 차지하고 있습니다. 게이와 레즈비언 그리고 양성애자를 희생양으로 삼아 교회는 성이 죄악이라는 신화를 지속시키는 한편, 교회가 가족적 가치들에 대해 의문을 제기하지 않아도 될 만한 구실을 강구합니다. 호모포비아는 가족이라는 제도를 통해 불의를 영속화하는 일에 공모하고 섹슈얼리티에 대한 우리의 혼동을 부추겼습니다"라고 했는데요. 실제로 그렇지 않습니까? '간음하지 말라'는 교리가 있는데, 그것을 가장 잘 지켜야 될 사람들이 목회자들일 텐데, 유명 목사들의 강간이나 성추행, 간통이 밝혀져도 교계에서는 쉬쉬해 왔지 않습니까? 반면 약한 사람이거나 자기 방어를 하지 못하는 사람들에 대해서는 과도하게 공격적인데요. 한기총이나 이런 단체들이 동성애자들을 공격하는 것만 보더라도 말이죠.

어려운 문제죠. 최근에 정의가 뭔가에 대해 생각을 많이 해요. 세상에서 '정의'라고 불리는 것은 실상은 공정하지 않은 것 같아요. 이 사회에서는 대표성을 가지지 못하는 사람들, 인정받지 못하는 사람들, 아니면 부를 더 분배받지 못하는 사람들은 불공평한 정의 아래에서 사는 것 같아요. 동성애자들이 대표적이고요. 드러내지 못하고, 인정받지 못하고, 대표성도 가지지 못하다 보니까, 어쩌다 한번 나가서 싸울 때조차도 사람들이 이상하게 보면 어쩌지 하는 생각을 속으로 먼저 하는 거예요. 결국 우리는 안과 밖, 양쪽하고 싸워야 되는 거죠. 우리는 우리가 얘기하는 것이 정의롭다고 생각하는데 우파 기독교계는 우리를 호도하고, 왜곡하고, 공격하죠. 이런 부류가 아닌 사람들한테 나갈 때도 우리는 우리가 행여나 잘못 처신해서 낙인찍히지나 않을까 두려워하고 예상치 못한 호모포비아들과 맞닥뜨리면 어떻게 하지 늘 불안해하죠. 어딜 가든 우리를 지지해 준다고 장담할 순 없기 때문이에요.

동성애자 운동가들끼리 이런 얘기 많이 해요. 요즘처럼 기독교인들이 동성애에 대한 혐오를 극심하게 드러낸 경우는 별로 없었다고요. 바성연 광고 나오는 거 보고 사람들이 어쩔 줄 몰라 했어요. 일은 계속 막 터지는데, 우리는 여전히 작고 힘이 없으니까요. 우리를 지지해 주는 운동가들도 별로 없고요. 노동운동, 통일운동 같은 주류 운동은 여전히 우리와 거리가 멀거든요. 기독교계와 운동가들, 양쪽하고 동시에 싸워야 되는 상황에 봉착하면서 너무 힘들었어요. '그래도 뚫고 나가자, 뭐라도 하는 수밖에 없지 않겠느냐, 신문 광고라도 하자'고 해서 광고비 모금을 하러 다녔어요. 그때 지금도 잊히지 않은 일을 겪었죠. 모 평화 단체에 찾아갔어요. 나름대로 잘 안다고 생각해서요. 5천 원 정도 광고비 모금하는 것은 할 수 있다고 생각했어요. 그런데 딱 보더니 이렇게 얘기하는 거예요. '동성애자라는 이유로 차별받는 것에 대해서는 반대하지만, 그렇다고 동성애를 인정하는 것은 아니다.' 그 말이 지금도 굉장히 크게 남아 있어요. 이것이 지금 우리나라 운동판 안에서 우리가 봉착한 가장 큰 문제다, 우리는 반차별만 이야기할 것이 아니라 우리를 동등한 구성원으로 받아들이라고 운동 진영에도 얘기해야 되는 거죠.

우리 편이라고 생각했던 사람들 입에서도 우리를 인정할 수 없다는 얘기가 많이 나왔고요. 실제로 정당 운동가들 중에서는 성소수자이지만 커밍아웃은 절대 할 수 없는 분들이 있어요. 소속된 곳에서 이해받지 못하거나 지역 주민들에 대한 문제도 있으니 그러는 거죠. 그런 것을 보면서 너무 속이 상했죠. 이것을 뚫어야 된다고 생각은 하는데, 그렇다고 이것만 붙들고 싸우면 너무나 절망적이잖아요. 그래서 오히려 공세적으로 차세기연(차별 없는 세상을 위한 기독인연대) 같은 단체들을 찾는 것 같아요. 그런 단체들을 보면 힘이 나죠. 적의 심장부에서 싸우는 사람들인데, 임보라 목사님(차세기연 공동대표, 향린교회 부목사)은 협박 편지 받고 그러잖아요. 그렇게 우리와 함께할 수 있는 곳을 넓혀 가야 된다고 생각해요.

한국 사회에서 동성애 혐오는 조금 더 특수한 느낌이 들어요. 뭐냐 하면 거의 전적으로 기독교인 스피커들에게 의존하고 있다는 거죠. 다른 사람들은 관심이 별로 없는데, 기독교인 발언자들, 주요 인사들 의견에 기대는 경우가 많은 거죠. 호모포비아가 더 많이 드러나고 있고, 인종차별 같은 다른 종류의 혐오와 차별이 부각되는 유럽이나 미국하고는 달리 우리나라는 기독교에 대한 일반적인 반감도 크잖아요. 오히려 기독교의 핵심적인 문제를 치는 것, 기독교의 도덕성에 문제를 제기하고, 기존 교회의 우파성, 우익성에 대해서 문제 제기를 하는 것이 어쩌면 아주 좋은 전략이리라는 생각이 들어요.

● 정부가 불교계와 갈등을 빚으니까 기독교계가 불교계에 대해 공격적이고, 절에 불도 지르고 그러잖아요. 단군상 목 자르는 거야 예전부터 있었고요. 동성애에 관련된 부분에 대해서도 공세적으로 나오는데, 한편으로는 그들이 예전에 비해 위협을 느끼기 시작했다는 얘기 같아요. 운동하는 입장에서는 이들의 적개심을 보면서 힘든 부분도 있겠지만, 이 싸움에서 버텨 내 이기고 나면 인식이 바뀌겠구나 하는 희망도 있을 텐데요.

지난번 국회 앞에서 동성애 혐오 반대 기자 회견을 열었는데, 그날 처음으로 그들이 우리보다 훨씬 더 강하다는 생각을 했어요. 기자 회견 하는데 몰려와서 앞에서 소리 지르고, 욕을 하는 거예요. 제가 기자 회견문을 나눠 주려고 했더니, 너무나 강한 힘으로 저를 붙들고 회개하라고 외치고 불지옥 그림을 보여 주면서, "동성애 하면 지옥 간다. 네 엄마를 생각해서라도 이런 짓을 그만둬라"고 생전 처음 본 분들이 그러는 거예요. 그거 보면서, 이런 상황이 조금 더 심해져서 우리가 조금 더 공세를 펴고, 우리가 피해자로만 있지 않게 되는 순간, 이 사람들은 진짜 본격적으로 공격할 수도 있겠구나 하는 생각이 들었어요.

지금까지 우리는 이런 이미지였어요. '우리는 약하고, 가만히 있는데 얻어맞고 있고, 그러니까 도와줘, 보호해 줘.' 실제로 그런 면이 있죠. 그런데 언제까지고 그런 이미지로 남을 수는 없다고 생각해요. 언젠가는 치고 나가야 할 것이고, 실제로 차별금지법 제정을 위해서 싸워야겠죠. 유럽 같은 경우는 공개적인 장소에서 목사가 동성애 혐오 발언을 했다가 처벌받은 사례들이 있잖아요.

실제 그런 사례가 나오면 격렬하게 붙겠죠. 그럼 더는 피해자로 보지 않을 것이고, 엄청난 사상적인 충돌, 이념의 충돌 이런 게 일어난다고 생각을 하겠죠.

● 박총 씨 같은 경우는 《하느님과 만난 동성애》라는 책에 실린 〈보수 신자가 보수 신자에게〉라는 글을 통해서 "아무리 뛰어난 신학자가 동성애가 죄가 아님을 설득력 있게 제시한다고 해도 수천 년간 이어진 동성애에 대한 보수 신자들의 정서는 변하지 않을 것이다"고 했는데요. 이분 같은 경우는 동성애를 어느 정도 인정하는 입장인데도 이렇게 말씀하시잖아요. 보통 기독교인들은 '어떻게 기독교에서 동성애를 인정할 수 있냐'고 하는데요.

저는 기독교인들이 바뀔 수 있다고 생각해요. 바뀌는 전제 조건은 그 사람이 갖고 있는 정치 인식, 이념과 사상이라는 바탕, 그러니까 얼마나 올바르게 사회를 인식하느냐의 문제와 그렇게 되기까지 쌓은 경험이라고 생각해요. 저는 이 두 가지가 사람을 바꿀 수 있다고 생각합니다. 그렇기 때문에 기독교인들 전체가 바뀌진 못할 거예요. 이 사회가 뒤집히지 않는 한 기독교인들은 언제나 우리를 증오하겠죠. 하지만 그중에 바뀌는 기독교인들이 있다는 거예요. 이 운동을 함께하고, 이 운동이 힘이 세질수록 그런 기독교인들이 소금 같은 역할을 하리라고 생각하고요. 저는 교회에서 어느 정도 희망의 단초를 발견했어요. 동성애는 죄라고 생각하던 사람들이 몇 달, 몇 년을 동성애자들과 지내다 보면 굳이 죄라고 여기기도 뭣하다는 생각을 하게 되는 거죠. 그렇게 경험하면서 생각을 바꾸어 가는 경험을 기독교가 해 봐야 된다고 생각해요.

● 박총 씨는 같은 글에서 "동성애자와 그 지지자들은 보수 그리스도인들의 동성애 반대 그 자체를 비난해서는 안 된다. 그것은 문제를 악화시킬 따름이고, 어떤 의미에서는 옳지도 않다"고 했습니다. 일면 수긍하면서도 답답했는데요. '인정하지만, 죄라고 생각한다'고 했고, 다른 사람들도 죄가 있다고는 했지만, 성소수자 입장에서는 불편했을 것 같습니다. 그리고 그들의 반대나 증오를 인정한다는 것 자체도 쉽지 않아 보이는데요.

그렇죠. 사람을 '조건부' 인정한다는 게 어디 있나 하는 생각이 들죠. 절반만 인정하겠어. 저는 그게 이상한 거예요. 그리고 왜 동성애자들을 '성적 행위'의 문제로만 보는지도요. 심지어 연애를 하지 않는 상황에서도 '성적인 것'으로만 점철된 인간으로 동성애자를 보는 게 조금 억울하죠. 한 사람에게는 동성애 정체성 외의 다른 정체성도 많거든요. 그게 이 사람들의 편견이라고 생각해요.

하지만 저는 백 퍼센트 호모포비아들이 '나가 죽어'라고 말할 때는 오히려 불편하지 않아요. 그들의 생각은 바꿀 수 없다고 생각하거든요. 진짜 바뀌어야 될 사람은 우선 이런 사람들인 거예요. 의식 있고 교양 있게 얘기하지만, 한편으로 마음에 불인정과 불편함을 담고 있는 진보 인사나 운동가들요. 그들의 허위의식이 바뀌어야 된다고 생각해요. 함께 운동하다 보면 언제고 날카롭게 서로 부딪칠 때도 있겠지요. 지금 당장은 이해의 지평이 넓지 못해도 동성애자의 문제에 대해 배우고 마음을 열겠다는 태도만 뒷

받침된다면, 우리가 같은 곳을 향하고 있다는 것만 동의된다면, 운동을 같이하면서 그들이 바뀔 수 있으리라고 생각합니다. 그렇지 않으면 운동의 미래는 없다고 봐요. 김규항 씨가 《예수전》 내고 강연하는 자리에서 그런 얘기를 했잖아요. 바리새인과 사두개인을 비교하면서 '《조선일보》 같은 자들은 별로 안 무섭다, 다만 유시민 같은 사람이 무섭다'고요. 저도 진짜 그게 가장 불편해요. 그들이 '너희를 전부 인정하는 건 아냐'라고 얘기할 때 '아, 이 사람들하고 더는 할 얘기가 없겠구나' 하게 되죠.

심판자가 아닌 사랑의 하나님

● 신앙인으로서 정체성과 성정체성 간의 갈등은 어떻게 극복해야 하나요? 모태신앙의 경우 수많은 모순에 직면할 텐데요. 그리고 기독교 자체가 가부장적이라 여성들이 목사가 되기도 힘들었고요. 유명 목사들의 반여성적인 발언도 많잖아요. 그걸 보면서 여러 가지 갈등이 있었을 것 같아요. 본인의 성정체성에 대한 고민만 가지고도 머리 아파 죽을 텐데. (웃음)

치유를 받아야 된다고 생각했죠. 어릴 때에는 어느 정도로 예배가 일상이었냐 하면 매일 밤 30분씩 가정 예배를 드렸어요. 그때 이모가 눈뜨면 눈을 꿰매 버린다고 했거든요. (웃음) 애들은 눈을 잘 뜨잖아요. 규율이 강한 분이었죠. 그러다 보니까 미처 무언가를 명상하고 성찰하기 전에 종교를 접한 거죠. 어릴 때 종교는 그런 거예요. 달란트 모아서 물건 사고, 연극 준비하고, 만날 합창하고, 어른들 보시기 좋으라고. 중학교 때는 성서 공부하고, 그걸로 시험도 보고요. 지금 생각하면 하나도 기억 안 나는데요. 그러다 보니까 교회가 너무 재미없는 거예요. 내용 자체가 사실 귀에도 들어오지 않았어요.

그러다가 대학에 왔는데 너무 고민스러운 거예요. 그래서 성서를 다시 공부해야겠다고 마음먹었죠. 이건 여담인데, JMS*라고 아세요? 학교 동아리 언니들이 와서 친절하게 '성경을 다른 시각에서 공부하고 싶으면 우리 동아리에 와', 그러더라고요. 지금 같으면 안 갔을 텐데, 그때는 너무 갈급했어요. 거기서 한 달간 같이 성경을 공부했죠. 성경을 과학적으로 해석하니까 왠지 구원받을 수 있겠다는 생각이 들더라고요. 뭔가 내가 인정받는 거 같고. JMS 특징이 '과학적 성경 해석'이기 때문에 대학생이 많이 끌린대요. 성경에 대해 뭔가 의심을 품던 대학생들이 그런 거죠. 그래서 진짜 공부를 열심히 했어요. 친구도 한 명 전도하고. 어느 날 거기가 JMS라는 소문이 퍼지면서 동아리가 문을 닫았죠. 그 무렵 저는 풍물패 활동을 하면서 거기는 시들해져 있었어요.

대학교 때는 동성애와 종교에 대한 갈등 지점을 극복 못하고 미뤄 놨는데, 사회에 관심 많아서 왔다 갔다 하다가 어렴풋이 마르크스주의를 배우게 된 거예요. '종교는 민중의 아편'이라는 마르크스 말을 구원으로 받아들였죠. 공부하고 활동하다 보니까, 제가 교회에 목매달고, 갈등하고, 죄책감 느끼면서 산 것이 너무 우

★   기독교신흥복음회. 설립자 정명석은 성폭력범죄자로 복역 중이다.

스운 거예요.

대학교 2학년 때 첫 동성 연인을 사귄 이후로는 동성애와 종교에 관한 고민을 완전히 미뤄 놨어요. 교회라는 것이 더는 나하고 관련이 없다고 생각했죠. '내가 애를 사귀기 전까지 15년간 교회에 다녔지만, 이제 교회는 아무 짝에도 쓸모없고, 어차피 이 사회에도 도움이 되지 않는 거야, 난 거기 휩쓸리지 않을 거야' 하면서 강력하게 밀고 나가고요. 마침 학교에서 CCC(한국대학생선교회)하고 엄청 싸울 일이 있었어요. 성소수자 동아리에서 무지개 걸개를 걸면 걔네들이 찢고, 그러면 가서 싸우고. 그러면서 증오심이 더 깊어진 거죠.

3학년 무렵에 동인련에 왔는데, 그때까지 교회는 안중에도 없었죠. 교회가 생각나는 시즌은 엄마하고 같이 어쩔 수 없이 교회에 가야 할 때, 추도 예배 드릴 때 정도였어요. 기도도 너무 싫고, 기도 듣다 보면 닭살 돋고 그랬거든요. 2003년에 교회에 다녀 볼까 생각한 적이 있는데, 목사님이 부시를 찬양하는 걸 보면서 확신했죠. 이 따위 교회 때려치운다. 엄마한테 '부시 찬양하는 교회는 다닐 수 없다'고 하고 동인련 활동을 했어요. 육우당*이 죽었

★ 가톨릭 신자였으며 '술, 담배, 수면제, 파운데이션, 녹차, 묵주'를 좋아해 육우당이라 불렸다. 2003년 4월 활동하던 동인련 사무실에서 자살했다. 열아홉 살이었다. 청소년보호법 내 '동성애 차별 조항' 삭제를 권고했던 국가인권위원회 결정을 누구보다 반겼으며, 한기총에서 낸 "국가가 동성애를 조장한다"는 성명에 반박하는 글을 일간지에 기고하기도 했다. 죽은 뒤에라도 당당히 제 이름으로 불리길 바랐으나, 그 바람은 그 후로도 오랫동안 이루어지지 못했다. 육우당 이름은 윤현석. 그는 유서와 함께 십자가와 성모상을 유품으로 남겼다.

을 때도 교회에 대해서 다시 생각하기보다는 증오심만 더 확고해 졌죠. 한기총에 테러를 해 버릴까 하면서 증오심에 불탔어요. 한 기연(한국기독청년학생연합회) 청년들이 계속 찾아왔을 때도 한기 연 청년들이라고만 생각했지, 기독교인이라고는 생각하지 않았 어요.

다시 교회에 다니게 된 배경을 다 얘기하면 한도 끝도 없어서 다 자르고 얘기하면, 어느 날 문득 '교회 나가서 기도를 해 볼까' 하고 지역운동 할 때 만난 교회에 갔어요. 겸사겸사해서 정태인 선생님 모셔다가 한미FTA 반대 토론회 하면서 그 교회 사람들하 고 친해졌는데, 그때도 교회에 계속 나갈 시간이 없을 정도로 바 빴어요. 주일마다 다른 일 하고 그러다 보니까 제가 나가고 싶을 때만 나갔어요.

2008년에 애인이었던 언니 단영이 아프면서 교회에 갔을 때도 너무 불편했어요. 근 10년 만에 나간 건데, 예배 보는 데도 적응 안 되고, 닭살 돋고, '예수님 이름으로 기도 드렸습니다' 하는 말 도 안 나오고. 그런데 신기한 게 주기도문, 사도신경은 교회 안 다닌 지 10년이 됐는데도 안 까먹은 거예요. 그렇지만 기도하기 도 싫고, 찬송을 크게 부르는 것도 싫었어요. 그때 우리 교회는 여자 목사님이 계셨는데, 남자 목사님이었으면 더 싫어했을 수도 있어요.

그런데 여자 목사님이 어느 날 언니가 병원에서 방사선 치료를 받는데 떡 하니 나타나신 거예요. 그때도 저는 싫었죠. 동성 연인 이란 사실을 보이기 싫었고, 목사님이 심방 오는 것 같은 느낌이 라 너무너무 싫었어요. 처음에는 의무적으로 오는 줄 알았는데 이후로도 계속 오는 거예요. 계속 오고, 이야기하고. 그러는 중에 이 목사님은 좀 다르다는 생각을 했어요. 그리고 무엇보다 언니가 그 목사님한테 너무 의지하고, 매달리고, 그러는데도 그것을 다 받아주더라고요. 그래서 언니랑 같이 교회에 나가게 됐죠. 처음엔 '이 사람들이 날 어떻게 볼까' 하는 생각이 들어서 불편하니까 말도 안 하고 가만히 있었어요. 그러다가 청년부 활동을 하면서부터 마음을 조금씩 열게 되었죠. 저하고 나이 비슷한 오빠가 차로 데려다 주면서 편하게 이야기를 하게 된 거예요. 그 오빠가 '나는 그런 것 상관하지 않는다'고 이야기해 주니까 그때 조금 마음 문이 열리기 시작한 것 같아요. 하루 가고 이틀 가고 사흘 가고 이렇게 하면서.

그분들은 제가 필요로 하는 많은 것을 해 줬어요. 아주 작은 교회라 전문 봉사자 느낌이 나지 않는 교회거든요. 일단 할 수 있는 것은 다 하고, 끝까지 책임지고, 즐겁게 생활했어요. 나중에 어떤 전도사님이 그러더라고요. 자기는 여기 와서 동성애자를 처음 만났대요. 전도사님께 목사님이 그러셨대요. "저 둘이 함께 있는 걸 봐라. 진짜 사랑이다." 교회가 우리를 거부하지도 않을뿐더러 그 안에서 감싸 주는 걸 느끼면서 거부감이 많이 깨졌어요. 사람들이 '처음에는 충격을 받았는데, 내가 정말 많이 변했다'고 해요. 그게 어떻게 보면 7, 8개월 남짓한 시간 안에 일어난 변화거든요.

그러다 보니까 하나님이 내가 지금까지 생각해 왔던, 무서운 분이 아니었구나 하고 다시 생각하게 된 거죠. 저는 하나님을 늘 무서운 존재라고 생각하고 있었거든요. 응징하고, 정죄하고, 지옥으로 보내고, 이런 존재로만 생각했던 거죠. 진짜 사랑을 주는 존

오랫동안 신은 '우리'와 함께 소외되어 왔다. ⓒ너로다

재라고는 생각해 본 적이 없었어요. 특히나 제가 성소수자라는 사실을 인식하고 나서는 그 정죄를 피해 다니려고 노력했지, 한 번도 정면으로 보려고 한 적이 없었는데요. 그 교회에 가서는 이제는 내가 하나님하고 마주 앉아도 되겠구나, 내가 떨지 않을 수 있겠다는 생각이 너무나 많이 들었어요.

● 2008년에 연인이던 단영 님이 뇌종양 말기 판정을 받았을 때 그녀가 교회에만 가면 두통이 없어진다고 해서 같이 가게 된 거잖아요. "하늘나라로 간 나의 그녀가 삶의 마지막 고비에서 주님을 받아들였기에, 나는 진심으로 그분의 위로 속에 상처를 회복했다"고 하셨고요. 직장까지 그만두면서 간병을 했는데, 장례식을 치르는 과정에서 그쪽 가족들에게 인정을 받지 못한 분노나 슬픔 같은 것도 종교적으로 승화할 수 있었던 건가요?

장례식장에서 날 억지로 떼어 두고 가 버린 건 언니 가족들이 나한테 너무 심하게 한 거죠. 저는 아직도 언니가 어디에 묻혔는지 전혀 몰라요. 너무 매몰차게 당하고 나니 그때 다시 한번 의심하게 됐어요. 사람한테 과연 신성이 있나, 신성은 아무한테나 있는 것은 아니구나. 이런 생각을 하면서 다시 증오심을 불태우기 시작했는데, 그때 그게 너무 싫었어요. 내가 분명히 간병하면서 쌓인 설움이나 증오심은 다 정리했다고 믿었는데 그게 불과 3, 4개월 만에 뒤집혀서 '이 사람들에게 어떻게 복수하지?' 이 생각을 너무 많이 했거든요. 300만 원만 주면 흥신소에서 묘소를 찾아준대요. 찾아서는 어떻게 할까, 그 생각을 하다가 고민을 해결할 때까지 예수님과 독대를 해야겠다고 생각했죠. 어차피 그때 그거 말고는 딱히 할 일이 없었거든요. 장례식 치른 뒤여서 복직하기까지는 시간이 좀 걸렸고요. 그때는 다른 게 하고 싶지 않았어요. 그래서 기도를 했는데, 그때 예수님이 십자가에 매달리실 때 하나님한테 '아버지 저들은 자기가 무슨 짓을 하는지도 모릅니다'고 했던 말이 떠올라 많이 생각했어요. 예수님도 오죽 마음이 아팠을까 싶었죠.

당시 읽었던 헨리 나우웬 신부님의 책 구절 중 하나가 '너의 특수한 슬픔을 일반적인 슬픔으로 승화시켜라'는 거였는데요. 사는 게 정말 슬펐지만, 그 말을 받아들였죠. '그 슬픔이 나만 겪는 것은 아니다' 하면서요. 이런 상황은 언제든지 일어날 수 있고, 그렇기 때문에 그 가족들만 특히 나쁜 것은 아니라고요. 그런 생각을 하다 보니까 어느 순간 맥이 빠지면서 더는 복수를 꿈꿀 필요가 없겠다 싶었죠. 그러면서 다시 동성애운동으로 돌아가야겠다, 어쩌면 그것이 나에게 주어진 소명 아닐까 생각하게 된 거죠. 요즘은, 이 사회에서 사회주의자로 살았던 나와 크리스천으로 살아가는 내가 너무나 (남은 어떻게 생각할지 모르겠지만) 내 속에서 완전히 한데 어우러져서 살고 있는 느낌이에요. 좀 쉬다가 다시 동인련에서 활동한 지 1년 반 정도 됐는데, 그렇게 기쁠 수가 없더라고요. 하는 일 하나하나가.

● 그분 가족들이 관계를 묵인한 거잖아요. 간병하기 힘들어서 그랬는지는 모르겠지만.

불편한 동거였죠.

● 어떤 가족들은 그것조차 못하게 하는 경우도 있잖아요. 그런 것을
묵인했으면서 묻힌 곳은 가르쳐 주지 않는 것도 이해는 안 되는데요.

이해가 안 가죠. 저도 이해하려고 진짜 노력했는데요. 아직까지
이해는 안 가요. 그런데 어쩔 수 없는 것이라는 생각이 들어요. 내
가 이해할 수 없는 영역이구나. 저는 지금까지도 그게 가장 큰 트
라우마예요. 제가 낙천적이고 성격이 어둡지 않아서 잘 지내는 편
인데도, 밤이 되면 어느 순간 그 일이 스쳐 지나갈 때가 있어요.
그 순간은 견디기 어려워요. 트라우마가 굉장히 깊은 것 같아요.
당시에 언니 가족들이 처음에는 고마워했어요. 딸이 아픈데 갑자
기 웬 여자애가 나타나서 직장 때려치우고 간병하고, 병원 알아보
고, 그뿐만 아니라 돈을 마련해 오고 난리를 치니까 정말 이상하
게 봤을 거예요. 그렇다고 그 가족들을 완전히 증오하지는 않아
요. 우리가 서로 마음이 통했던 순간들이 있으니까요. 적어도 그
녀를 사랑하는 가족들이었고, 어머니 · 언니였기 때문에 한마음으
로 노력했던 순간들이 있었죠. 다만 끝이 너무 안 좋았던 거죠.

육우당의 죽음

● 동성애와 종교 문제를 같이 고민하고, 이 문제에 천착하게 된 계기
에 육우당의 죽음도 있을 것 같은데요. 국가인권위원회(이하 인권위)

가 낸 청소년보호법 내 동성애 차별 조항 삭제 권고를 한기총이 비난하는 성명을 냈고, 그로 인해 육우당이라는 한 청소년 동성애자가 자살하게 되었는데도, 한기총은 이것에 대해 결코 사과하지 않았잖아요.

육우당이 동인련에 처음 왔을 때 성모 마리아상과 십자가 이런 것을 갖고 왔어요. 그게 좀 싫었어요. 얘는 여기다 왜 이런 걸 갖다 놔, 하고. (웃음) 귀엽고 재미있는 친구였어요. 그 친구가 치렁치렁하게 장식하는 것을 좋아해서 그 친구 만나러 납골당 갔을 때 귀걸이 걸어 놓고 그랬죠. 그 친구는 진짜 열심히 《한겨레신문》 등에 기고를 하더라고요. 그때만 해도 걔가 여기에 왜 목숨을 거나 몰랐어요. 아직도 유서를 생각하면 끔찍해요. 이걸 왜 쓰고 죽었나, 정말 '독한 년'이라고 생각했어요. 그 친구 죽고 나서 '로뎀 나무그늘(기독교 동성애자 교회 공동체)'에서 또 한 친구가 죽었다는 이야길 들었어요.

과외하다가 연락을 받고 뭔지도 모르고 경찰서로 달려갔어요. 사람 예감이 무섭구나 싶었던 게, 뜬금없이 이 친구가 죽었다는 생각이 드는 거예요. 그런데 정말 육우당이 죽었어요. 처음에 든 생각은 '기독교가 뭐라고 그것들이 우리를 좀 혐오한다고 네가 왜 죽어!'였어요. 이 때문에 증오심이 심해졌죠. 분노도 깊어지고, 너무 슬펐어요. 그런데 다시 가만 생각해 보니까 그런 생각이 들더라고요. 얘가 단지 기독교만 증오한 것은 아니구나. 이 친구 삶을 돌아보면 너무나 많은 것에 휘둘린 거예요. 동성애자란 사실이 알려져 학교에 다닐 수 없게 되고, 가족이 정신병원에 데려가기도 하고. 방황하다 동성애자 업소에서도 일하고 거기서도 소외감 많이 느끼고. 이 친구가 결국 죽음을 택할 수밖에 없게 엄청난 갈등을 만들어 온 게 누굴까 생각하다 보니까 그제야 이 친구가 느꼈을 절망이 무엇인지 알 것 같더라고요. 사람들이 만들어 내는 엄청난 증오심, 혐오 때문에 학교에서, 집에서, 동성애자 커뮤니티에서 다 쫓겨 다닌 거예요.

그러다 동인련 사무실에서 정착한 거죠. 그 친구가 고민을 다 극복할 수 있게 우리가 도왔으면 좋았을 텐데, 그렇지 못했던 거죠. 그게 늘 짐으로 남아 있어요. 당시 그 친구가 항상 했던 얘기가, 차가운 바닥에 장판 하나 깔고 자도 사무실이 좋다는 거예요.

● **마음이 편했을 테니까요.**

여기저기서 쫓겨 온 거죠. 이 친구의 뿌리는 가톨릭이에요. 마리아가 자기를 보호해 준다고 굳게 믿어 왔는데, 마리아를 믿는다는 사람들이 자기를 내치고 공격한 거죠. 한기총에서 동성애자는 유황불에 던져야 된다고 하니까 열 받아 싸우다 그 증오가 절망으로 바뀐 것 같아요. 그러다 '그냥 죽어 볼까 해'란 말을 남기고 죽은 겁니다. 하지만 꼭 죽으려고 했던 것은 아니라고 생각해요. 불과 하루 전만 해도 학교를 다시 다녀 볼까, 제빵 기술을 배워 볼까, 심지어 시조 시인이 되고 싶다면서 무슨 공모전에 작품을 내 볼까 이런 얘기도 했거든요. 열사는 되려고 되는 게 아니잖아요. 죽으려고 죽은 게 아니었구나 싶어요. 늘 위태로운 줄 위를 걷다가 어느 순간 꺾였다는 생각이 들어요.

일기장 보면 이런 구절이 있어요. '나는 요즘 너무 기뻐. 동인련에서 같이 활동하고, 집회에 나가서 함께 싸우고, 같이 전쟁 반대를 외쳤어.' 이렇게 이야기하면서도 '언제까지 이렇게 해야 될까' 하고 묻는 거죠. 그게 우리 한계였다고 생각해요. 엄청난 우파 기독교계의 공세가 있을 때 얼마나 희망을 같이 만들 수 있었을까, 그 친구 때문에 정말 많이 생각하게 됐어요. 좀 더 시간이 지나서는 육우당이 왜 유서에다가 예수님과 성모 마리아상이 동인련을 지켜 줄 거라고 쓰고 갔는지 이해하게 됐어요. 적어도 그 친구가 가진 신앙은 차별 없는 사랑을 향하고 있었던 거죠.

● 동성애자 내부에 안티 기독교 정서가 있을 수 있잖아요. '그들이 우리를 그렇게 싫어하는데, 우리가 그 종교를 믿을 필요가 있을까' 하고 생각하는 분들도 있을 거 같고요. 그런 회원들과 충돌이 있진 않나요?

기독교인 운동가들이 어떤 식으로 대처하느냐에 따라서 다른 것 같아요. 제가 사랑하는 크리스천들을 보면 대부분 절대로 전도하지 않아요. "나와라, 믿으면 다 해결돼." 이렇게 얘기하지 않아요. 이들이 가장 먼저 하는 것은 참회, 회개예요. '나는 증오 안 해요. 나는 조금 달라요', 이런 말을 하기 전에 '그렇게 무지몽매한 사람들과 같은 종교를 믿는 크리스천으로서 당신들에게 참회한다, 우리가 저지른 죄에 대해서 너무나 미안하다'고 얘기하는 거죠. 고성기 목사님도 그렇고, 특히 차세기연의 임보라 목사님에게서는 정말 많은 감명을 받아요. 그 올곧음, 그런 거에서요. 아직 부족하지만, 그런 기독교인들이 나타나고 있어요.

　제가 다니는 교회에서 단영 언니 추도회를 하는데요. 그때는 동성애자들이 다수자가 돼요. 사오십 명 모이면 그중 이성애자가 열 명, 나머지는 동인련 회원들이나 알던 사람들 그렇죠. 그럴 땐 목사님도 소수의 이성애자 중 하나죠. 언니와 저를 돌봤던 손은정 목사님(성문밖교회)이 언니의 1주기 추도회에서 기도를 하다가 진짜 말을 잇지 못하고 우시더라고요. 동성애자 친구들도 다 같이 울었어요. 그 순간에 갑자기 정욜이 다시 교회 다닐까 그러더라고요. 욜네 가족도 독실한 기독교인들인데, 그런 분위기에서 자란 사람들이 오히려 교회에 시니컬하거든요. 저도 그렇고요.

　2006년에 손은정 목사님이 제가 새 신도니까 심방하러 직장이 있는 정동까지 오셨어요. 같이 밥 먹자고 해서 만났는데, 한 시간 동안 제가 독설만 쏟아 냈거든요. '육우당 죽음을 이해할 수가 없고, 타살이라고 생각하고, 기독교가 참회도 하지 않고, 증오의 종교고, 부시도 싫고' 하면서 내내 기독교를 욕했어요. (웃음) 내가 기독교로 돌아가더라도 그건 내 위안을 위해서이지, 정말 신앙이 있어서는 아니라고 막 화를 냈어요. 목사님은 그냥 듣고 가시더라고요. 단영 언니 장례식 때도 저녁마다 계속 예배를 드렸어요. 어느 순간 동성애자 친구들이 다 와서 예배를 하고 있더라고요. 그 과정에서 차세기연이 헌신적으로 하니까 교회에 나가 볼까 생각하게 된 거고요. 교회 나가는 행위가 중요한 것은 아닌데, 그런 마음을 먹게 된다는 것은 결코 사소하지 않거든요. 단순히 교회에 나가는 것을 넘어서서 내가 기댈 만한 곳이 아닐까 하는 희망을 소수의 기독교인이 보여 준다는 생각이 들어요.

반대의 경우도 있어요. 지금도 기분 나쁜 일인데요. 단영 언니를 잃고, 충격에 빠져 있을 때예요. 기독교사회포럼에 가서 영등포산업선교회와 우리 교회가 준비한 포럼에도 들어가고 그랬어요. 끝나고 나서 교회 근처에서 목사님들과 뒤풀이를 했어요. 영등포산업선교회 목사님이 '내 딸이 동성애자이면 어떻게 할까' 하는 생각을 했는데, 자기 딸이 동성 연인을 데리고 와서 결혼을 허락해 달라고 하면 축복해 주기로 결심하셨대요. 왜냐하면 딸을 자신이 더 행복하게 해 줄 수 없기 때문에. 목사님 부인도 목사인데, 그 얘기를 했더니 길길이 날뛰면서 '미쳤냐'고 해서 열흘 동안 싸웠대요. 저를 옹호하려고 하는 얘기였어요. 그때 거기에 있던 민노당에서 활동도 하고 나름대로 운동 진영에서 잔뼈가 굵은 진보운동가라는 목사가 저한테 그러는 거예요. "내 딸이 동성애자면 나는 연을 끊겠어."라고요. 저는 부들부들 떨면서 당신 앞에 진짜 동성애자가 앉아 있어도 그런 소리가 나오겠냐고 했어요. 솔직히 내가 동성애자인데, 우리 엄마가 그걸 알아서 연을 끊는다고 하면 어떻게 살아갈 낙이 있겠냐고, 진보 운동을 하신다는 분이 그런 얘기를 그렇게 쉽게 할 수 있느냐고요. 그랬더니 자기 신념상 안 된대요. 그리고 나중에는 결혼은 절대 안 된다, 신의 섭리상 안 된대요. 본인은 장애운동을 하고 장애인이에요. 소수자 운동을 한다고 소수자를 다 이해할 수 있는 건 아니구나, 생각했죠. 그러면서 제가 지금까지 정말 '희한한' 목사들 사이에서 있었다는 것도 알았어요. 나를 이해해 주는 목사들, 백 퍼센트로 치면 0.00001퍼센트 목사들 사이에서 살면서 행복해했구나 하는 생각이 들더라고요. 갑자기 무서웠어요. 아주 가까이에 있는 진보 목사마저 이렇게 생각하고 있는 거잖아요.

한참 있다가 양성애자 얘기가 나왔는데, 양성애자는 기회주의 자라는 거예요. 제가 독설을 마구 쏘아붙였거든요. 이 사람들은 쉽게 농담처럼 하는 말이 동성애자들한테 엄청 상처가 된다는 사실을 모르더라고요. 나중에 저는 뒤로 빠졌는데, 딸에게 축복해 주겠다던 목사님과 막 싸우더라고요. 손은정 목사님은 인권에 어떻게 양보가 있겠냐고 하면서 싸우고요. 목사님들끼리 셋이서 싸웠어요. 그중 한 활동가가 저한테 제가 강하게 몰아붙이는 것도 폭력적으로 느껴진다는 거예요. 그래서 더 폭력적으로 변했어요. (웃음) 참을 수가 없더라고요.

저는 그런 건 폭력이 아니라고 생각해요. 제가 거칠게 이야기한 것을 먼저 반성하라면 할 수 있겠지만, 제 존재가 부정당하는 상황에서 부들부들 떨리는 몸을 주체 못해 그런 건데, 그것마저 폭력이라고 하면 너무한 거 아닌가요? 그런 겹겹이 쌓인 인식들이 있다 보니까, 그렇게 다른 목사를 많이 체험하게 되는 거 같아요. 그러다 보니까 동성애자들이 냉탕과 온탕을 오가는 거고요. 이상한 목사 만났다가, 괜찮은 목사 만났다가. 목사들도 마찬가지겠지만요. 그런 거 보면서 오히려 저는 요즘 희망을 더 많이 봐요.

● 동성애와 종교 문제로 고민하고 갈등할 때 처음에 누구의 도움을 받아야 할까요? 얘기하기 힘들고, 그것도 일종의 커밍아웃일 텐데, 종교 안에서는 더 힘들잖아요. 그런데 영적인 대화를 하다 보면 숨긴다는 것이 죄스럽게 느껴질 수도 있고, 고민할 지점이 많을 텐데요.

도움을 받을 수 있는 기관이 많아져야 한다고 생각하는데요. 최소한 이요나 목사가 기독교를 대표하는 '동성애 상담사'란 얘기는 안 했으면 좋겠어요. 제발 그분한테는 가지 않았으면 좋겠어요. 동성애를 고칠 수 있다고 하는 건 우리를 구렁텅이로 몰아넣는 거니까요. 그 사람한테 가면 동성애자들이 죽음을 당하죠.

● '섹스 중독, 동성애, 우울증 치료·상담'한다고 크게 써 붙여 놨던데요. (웃음)

저는 진짜 도움을 받을 데가 없었어요. 95, 96, 97년에 고등학생이었거든요. 그 무렵 학교에서 백일장에 나가라고 해서 모 대학에서 열린 백일장에 나갔는데요. 글 쓰는 것을 좋아했거든요. 뭘 썼냐 하면 소설인데, 어떤 기독교인 동성애자가 갈등을 해요. 그러다가 자기가 동성애자인 것을 인정하고, 동성애자 집회에 나가서 같이 뭔가를 하는 얘기였어요. 그 소설이 당선이 됐겠어요? 그때 제 정서가 그랬거든요. 목사한테 가서 상담을 했어요. 그런데 이건 아니다, 싶은 거예요. 그래서 뭔가를 제가 찾아 나섰죠.

당시에 한국동성애자인권운동협의회(동인협)라는 조직이 막 생겼어요. 지금은 없어졌지만요. 그것을 우연히 신문에서 봤어요. 스크랩을 해 놓고, 이런 게 생겼구나 하면서 보고 있는데, 이 사람들이 탑골공원에서 교과서 개정 집회를 하다가 할아버지들한테 지팡이로 맞고 그랬다는 거예요. 또 나우누리에 동성애자 동호회 '레인보우'가 있었어요. 거기 들어가서 눈팅하면서 정보도 얻고 그랬죠. 혼자 지내다 보니까 너무 답답했어요. 유일한 출구는 신문을 스크랩하는 것밖에 없었죠.

〈해피투게더〉상영 불가, 그게 97년 일이거든요. 그때도 '왜 이게 상영 불가가 됐을까' 하고 혼자 고민에 빠졌죠. 그러면서 처음으로 막연히 나하고 비슷한 사람들을 만나고 싶다는 생각을 했어요. 고등학생 때는 순진해서 나가 볼 생각은 못했어요. 그때만 해도 동성애자 문화는 성인들 문화였거든요. 그래서 대학교 1학년 때까지 눈팅만 했어요. 동성애 세계에 발을 들이는 순간, '비행 청소년'이 될 것 같은 기분이었거든요. 더는 빠져나갈 수 없을 것 같은.

계속 미루다가 대학교 2학년 때 동성 친구를 사귀게 됐죠. 뭐 이제는 빼도 박도 못하게 된 거죠. 그래서 나우누리에 용감하게 가입하고, 활동도 시작했죠. 첫 정모에 나간 순간을 잊지 못해요. '나하고 비슷한 사람들이 있을까?' 떨리는 맘으로 문을 열었죠. 그리고 사람들을 만나 받았던 위로는 정말 컸어요. '내가 이상한 사람이 아니구나' 확인하게 되었죠. 그 친구들은 여태까지 계속 만나고 있어요. 그중 한 명이 동인련 회원이어서, 동인련에 관심이 갔고요. 그러고 보면 저는 운이 좋았다고 생각해요. 만약 동성애자 커뮤니티 안에서만 지냈다면, 어쩌면 회의를 느꼈을지도 몰라요. 출구도 없고 더 나아질 것도 없고. 그러다가 동성애자에서 이성애자로 전환했다면서 〈동성애에 대한 비밀〉을 《조선일보》에 실었던 김 * 현 씨처럼 됐을지도 몰라요.

한 번도 존재하지 않았던 것처럼

● 실화를 바탕으로 한 영화 〈바비를 위한 기도〉*에서 "이제야 알겠어요, 하나님이 왜 바비를 치료하지 않으셨는지. 하나님이 바비를 치료하지 않으신 이유는 그 아이에게 아무런 문제가 없었기 때문이었어요. 아! 내가 그 아이를 죽인 거예요."라는 대사가 인상적이었는데요.

동성애는 문제라는 말을 너무 많이 들으면서 살아왔어요. 제가 가장 무서웠던 게 이모한테 들키는 거였어요. 그러면 기도원에 끌고 가서 성수 뿌리면서 퇴마식 할 분이었기 때문에. 엄마하고도 한번 부딪쳤던 적이 있어요. "네가 뭔데 동성애자 얘기를 하고 다니냐, 네가 왜 이런 것을 해야 되냐"고 다그치시더라고요. 그때 울컥 해서 얘기를 해 버릴까 하다가 그랬어요. '나는 결혼할 생각이 없고, 동성애가 이상하다고 생각을 안 할 뿐'이라고요. '나는 (동성애자가) 아니지만'을 덧붙이면서요. (웃음) 기독교 정서가 기본적으로 깔려 있는 집안은 그 정서가 무척 견고해요. 저는 그게 너무 무서웠어요.

엄마는 보수적인 교회에 다니세요. 저와 정반대 입장에 있는. 제가 인권운동 하는 걸 반대하진 않지만 많이 걱정하시죠. '애가 대체 뭘 하고 다니나' 하시면서요. 기독교 집안 동성애자들은 일

★　2009년에 라이프타임 채널에서 방영된 TV 영화. 바비 그리피스라는 소년의 실화를 담았다. 동성애자였던 바비 그리피스는 어머니의 종교적 편협과 사회적 편견에 시달리다 자살했다.

상적으로 이런 얘기를 듣고 살아요. 이런 거 있잖아요. 교회에서 여자들은 큰소리 내지 말고, 결혼은 안 하면 안 되는 거라는 둥. 순결 서약도 해요. 반지 끼고, 모형 은장도도 받고. 은장도로 정말 자결을 해야 될 것처럼. (웃음) 그래서 기독교 집안 동성애자들은 기능적으로 회피하는 기술을 배워요. 그렇게 하지 않으면 열 받아서 살 수가 없거든요. 우리 집은 그렇게 보수적이진 않아서 저는 상대적으로 자유롭게 지냈지만요.

하지만 저한테도 여전히 그런 보수성이 남아 있어요. 처음에 사귀는 사람과도 성관계를 가지면 안 된다고 생각한 적도 있고요. 처음 동성 연인을 사귈 때는 그런 게 더 심했어요. 사귀기로 한 이후 얼마간은 친구인지, 연인인지 알 수 없을 정도로 쭈뼛쭈뼛했고요.

여러 군데 교회에 다녔는데요. 주로 장로회였어요. 제일 무서운 게 뭐냐 하면, 청년부에 나가면 짝짓기를 시키더라고요. 그런 거 있잖아요. 당연히 이성애자라고 보고, 이성애적 결혼을 하고, 때 되면 애를 낳아야 된다고 생각하는 거요.

● **신심이 투철한 사람끼리 만나야 한다, 그런 것도 크잖아요. (웃음)**

그렇죠. 가장 무서운 것이 뭐냐 하면 동성애를 이야기해서 무서운 것이 아니라 차라리 이야기했으면 덜 무서웠을 거예요. 동성애의 'ㄷ'자도 나오지 않는, 처음부터 지금까지 단 한 번도 동성애란 것이 없었던 것처럼 하는 게 가장 무서웠어요. 어쩌면 바비도 이런 사람들 태도 때문에 죽음을 생각했는지 모르죠. 이런 분위기 때문에 청년부에 적응을 못했어요. 교회 끝나고 모여서 논다고 하면 거기에 끼지 못하는 거예요. 이방인이죠. 그 감정이 가장 끔찍한 공포였어요. 그러다 보니까 마음을 닫게 되고. 지금 다니는 교회에서는 어느 정도 다 얘기를 했거든요. 지난주에 갔더니 "이경이 그 인권위상 거부*한 거야?" 이런 얘기를 하더라고요. "내가 아는 이경이, 동인련에서 활동하는 그 이경이 같은데"라고 해요. (웃음) 이곳에서는 제가 균열을 낼 수 있다는 게 너무 좋아요.

● 그런 사람들만 있는 게 아니라 자기 신념이 훼손당했다고 생각하면 굉장히 공격적으로 변하는 사람도 많잖아요.

그런 사람들한테는 얘기 안 해요. 아직도 한계를 벗어나지 못했다고 생각하는 것이 교회예요. 진보적인 교회 울타리 안에서 저는 행복한 동성애자거든요. 기존 교회로는 나갈 자신이 없어요. 두드려 맞는 기분이겠죠. 동성애 혐오 반대 집회 나갔을 때 바성연에서 나온 분들이 저를 붙잡고 흔드는데 무섭더라고요. 그게 엄마 나이뻘 되는 일반적인 사람들이라는 것이 더 무서웠어요.

● 정신병이라고 생각해서 안수기도 하다가 사람이 죽기도 하잖아요. 동성애도 그런 병 중 하나라고 생각할 텐데, 그런 생각을 하는 부모

★　2010년 겨울, 동인련 노동권팀은 국가인권위원회 인권논문상 공모전에서 성소수자 노동자 고용 차별을 다룬 논문으로 우수상을 받았다. 하지만 반인권적인 현병철 인권위원장의 사퇴를 요구하며 다른 수상자들과 함께 수상을 거부했다.

나 친척을 만나면 정말 답이 안 나오겠어요.

가족 안에서 동성애자들은 똑같은 고민을 할 거라고 생각해요. 제가 서른두 살인데, 아직 결혼도 안 하고, 지금까지 엄마는 한번도 제 연인을 소개받지 못했거든요. 한동안은 '얘가 그렇게 인기가 없나', 생각하다가 어느 순간 이상하다고 느꼈을 거예요. 자꾸 동성애운동 이런 데 제 이름이 보이고. 지금도 인터넷 치면 제가 어디서 활동하는지 다 알거든요. 몰라서 모르는 게 아닐 거라고 생각해요.

● 운동 차원에서 하나 보다, 믿고 싶은 거겠죠.

엄마는 어느 순간부터 불편해해요. 하지만 무작정 결혼을 밀어붙이시진 않아요. 친척들이 제 결혼 얘기를 하고, 건실한 남자를 소개시켜 줘야지 할 때마다 "쟤가 결혼을 할지 안 할지 모르겠어." 라고 얘기하세요. 엄마 나름대로 저를 인정하고 함께 사는 방법을 터득해 가는 거라고 생각해요. 엄마는 만날 부딪치니까 괜찮지만, 우리 교회 사람들 중 몇 분은 제가 동성애자라는 사실을 아는데도 "남자 소개시켜 줘야지!"라고 얘기할 때가 있는데 그때마다 뭐라 할 말이 없죠.

● 까먹는 건가요? 애써 무시하는 건가요?

동성애에 대한 이해가 서로 다르니까 그렇게 알고 있으면서도 한편으론 이성애 중심적인 사고로 말하게 되는 거죠. 몸에 익듯 동성애자가 완벽히 익숙한 건 아니니까요. 여하튼 '기독교'와 '동성애'라는 것은 세상에서 가장 불편한 조합일 거예요, 진짜.

● **2002년에 동인련에 가입하셨죠? 나우누리에서 동인련 회원을 만났다고 하시던데 그 후 어떤 활동들을 하셨나요?**

나우누리에서 만난 친구를 통해 처음 동인련을 알았어요. 그때는 단체 활동을 신기하게 여겼어요. 학생회 일 하느라 동인련 활동에 끼어들 틈이 없었는데, 2002년 메이데이 집회에 나갔을 때 동인련 사람들을 소개받았어요. 무지개 깃발 하나가 떠 있고, 그 밑에 게이 오빠들이 옹기종기 앉아 있더라고요. 그쪽에서 불러 세우는데, 그 순간도 무섭더라고요. 저 밑에 가면 동성애자라고 생각할까 봐. 절대 못 빠져나올까 봐. '이렇게 사람 많은 데서 부르면 부담스러운데' 하면서 후딱 인사만 하고 2~3분 만에 도망갔어요. (웃음) 사람들이 쳐다볼까 봐서요. 그때 그 정도로 용기가 없었어요.

아프가니스탄 파병 반대 집회 나갔을 때 정식으로 인사했죠. 대학을 졸업하고는 단체에서 활동을 하든 말든 동인련 회원으로는 가입을 해야겠구나 생각을 했죠. 언제 나갈까 짱을 보다가 송년회 때 나갔어요. 거기서 육우당도 처음 만났어요. 그 뒤에 동인련 사람들하고 같이 인권 캠프를 준비했는데, 지금까지 했던 캠프 중에서 최고 대박이었어요. 130명 정도 왔거든요. 너무 재밌는 거예요. 비슷한 사람들끼리 인권에 대해 밤새 이야기하고 논다는 것이 불가사의했어요.

제가 한번 빠지면 앞뒤 안 가리고 막 하거든요. 그때 전쟁 반대 운동에 관심이 많았어요. 그래서 동성애자들도 전쟁에 반대한다는 것을 보여 주자, 우리도 거리에 나가서 외칠 수 있다는 것을 보여 주자고 해서 반전을 위한 커밍아웃을 했어요. 학교 졸업한 지 얼마 안 됐으니까 대학생들 조직하는 일은 제가 맡았죠. 60~70명과 함께 나가서 무지개 깃발을 들고 뛰어다녔어요. (웃음) 그 친구들 말 중 가장 인상적이었던 것이 그날 태어나서 가장 큰 해방감을 맛봤다는 거예요. '내가 게이라고 외치면서 길거리에서 뛰어다닐 수 있는 날이 올 줄은 생각해 보지 못했다'고요. 이반시티에 '동생들이 깃발 들고 뛰어다니는 것을 봤다. 포옹을 하면서 격하게 안아 주고 싶었지만, 용기가 없어서 못 갔다'는 응원 글들이 올라오고 그랬어요. 너무 힘이 있었던 거죠. 역시 우리는 얼굴을 '까는' 수밖에 없다는 얘기를 했고요. (웃음)

캠프 준비 하고, 운동 성과를 토론회에서 발표도 하면서 자연스럽게 동인련 활동에 깊숙이 개입하게 되었죠. 사실 처음부터 꼭 그럴 생각은 아니었는데, 육우당이 유서에 함께 활동하던 형, 누나들 이름을 적고 죽었어요. 꼭 그것 때문만은 아니지만, 도저히 빠질 수 없는 상황이 됐죠. 사실 빠질 생각도 없었던 거지만요. 뭔가 큰 사명을 얻은 듯이 열심히 했고, 그때 당시엔 '10대 이반 실태' 이런 식으로 방송에서 청소년 동성애를 왜곡하는 내용을 많이 내보내곤 했어요. 거기에 맞서 우리는 계속 재미있게 싸웠죠.

2004년에 저한테 사무국장을 맡아 보지 않겠냐고 해서 맡았어요. 동인련 운영에 직접적으로 간여한 거죠. 사무국장 맡으면서는 동인련에서 지금 하는 일하고 비슷한 일들을 계속했기 때문에 특별히 얘기할 것은 없지만, 2004~2005년이 지나면서 가장 관심을 가지기 시작했던 것이 가족 제도 문제였어요. 왜 우리에게는 결혼권이 허용되지 않는가 하는 거였죠. 2004년에는 민노당 성소수자위원회가 만들어지면서 위원으로 들어갔어요. 그 안에서 내부 투쟁과 함께 위원회 건설하는 작업을 2004~2005년 열심히 했죠. 그런데 2006년 들면서 너무 힘들고, 피곤했어요. 일상이 정리가 안 됐고요. 밤에 일하고, 낮엔 동인련 활동하고, 주말도 없고. 개인적인 일까지 겹쳐 더 힘들었죠.

2006년 정도까지 활동하다가 지역에서 활동을 해 보고 싶다, 왜 동성애자는 지역에서 운동하면 안 되나, 생각을 했죠. 지역 기혼 여성들한테 동성애 관련 교육도 하고, 민노당 위원회에서 성소수자 교육도 하면서 보냈어요. 그리고 교과서에 에이즈나 동성애 문제가 왜곡되어 실린 것도 개정하자, 이런 것도 하고. 약간 영역이 달라지긴 했지만, 계속 비슷한 일을 했던 것 같아요. 그러면서 온 거죠. 활동을 쉬게 된 2008년 초까지.

제가 늘 그런 얘기를 해요. 12년 가까이 운동해 왔는데, 동인련은 언제나 내 마음의 고향이다, 여기 오면서 비로소 내가 하고 싶은 일, 만들고 싶은 세상을 볼 수 있게 됐다고요. 무슨 운동을 하든 충족되지 않는 부분이 있거든요. 그런데 동인련 활동을 하면서는 그런 갈등이 없었어요. 이것이 동인련의 가장 큰 의미죠. 내가 이상한 존재가 아니라는 확신을 너무나 많이 얻을 수 있게 된 곳이라서 저는 항상 권해요. 진짜 확신하고 싶으면 동성애운동을 해라, 그러면 어느 순간 자긍심이 차오른다. 필요한 존재가 되니까요. 물론 지금도 한편으로는 이런 생각을 하죠. 엄마한테 내가 얼마나 큰 짐일까. 행여나 나중에 이 사실을 가족들이 알면 이상한 애 하나 낳았다고 엄마한테 오명을 뒤집어씌우지는 않을 까. 그런 것을 생각하면 너무나 무섭죠. 아직 그것까지는 극복하지 못했어요.

하나님도 소외시킨 한기총

● 차별금지법을 일부 기독교 단체에서는 '동성애 허용법'이라면서 극 렬하게 반대했잖아요. 그러고 보면 한기총이 계속 인생의 걸림돌(?)이 되는 것 같은데요. (웃음) 기독교인으로서 그 단체를 어떻게 생각하시 나요?

한기총을 무시하지는 않아요. 처음에는 경멸하고, 우습게 보고 싶 었는데, 그러기에는 너무 거대하고 힘이 커요. 그래서 절망에 휩싸 이기도 했죠. 개인적으로는 그분들이 '무슨 생각으로 이렇게까지 하는가' 하는 생각이 들어요. 김 * 현 씨가 '여기가 이태원이고, 게 이들 식이 어떻고, 찜방에서 무슨 일이 일어나고……', 이런 것을 소상히 《조선일보》에 싣고, 〈취재파일 4321〉 프로그램에서도 어떤 부분에서는 동성애자들을 상처 입히는 방식으로 취재해 보여 줬잖 아요. 어쩌자고 이 우파 기독교계는 이렇게까지 동성애자들 삶을 완전히 처절하게 망가뜨리려고 용을 쓰나, 이게 무슨 폭력인가 싶 은 거죠. 한기총에 대해서는 회의고, 증오고 뭐도 없어요. 저는 한기총이 일부 교회들의 모임일 뿐이지, 진짜 하나님이 머무는 곳은 아니라고 생각해요. 그들은 이미 탐욕에 눈이 멀었고, 아마 예수님이 다시 오신다면 그곳부터 치시지 않을까 싶어요.

● **한기총이 그렇게 온 예수를 알아보지 못하고 이단이라고 십자가에 매달 수도 있겠죠. (웃음)**

그렇죠. 그게 핵심인 것 같네요. 그들은 예수가 왔다는 사실도 모를 거예요. 한기총에 대해서는 어떤 기대도 없어요. 그들이 세 치 혀를 함부로 놀리고, 엄청난 자본력으로 우리를 공격하잖아요. 우리는 동성애 혐오 반대 광고 한번 내려고 여기저기서 300만 원 모으느라 죽을 뻔했는데, 그들은 동성애 혐오로 도배된 1억짜리 광고를 막 내는 거예요. 김 * 현 씨가 쓴 글을 보고 사람들이 '동성애자는 역시 더러워'라고 생각하는 것을 보면서 너무 무서웠죠. 왜냐하면 '종로'는 일종의 게토잖아요. 게토는 그나마 안락할 수 있어야 되잖아요. 그 안에서만큼은 위로받을 수 있어야 하고요. 물론 게토가 좋다는 의미는 아니에요. 하지만 게이들이 주중에는 근면한 노동자로 살다가 주말에나 종로에 가서 조그만 바에서 술이나 한잔하고, 사람 만나고, 이태원에 가서 춤추고 그러는 거잖아요. 그것마저 다 빼앗는구나, 정말 잔인하다는 생각이 들었어요. 그런 공간을 아웃팅한다는 사실 자체가 인권 감수성이고 뭐고 아무것도 없는 자들이란 생각을 했어요.

그러면서 한편으로 공포심을 극복해야 된다는 생각이 많이 들었어요. 동성애자 단체들도 요즘에는 가장 크게 싸워야 할 대상,

크지만 맞서야 될 그런 대상이라고 한기총을 생각하게 되었죠. 기존 기독교인들이 한기총을 정말로 한국 기독교를 대표하는 연합체인 줄 안다는 게 무서워요. 한기총이 얘기를 하면 모든 교회는 한기총이 했으니까, 그런다는 거예요. 한기총이 4대강 개발에 찬성한다고 하면 한국 교회가 찬성하게 되는 것이고요. 아무리 진보 교회 몇몇이 얘기를 해 봐야, 진보니까 이런 얘기를 한다고 생각하는 거죠. '좌빨'이라 그런 목소리를 낸다고 생각하고요.

● 사실 예수의 삶이 굉장히 정치적이지 않았습니까? 천주교정의구현 사제단이 정치적인 것만큼 요즘 정진석 추기경이 하는 행동도 정치적인데요. 한쪽은 정치적이라고 비판하면서 한쪽에 대해서는 그렇게 하지 않거든요. 그게 참 모순이라고 생각하는데요. 기독교 안에서도 마찬가지고요. 이 사람들 힘이 너무 크고 얘기를 받아들이는 것이 편하니까 그냥 받아들이고, 반대의 목소리를 내는 사람들에게는 '왜 정치를 종교에 끌어들이냐'고 하잖아요.

맞아요.

● 기독교 내에 다른 움직임도 있는 것 같은데요. 차세기연이나 지금 하고 계신 숨 프로젝트* 등의 활동도 그중 하나고요. 테드 제닝스가 말한 것처럼 '기독교 진보 운동이 LGBT와 연대해 새로운 활력을 얻고, 가난한 자, 약자들에게 힘이 되길 바란다'는 의미에서 활동을 하시는 건데요. 걸림돌이 되는 것은 무엇이고, 힘이 될 수 있는 일은 무엇이라고 생각하시나요?

교회가 정말 끝까지 왔다고 생각해요. 기존의 양식 있는 기독교인들은 한국 교회가 위기를 맞았다고 생각하는데, 대부분은 아니라고 생각하겠죠. 종교만큼 정치적인 것이 어디 있을까 싶어요. 동성애를 대할 때 동성애에 반대하는 것은 정치가 아니라고 말하거든요. '종교적 가르침'으로 포장하잖아요. 동성애를 지지하는 활동을 하는 사람들에게는 '사탄의 무리들'이라고 하고요. 동성애 문제는 어떻게 보면 교회가 마지막까지 싸워야 할 문제라고 봐요. 대부분 사람이 반대하는 4대강 건설, 파병 문제에 찬성하는 입장을 보이는 현재 한국 기독교계의 태도에 사람들은 조롱하고 야유를 보내고 있죠. 그런데도 이들은 아랑곳하지 않아요. 예컨대 기도회 할 때 다 "아멘!"이라고 외치라고 해요. 그러면 녹음돼서 청와대에 들어간다고**. 이런 식의 얘기를 하는 게 지금 한국 교회 목사님들 수준이에요. 얼마나 저급합니까.

이런 식으로 가면 교회는 생존하겠지만, 그 안에 있는 사람들 영혼은 썩을 거라고 생각해요. 단지 LGBT 운동, 동성애운동에 국한해서 본다면 가장 걸림돌도 기독교요, 가장 날개를 펼 수 있게 하는 것도 기독교라고 생각해요. 가장 걸림돌인 부분은 너무나 명약관화하죠. 기독교의 거센 공세, 우리한테 이만큼의 혜택과 권

<hr/>

★ 차별없는 세상을 위한 기독인연대, 향린교회 여성인권 소모임, LGBT 평신도 네트워크에서 활동하는 뜻있는 몇몇 기독교인과 한국성적소수자문화인권센터가 2008년 4월에 함께 꾸린 프로젝트 모임. 기독교 신앙 내의 동성애 혐오와 차별의 문제점을 깊이 인식하고, 이의 해결과 대안 마련을 위한 활동에 집중하고 있다. 숨은 '숨'과 '쉼'의 합성어로 성소수자들을 위한 숨길 내기와 쉼의 공간을 만들겠다는 의지를 담은 말이다.

리도 허용하지 않으려는 무서운 태세로 총대를 메고 있는 모습이죠. 이명박 정부와 자본가들이, 복지 혜택에서 동성애자 가정을 소외시키려 한다면 그 이유는 간명하죠. 더 많은 비용이 드니까요. 이것만 봐도 이 사람들이 동성애를 반대해서 무엇을 얻는지 너무 잘 알 수 있죠. 사회 구성원이 될 수 있는 사람들과 그렇지 못한 사람들을 가르고, 권리를 갖지 못하고 분배받지 못하는 사람들을 떼어 놓고, 그런 차별이 마치 당연한 것처럼 원래 혐오해도 되는 사람들인 것처럼 만들어 버리는 게 지배자들의 방식이잖아요. 그게 그들이 사회적 비용을 줄이는 방식이고요. 이런 점에서 한기총은 우리가 반드시 넘어야 할 산이라고 생각해요.

한기총이라는 엄청난 산이 있지만, 그렇다고 우리는 한기총의 인식을 변화시키려고 노력하지는 않을 겁니다. 다만 동성애가 죄인가에 대해 의문을 품은 사람들, 그 사람들을 변화시키기 위해서는 어떤 노력이든 할 생각입니다. 그런 사람들에게 동성애를 지지하고 동성애자들과 더불어 사는 게 보편적인 삶이라는 것을 인식

★★ 2010년 11월 1일 'G20 정상회의 성공기원 기도회 및 한국사회복지금융 설립대회'가 개최되었다. 이 자리에서 강보영 새소망교회 목사는 "한국 교회의 부동산 가치만 해도 80조 원, 연간 헌금 총액만도 4조 8천억 원"이라며 제1금융권 기독교 은행을 만들겠다고 밝혔다. 엄신형 한기총 대표회장은 '말씀 선포'에 나서 "하나님께서 우리 대한민국을 특별히 사랑해 경제대통령, 장로대통령을 세우셨다"면서, "하나님께서 이 나라를 경제대국으로 만드시고자 작정하고 G20정상회의 의장국을 맡게 하셨고, 이제 금융계를 통해 여러분께 하나하나 넘겨주시는 역사를 일으키실 것"이라고 목소리를 높였다. 그리고 "내 말에 동의하는 사람은 아멘하라, 이거 다 녹음돼서 청와대에 들어간다"고 말했다. 한기총을 중심으로 한 기독교계의 탐욕과 천박함을 보여 주는 대표적인 사례이다.

시키려고 애쓸 겁니다. 그런 저희의 길에 이명박 같은 정권이 한번 더 들어서면 너무 짜증날 일이죠. 적어도 조금 더 진보적이고, 급진적이며, 다양성을 옹호하는 정치가 사회에서 펼쳐질 때 우리의 지평도 넓어지리라 생각해요. 지금 우파 기독교계가 이렇게 생난리를 치는 데에는 이명박 영향이 크거든요. 얼마나 뒤를 봐 줘요. 국가 조찬기도회 하는 걸 보면 기독교는 이명박의 종교로 보이죠.

또 다른 하나는 저 같은 동성애자 기독교인, 동성애자를 지지하고 그들과 함께하는 기독교인이 훨씬 더 많아져야 돼요. 특히 동성애자 기독교인들이 자신의 개인적 신앙으로만 만족하지 않았으면 좋겠어요. 예전에 임보라 목사님을 인터뷰한 적이 있어요. 그때 가장 가슴에 와 닿았던 것이 향린교회에 나오기 시작한 한 명의 동성애자 얘기였어요. 이 사람이 모태신앙인인데, 정체성이 밝혀져서 이전 교회에서 심하게 냉대를 받았대요. 억울하니까 혼자 막 싸우다, 향린교회에 와서 날개를 편 거죠. 이런 분들이 이제는 운동에 관심을 가진다는 거예요. 동성애자 기독교인들이 냉대 속에서만 있을 필요는 없다는 것, 작은 하나의 안전한 울타리에 불과할지라도 향린교회 같은 곳도 있다는 것을 알려 주고 싶어요. 그러니 결코 죽지도, 사라지지도 말라는 것, 자기 정체성을 지킬 것을 부탁드리고 싶어요. 이런 것은 더 많이 알려야 해요. 적어도 그런 목사가 한 명만 있다면, 그런 교우들이 한두 명이라도 더 있다면 동성애자 기독교인들이 그렇게 힘들게 살지 않을 것 같아요.

물론 우리 중에도 보수적인 신앙관을 가진 분이 있어요. 동성애자라도 해서 다 급진적이진 않잖아요. 설령 그렇더라도 향린교회 같은 곳에 오면 신앙과 자기가 일치하는 기쁨을 맛볼 수 있겠죠. 그게 불일치할 때 느끼는 고독은 굉장히 크잖아요. 예전에 테드 제닝스 강연을 듣고 간단히 쓴 글이 있어요. 그 할아버지와 술을 마시면서 '나는 기독교 운동이 동성애자 운동하고 만나야 된다고 생각하는데, 한기총이라는 큰 벽을 넘을 수 있을까 그것이 가장 의문이다. 그들은 너무 강력하다'고 얘기했어요. 테드는 '일단은 적극적으로 진보 기독교 운동을 해야 되고, 그러면서 교회가 저지른 죄악에 대해서 먼저 참회해야 된다. 그런 뒤 진보 LGBT 운동과 기독교 운동이 동맹을 맺어야 된다, 같이 가야 된다, 그래야만 모두 함께 살 수가 있다'고 하는 거예요. 테드 제닝스야말로 어떻게 보면 지독한 성서주의자이기도 해요. 완전히 성서를 파먹을 정도로. 주변에서 테드가 성서를 너무 절대적으로 해석하는 것에 대해 비판적인 의견이 있을 정도죠. 그런데도 할아버지 신학자가 주는 메시지는 간명하더라고요. 그래서 임보라 목사님 같은 목회자들이 앞으로 아주 중요한 역할을 할 거라고 생각해요. 그분이 십자가를 메실 것 같다는 생각도 많이 해요. 우리끼리 만나면 임 목사님 나중에 테러당하면 어떻게 하냐고 걱정하기도 해요. 우파 기독교계에서 목사님한테 얘기하는 것은 우리한테 하는 것과 달라요. 우리더러는 불쌍한 인간들이 떠들고 다닌다며 혀를 차는 수준이라면, 목사님한테는 '사탄의 우두머리'라고 한다는 거죠. '네가 목사 안수를 제대로 받은 것이 맞긴 맞냐, 어떻게 동성애를 지지한다고 할 수 있냐'고 욕설을 퍼붓고요. 여성인 데다가 여느 목사들처럼 권위적이지 않아 더 그러는 것 같아요.

'끼리'보다는 '함께'를 위해

● 동성애자들은 교회 안에서 분열된 삶을 살 수밖에 없는데요. 그런 삶에서 일관되고 통합된 삶을 지향하고, 이를 위해 동성애자 공동체를 만드는 것도 생각했던 것 같아요.

하나의 방법일 뿐이죠. 동성애자 공동체를 만드는 것이 오랜 꿈이에요. 다만 그것이 하나의 고집처럼 되지는 않았으면 좋겠어요. 우리끼리만 잘 살자는 공동체라면 필요 없다고 생각해요.

개신교나 가톨릭 모두에 동성애자 교인들의 모임이나 교회가 있어요. 로뎀나무그늘은 90년대 후반에 만들어진 대표적인 동성애자 기독교인들의 교회 공동체인데, 동성애자 단체들도 교류하기 어려울 정도로 거리감이 느껴지는 곳이죠. 안개마을이라는 가톨릭 동성애자 공동체도 있어요. 안개마을에서 동인련을 초청한 적은 있지만, 활발하게 만나기는 어려워요. 이 두 곳은 인권운동이나 동성애자 커뮤니티가 아니라 기독교 내에서 만들어진 동성애자 모임이기 때문에 그 안에 있는 분들이 커밍아웃하고 활동을 공개하는 것은 더욱 어렵거나 불가능한 일일지도 몰라요.

직장 선배가 이 중 한 곳에 나가고 있어요. 그 언니가 레즈비언이라는 사실은 최근에야 알았어요. 기독교 안에서 평생을 산 사람인데, 차마 얘기를 못했던 거죠. 그러다가 어느 날 제가 기고한 글을 보고 기뻐서 전화를 한 거예요. 그러면서 신신당부, 절대 얘기하지 말아 달라, 정말 안 된다, 큰일 난다고 해요. 그만큼 울타리가 강한 곳이 기독교 성소수자 공동체인 것 같아요. 물론 그 안에서 동성애자들은 치유와 많은 위로를 받을 거예요. 하지만 그걸로 충분할까? 이것은 제가 그 안에 들어가 보지 않아서 잘 모르겠지만, 다른 것도 필요하리라 생각해요.

저는 기존 교회가 먼저 바뀌어야 된다고 생각해요. 왜냐하면 그런 공동체가 모든 동성애자를 끌어안을 수는 없거든요. 그렇기 때문에 기존 교회, 작은 몇몇 교회라도 대대적으로 동성애자를 환영한다는 것을 명시해야 된다고 생각해요. 교회는 공동체잖아요. 제가 성문밖교회를 택한 이유가 그거예요. 성문밖교회 운영 원칙에 '성적으로 소외된 사람들과 함께한다'는 게 있어요. 그게 그 교회에 나가게 된 가장 큰 이유죠. 이런 얘길 동성애자 친구들에게 해 주면 '너무 훌륭하다'며 마음을 열어요.

물론 여전히 교회 사람들 중 일부는 제가 성소수자라는 사실을 자주 잊고 보수성을 드러낼 때도 있지만요. 그런 일로 고민하면 교회의 친한 지기가 '걱정하지 마라, 사람들도 중요하겠지만 일단 공동체의 원칙을 믿어 봐라, 그 원칙을 믿고 가 보자'고 힘을 북돋아 줘요. 원칙이 있다는 것은 무척 마음을 편안하게 해 줘요. 적어도 내가 여기 구성원이 될 수 있다고 인증해 주는 거잖아요. 그러다 보면 마음을 열기 훨씬 편해지죠. 그 교회의 구성원들이 원칙에 동의한다면 교회에서 평지풍파가 일고 결국 그 때문에 교단에서 배척될지라도 원칙을 분명히 명시해야 된다, 교회가 동성애자를 받아들일 수 있다는 사실을 알려야 된다고 생각합니다.

동성애자들끼리만 모여 있고, 이주민들끼리만 모여 있는 것도 좋겠지만, 여기서, 세상 속에서 살 거잖아요. 다 같이 모여서 나누고 살아야 그게 공동체지 그런 생각이 들어요. 이 점을 동성애자들도 생각했으면 좋겠어요.

● **동성애라는 성정체성과 종교 사이에서 생기는 모순 때문에 고민하고, 갈등하는 사람들에게 해 주실 말씀이 있다면요.**

서른두 해 중에서 20년을 벽장에 갇혀 살았어요. 마르크스주의가 구원이 되었던 적이 있었고요. 그때는 벽장 밖으로 나온 것 같아서 열심히 살았어요. 그런데 다시 혼자가 되니까 다시 벽장에 갇히더라고요. 이 사실을 깨닫는 게 너무 어려웠죠. 그전까지는 약간 환각 상태에서 살았다 싶어요. 이 세상에서 내가 당차게 살 수 있다는 너무 큰 자신감을 가지고 살았던 것 같아요. 아무도 날 보호해 주지 못한다는 생각이 들었을 때에야 세상은 호락호락하지 않다는 걸 알았죠.

단영 언니를 간병하던 방이 네모났고 작았어요. 그 안에 문 닫고 둘이서 가만히 있으면 정말 벽장에 갇힌 기분이었어요. 벽이 사방에서 나를 조이는 악몽도 많이 꿨죠. 다시 나갈 수 있을까. 너무 자신감이 떨어져서 누구와 눈도 못 맞출 것 같았어요. 지금의 저는 말도 많고, 붙임성도 좋고, 사람들 앞에 나서서 발언도 잘하지만, 그때는 사람과 마주앉아 말을 하거나 눈을 마주치는 것조차 못했어요. 너무 무서워서. 그때는 운동도 소용이 없었어요. 그러다가 마음속에서 이런 소리를 들었죠. '나를 이끌어 가는 힘이 있다.' 그게 '신앙'이었던 거예요. 기독교가 아닐 수도 있다고 생각해요. 저는 기독교만 종교라고 생각하지 않거든요. 저는 사람들 마음속에 신성이 있다고 생각해요. 맑은 무엇이요. 저를 보호해 주는 영이 있다면 나는 그것을 따라갈 거다, 이런 생각을 정말로 많이 하면서 다시 벽장 밖으로 나가고 싶다고 생각했어요. 저절로 나가게 되지는 않더라고요. 벽장을 뚫고 나올 수 있게 된 계기는 예수는 단지 자신만을 위해 살지 않았다, 그런 생각을 많이 하면서였어요. 슬픔을 개인적으로 극복하려고만 하지 말자, 누구와 공유할 수 있는 슬픔인지 알고 있는 그대로 받아들이자는 생각도 많이 했고요. 외롭지 않기 위해서요.

인간이 이런 억압을 만들어 낸 것은 억울한 일이라고 생각해요. 인간이 신의 뜻으로만 사는 것은 아니거든요. 그러니까 인간 세상이 이렇게 혼탁해졌겠죠. 이제 저는 뭔가 변화시킬 수 있는 특출한 저만의 능력이 있다고 생각하지는 않아요. 예전에는 그런 힘을 가지고 있다고 생각해서 자신감이 넘쳤지만요. 그런 자신감은 있다가도 없다가도 하죠. 요즘은 제가 이렇게 변화를 위한 움직임에, 운동에 함께할 수 있다는 것 자체에 큰 의미를 둬요. 저는 많은 다른 분도 그랬으면 좋겠어요. 하나님을 원망할 수도 있다, 하지만 우리 안에 하나님과 꼭 같은 영이 있다는 사실을 잊지는 말자, 그리고 그 영이 적어도 증오보다는 사랑을 향하려 한다는 걸 기억하자는 말도 하고 싶어요. 그러면 우리 자신이 소진되기보다는 마음을 채우면서도 하나씩 바꾸어 나갈 수 있을 거예요. 우리가 벽장에서 탈출하는 데 조금이라도 도움이 되고요. 얘기하다 보니 무슨 간증 같아서 손발이 조금 오그라드네요. (웃음)

함께 비를 맞는 사람들

2014년 퀴어퍼레이드 축복식. 2015년 평화의 인간띠 잇기.
2016년 퀴어 그리스도인들과 함께하는 성찬/애찬식. 2017
년 퀴어 그리스도인들을 위한 축복 기도.

　해를 거듭할수록 '퀴어문화축제'에 대한 일부 보수 그리스
도교의 무모한 혐오와 방해가 거칠어졌다. 그런 혐오나 차별
에 반대하는 교회들과 그리스도인들의 저항과 연대도 점점
커졌다. 나는 그들을 '함께 비를 맞는 사람들'이라고 부른다.

　"함께 맞는 비". 성공회대학교 석좌교수였던 고 신영복
선생이 하신 말씀이다. 사람이 다른 사람과 함께할 때에 시
혜적 관계보다 공감과 연대의 관계를 맺어야 한다는 뜻이다.
고통받는 사람이 곁에 있으면, 먼저 그가 어떤 고통으로 힘
들어하는지 살피고 그 원인이 무엇인지 제대로 인식하고 공
감하는 게 중요하다. 신영복 선생은 그 과정에서 함께 비를
맞는 정신과 태도로 동행하는 관계가 되어야 한다고 강조하
셨다.

　오래전부터 일부 그리스도교는 '공포와 불안 프레임'을
작동시키고 유지하는 방식으로 자신들이 가진 기득권과 영
향력을 지켜왔다. 그들은 과거 십자군전쟁과 마녀사냥이 그
랬듯, 지금의 사회와 교회에서 '약한 고리'인 성소수자들을

'허수아비 적'으로 만들었다. 그런데 그런 무례하고 무모한 공격이 힘을 잃자, 그들은 성소수자 길벗들과 함께 비를 맞는 사람이자 그리스도인 가운데 앞자리에 서 있는 사람들을 공격하기 시작했다.

호모포비아 교회의 지도자들과 신자들은 섬돌향린교회 임보라 목사를 비롯해 함께 비를 맞는 사람들을 그리스도교 성서와 교회의 가르침으로부터 멀어지고 '타락'했다고 떠들었다. 자신들이 할 수 있는 온갖 방법을 동원해 이들을 비난하고 사실을 왜곡했다. 그런데 교회의 타락은 교회 안에 소외와 배제, 차별과 혐오가 일상화되는 것이 아닐까. 무엇보다 '권력 관계에 의한 억압과 착취'가 바로 타락이다. 이를 단순 명료하게 '개인 차원'으로 환원해버리는 것이야말로, 교회와 신자들이 행하는 '성서와 전통의 왜곡'이자 타락이다.

그리스도교 성서와 교회의 가르침은 사회적 약자들, 소수자들과 연대하고 동행하는 것을 타락이라고 하지 않는다. 누가 뭐라고 떠들어도, 교회는 사랑과 은총, 환대를 위해 존재하는 커뮤니티가 되어야 한다. 모든 그리스도인은 일그러진 세계와 관계 속에서 축복과 정의로 바르게 저항해야 한다. 나는 이 땅의 성소수자 길벗들과 함께하는 여러 그리스도인이 많은 어려움 속에서도 바른 길을 간다고 믿는다. 우리는 그렇게 비틀거리며 조금씩 앞으로 나아간다.

지금은 더 가진 사람들만 행복한 세계가 아니라, 모두가 행복한 세계가 필요하다. 성 평등과 정의로운 사회가 사회적 이슈로 떠오른 2017년이다. 그러나 아직도 '여성'이라는 이유만으로 교회 지도자나 목회자가 될 수 없는 그리스도교 교파들이 있다. 이들은 '성소수자'를 차별하고 배제하는 것을 당연하게 여긴다. 심지어 그것이 성서의 가르침과 교회의 전통이라고 가르친다.

감히 말한다. 신의 사랑과 은총, 환대가 아닌, 저주와 배제, 공포와 불안에 의지하는 사람들을 어떻게 교회와 신자라고 할 수 있겠는가. 왜 이 땅의 일부 그리스도교 신학자나 교회 지도자는 자신이 믿는 신과 성서를 먼지 쌓인 '과거의 유물'로 만들어버리는 것일까.

학문에는 저마다 고유한 영역이 있다. 더불어 다른 학문들과 연동도 되어 있다. 그래서 한 학문은 다른 학문들의 성찰과 발전에 따라 갱신되어야 한다. 신학도 예외가 아니다. 이 때문에 성소수자를 '신학의 입장만'으로 이야기하겠다는 발상은 애초에 성립 불가능하다. 동성애를 비롯해 다양한 성소수자의 삶에 대해 학문적, 시대적 성찰은 지금도 계속 갱신된다. 특히 함께 숨 쉬며 웃고 우는 존재인 '사람'에 대한 성찰임을 잊지 않는다.

그런데 이 땅의 주류 개신교회나 천주교회는 오직 과거에 기댄 '어제의 신학'에서 한 걸음도 벗어나지 않겠다는 입장을 '신과 성서의 이름으로' 선포한다. 이는 오늘날 교회들이 왜 사람들에게 외면당하는지 알 수 있는 증거일 뿐이다. 신학도 다른 학문과 시대의 성찰에 영향을 주고받으며 갱신되어야 한다는 점을 기억해야 한다. 진짜 교회와 신자는 과거가 아닌 '바로 지금 여기'에서 신과 동행하며 행동하는 존재

라는 점을 모른 척하지 않았으면 좋겠다. 속된 인간의 무지
와 게으름으로 신과 성서를 유효하지 않는 과거의 유물로 만
들지 않기를 간절히 바랄 뿐이다.

    - 민김종훈(자캐오, 대한성공회 길찾는교회 담당, 용산해방촌나눔의집 원장 사제)

3장

군이 군형법 92조 '계간'에
목매는 이유

★ 인터뷰이 **민수**(가명)

글과 친하지 않고, 나 자신에 대해서도 잘 모른다. 그래서 나를 소개해야 하는 이 공간이 무척 부담스럽다. 그래선지 이 인터뷰집에서도 본명을 쓰지 못했다. 입대 전과 후 내 모습은 너무나도 다르다. 아픈 만큼 성숙해진다고 하지만 성숙해졌는지는 잘 모르겠다. 아팠던 만큼 예민해진 것은 확실하다. 그 때문에 사는 게 더 피곤해져 버렸다. 그래도 이 구린 세상 속에서 좋은 이들과 함께 서로 의지하며 나름대로 열심히 살아가고 있다.

민수 사건 개요

2006년 2월 8일 동인련으로 메일 한 통이 도착했다. 민수의 메일이었다. 편지에서 민수는, 훈련소에서 비밀을 보장해 준다고 해서 자신의 성정체성을 밝혔는데 이후 군생활이 너무 힘들어졌다고 토로했다. 훈련병 생활 이후 바로 의무대로 옮겨 갔지만, 정신과 군의관은 어떠한 치료도 해 줄 수 없고, 해 줄 것도 없다고 말했다고 한다. 그 뒤 군에서는 민수의 동의 없이 강제로 에이즈 검사도 했다. 이후 민수는 동료 병사를 비롯한 다른 사람들과 마주치는 것이 싫어 화장실에서 주로 시간을 보내고 있으며 자살하고 싶다는 내용이 쓰여 있었다. 더욱 충격적인 사실은 군에서 민수에게 동성애자임을 스스로 입증하라고 강요한 것이었다. 군은 키스한 사진을 요구하더니 나중에는 성관계 사진까지 요구했다고 한다. 여성, 인권, 법조 단체 등 시민·사회단체가 이 사건에 공동으로 대응하면서 민수는 부대에 복귀하지 않고 전역할 수 있었다.

* 민수와 인터뷰하는 자리에 정욜 동인련 대표가 함께했다. 정욜 대표에 관해서는 7장 〈우리는, 우리의 사랑을 위해 싸운다〉 편을 보면 알 수 있다.

● 군형법 92조 "계간(鷄姦) 기타 추행을 한 자는 1년 이하의 징역에 처한다"는 조항은 문제가 있다고 오래전부터 개정해 달라고 요구했던 것 아닌가요? 그 조항이 평등권과 성적 자기 결정권, 사생활의 비밀과 자유를 침해할 소지가 있어서 헌법재판소에 위헌제청을 하기도 했는데요(2011년 3월 31일 합헌으로 판결). 최근 국회에서 군형법을 개정하면서 성폭력을 처벌하는 조항이 생겼지만, 계간 금지 조항은 삭제되지 않았고, 오히려 법정형이 1년에서 2년으로 상향조정되었다고 들었습니다. 조항이 있긴 하지만, 그 자체로 처벌받는 것이 실질적으로는 거의 없다고 들었는데, 형량을 오히려 올린 이유가 뭘까요?

정욜(이하 욜)   2008년도에 군사법원에서 자기들이 보기에도 문제가 있다고 여겼는지 헌법재판소에 위헌제청을 한 거죠. 여군과 관련해서는 성폭력, 성추행과 관련된 애매한 표현들이 92조와 92조-1, 92조-2 식으로 구체적으로 나뉘었어요. 그런데 말씀하신 것처럼 계간과 관련된 조항은 빠지지 않고, 법정형이 상향된 겁니다. 이 조항 자체에는 여러 문제가 있어요. 그중 대표적인 것이 표현이 '모호하다, 명확하지 않다'는 것이죠. '기타 추행'이란 게 뭐냐는 겁니다.

그런데 군에서 왜 이렇게 이 조항을 끈질기게 고집할까, 이 조항이 없더라도 성폭력이 일어나면 처벌할 수 있는 조항이 있는데 왜 계간이라는 표현을 고집할까 하는 의문이 듭니다. 동성애라고 직접 표현하진 않았지만, 남성 간의 섹스를 '계간'이라고 동물에 비유함으로써 동성애를 더 혐오하게 하고, 동성애자들에 대한 차별을 더 견고하게 하려는 것이리라 생각합니다. 마치 이 조항이 없어지면, 동성애가 군대 안에서 만연하고 난교가 일어날 것처럼 사회 분위기도 몰아가려는 거죠.

● 말씀하신 것처럼 용어부터가 문제인데, 용어 하나를 바꾸는 것조차 힘들어 보이네요.

욜 닭이 뭐야, 닭이. (웃음)

● 탄원서 3천여 장을 냈다고 들었는데요. 헌법재판소는 왜 계속 결정을 미루고 있을까요? 2년 정도 끈 것 같은데요.

욜 이 조항이 사회적인 쟁점이 되다 보니까 이미 사회적으로는 군대 안에서 동성애를 허용할 것인가 말 것인가 하는 이상한 방향으로 흘러가 버린 거죠. 그 조항이 아니더라도 동성애자들은 군대에 갔다 와야 하는 데 말이죠. 무사히 제대한 사람들도 있지만, 민수처럼 원치 않게 노출된 사람들도 있고요. 국정감사 자리에서 국방부 장관이 이 조항이 없어지지 않게 조치를 취하겠다고 할 정도로 국방부 스스로도 이 문제에 예민하게 굴고, 동성애를 허용하면 김정일만 좋아하게 된다는 이상한 논리를 보수 진영이 들이대면서 국방부를 압박하고도 있고요. 우리는 3천 장이잖아요. 교계에서는 몇만 장이 나온대요. 아는 분이 교회에 갔다가 뭔가 나누어 주기에 받아 보았다가 읽어 보고는 열 받아서 나와 버렸다고 하더라고요. 이런 식으로 탄원서를 받는 거죠.

● **목사님이 쓰라고 하면 쓰게 될 테죠.**

욜   이런 분위기다 보니 헌법재판소로서는 신중하게 판단할 수밖에 없는 거죠. 그 조항을 위헌이라고 판단하면 동성애를 허용하는 데 찬성하는 꼴이 되어 버려 질타를 받을 테니까요.

● **교계나 군, 보수 단체들에서 난리가 나겠죠.**

욜   그렇죠.

깨진 '비밀 보장'

● **2005년 6월 입대한 후 비밀이 보장된다는 약속을 믿고 훈련소에**

서 성정체성을 얘기했다가 이 사실이 다른 사람들에게 알려져 악몽 같은 군생활을 보냈다고 들었습니다. 처음에 누구한테 얘기하셨나요?

민수(이하 민)   훈련소 중대장한테요. 자세한 질문은 기억이 안 나지만, 불편하거나 고쳤으면 하는 점 등을 적으라고 쪽지를 나눠 줬던 것 같아요.

● 소원수리* 같은 건가요?

민   비슷한 거죠. 입소해서 불편했던 점 중 하나가 같이 씻는 거였어요. 샤워 부스가 여섯 갠데, 50명 정도 되는 한 분대가 한 부스에 들어가 씻더라고요. 그 좁은 데서 빨가벗고 부대끼는 게 싫었어요. 끼여 자야 하고. 여유 있게 자고 씻었으면 좋겠다고 썼더니, 중대장이 면담하재요. '그냥 불편하다'고 했는데 계속 추궁 아닌 추궁을 하더라고요. 비밀을 보장해 준다는 말에 밝힌 거죠.

● 본의 아니게 아웃팅**이 된 셈인데요. 사람들 반응은 어땠나요?

★　병사들의 고충을 듣고 개선하려고 만든 제도. 병사들이 편지나 쪽지로 자신의 고충을 적어 부대 안에 설치된 소원수리함에 넣는다. 그러나 부대 평가와 장교들 진급 문제 등으로 현실적으로 병사들 요구는 잘 반영되지 않는다.
★★ 동성애자라는 사실을 숨겨 왔던 유명 인사들을 공개적으로 밝히는 것을 뜻하기도 하고, 자신의 의지와 상관없이 동성애자라는 사실이 알려지는 것을 이르기도 한다. 이 책에서는 주로 후자의 의미로 쓰였다.

민　간부들은 들은 것 같아요. 조교까지. 훈련 중에 저만 남게 해서 게이로서 살아온 인생에 대해서 쓰라고 하더라고요. 저만 남으니까 훈련병들은 의아해하고. 원래 성격이 좀 활발한 편이어서 사람들하고 잘 지내는 편인데, 어느 순간부터 사람들이 말도 안 걸고, 씻으러 갔을 때도 이상하게 쳐다보더라고요. 그때부터 많이 불안했어요. 아웃팅 당했다고 느낀 순간부터는 소속감 같은 걸 완전히 잃어버렸어요. 까만 무리 안에 저 혼자만 하얀색인 것 같은 느낌이랄까. 외롭고, 많이 힘들었죠.

● 군대에서 취한 조치라야 정신과 진료를 받게 하는 것이었을 텐데요. 그 과정에서 당하는 인권 침해가 있잖아요.

민　조교랑 같이 의사를 만났는데, "게이는 병이 아니니까 너한테 해 줄 말이 없고, 처방해 줄 약도 없다"는 간단한 말을 듣고 돌아왔어요. 자대 배치 받으러 연대에 갔는데, 저랑 병원에서 같이 진료받던 다른 친구들은 다 배치를 받고, 저만 혼자 환자실에 입실했어요. 일주일 정도 있다가 의무중대장이랑 같이 병원에 갔는데, 훈련소 때 의사와 똑같은 얘기를 하더라고요. 얘기 듣고 나오면서 의무중대장이 에이즈 검사를 하러 가자고 했던 것 같아요. 많이 주눅 든 상태라서 그냥 받았죠.

욜　저는 그냥 채혈을 했는데, 나중에 알고 보니 에이즈하고 성병과 관련된 검사를 하기 위해서였더라고요.

민   진료받으러 가기 전에 의무중대장이 에이즈 걸렸나 물어보고, 성향 물어보고 그랬죠.

● 군대라는 특수한 속성 때문에 사회보다 까다롭게 사생활에 대해서 물어봤을 텐데요. 어떤 것을 묻던가요?

민   훈련소에서 게이로서 살아온 인생에 대해서 다 쓰라고 했을 때 그 자체가 너무 힘들었어요. 위축돼서 다 쓰긴 했지만, 지금 생각해 보면 실은 게이가 아니더라도 쓸 필요는 없었던 것 같아요. 게이라고 하면 사람들은 성관계에 대한 것을 가장 많이 물어봐요. 언제부터 했냐, 성향은 뭐냐, 얼마나 자주 하냐, 몇 번이나 했냐, 이런 얘기 위주죠.

● 민수 씨 사건 이후에 국방부 훈령 제1264호 5장 '동성애 병사의 복무'(2010년 8월 4일 일부 개정)에서도 성 경험·상대방 인적 사항 등 사생활 질문 금지, 각종 보고서에 인적 사항 기록 금지 등이 생겼는데요. 지휘관들은 여전히 대부분 모르는 거 같아요. 다른 사병만 하더라도 군대 가면 '그동안 어떻게 살아왔나' 이런 것을 쓰지 않습니까? 그것을 꼭 알아야 할 지휘관들만 알면 되는데, 그게 누군가에게 알려져 문제가 생기기도 하잖아요. 그런데 이런 일이 일어나지 않도록 방지하지도 않고, 설령 위반하더라도 제재 수단이 없는 것이 문제인 것 같습니다.

율   지금으로서는 해결 방법이 없죠. 훈령 전에 병영 내 동성애자 관리지침이 있었어요. 그전에는 없었는데, 민수 일 때문에 국방부가 나름 내놓은 대책이죠. '이성애자로 전환 희망시 적극 지원하고, 체육 활동을 통해서 성에 대한 관심을 다른 쪽으로 유도한다'는 등의 말도 안 되는 것들을 담고 있죠. (웃음) 이런 지침이 2006년 4월경에 나왔고, 인권위의 권고가 있어서인지 그게 훈령으로 격상되면서 내용도 수정이 되었어요. 말씀하신 것처럼 기록하지 말 것, 에이즈 검사를 하지 말 것 등 하지 말 것에 대한 정도와 내용이 많이 바뀌었어요. 그런데 제재 방법이 전혀 없다 보니까 군대 특성상 지휘관의 몫으로만 남겨진 거죠. 법률로 제재한다든가 인권교육을 한다든가 이런 것들이 이루어지지 않는 한 민수가 겪은 일이 다시 안 일어나리라 장담할 순 없습니다.

● **만들어지긴 했지만, 그것을 어떻게 적용할지가 관건이겠네요.**

욜　요즘은 국방부랑 연결 고리가 많이 끊겼어요. 국방부 안에도 인권과가 있어요. 민수 다음에 2007년도에 다른 사건들을 겪으면서 인권과에서도 동성애 문제에 대해 고민을 시작한 것 같아요. 정기적이진 않았지만, 동인련 같은 인권단체 사람들과 법률을 개정할 수 있는 사람들 그리고 나름 의식 있는 군사법원 몇몇 분이 모여서 지침을 놓고 '잘못된 부분이 어디고, 어떻게 개정되면 좋을지' 얘기를 나누고 동성애자 병사가 상담을 요청해 오면 어떻게 해야 할지 등의 고민을 나누는 모임도 있었어요. 지금은 없어졌습니다만. 인권과 사람들도 자기네들이 어떻게 할 수 없다는 걸 인식하고 있어서 계속 해결해 내려고 해외 자료들도 보면서 열심히 노력은 해요. 하지만 한두 명 개인의 의지로 해결될 수 있는 문제는 아니잖아요. 그런 노력에는 점수를 주고 싶지만, 결과로 판단해야 되니까요. 소통도 끊기고, 오히려 잘못된 법률*을 개정하지 않겠다고 공개적으로 말하는 모습을 보면 길이 안 보여 여러 가지로 답답하죠.

이상한 증빙 자료

● 전반적으로 인권이 후퇴한 데다가 기독교 친화적인 정권이라 더 그런 것 같은데요. 민수 씨 같은 경우 전역 심사에 필요하다고 해서 동성과 키스하는 사진과 섹스하는 사진을 제출했다고 들었습니다. 그게 꽤 충격적이었을 것 같은데요.

민   제가 만났던 간부들은 게이는 군대에 안 들어온다고 알고 있었던 것 같아요. 의가사 전역을 할 수 있는 줄 알고 있고요. 연대에 있을 때 담당관이 심사서를 올리려고 하는데, 증빙 자료로 키

★   대표적으로 군형법 제92조 5항의 계간 처벌 조항, 앞서 소개한 국방부 훈령 제1264호 5장 '동성애자 병사의 복무' 제236조 2항을 보면 "동성애자 병사의 병영 내에서의 모든 성적 행위는 금지된다."고 규정돼 있다. 동성애자들만 모든 성적 행위를 금지하고 있는 것이다. 또 제728호 '징병신체검사등검사규칙' 제11조 '질병·심신장애의 정도 및 평가기준' 정신과 102 '인격장애 및 행태장애'에 따르면, 동성애는 성적선호장애, 트랜스젠더/성전환자는 성적주체성장애로 구분되어 있다. 군인사법 시행규칙 제56조 '현역복무 부적합자 기준'에서 '변태적 성벽자'라는 표현이 모호해 동성애자 직업군인으로 해석될 여지도 많다.

스하는 사진이 필요하다는 해서 그전에 만났던 친구랑 키스하는 사진을 찍어서 제출했어요. 그게 사단 쪽으로 올라갔는데 '키스로는 안 된다. 성관계하는 사진을 찍어 오라'고 해서……. 지금 생각해 보면 제가 왜 그걸 찍었는지 모르겠는데, 100일 휴가를 나와서 정말 찍어 갔어요. 메일에만 저장해 놓고, 메일 아이디와 비밀번호를 담당관에게 넘겼는데, 그걸 누가 봤다는 소문이 터진 거죠.

● 워낙 군생활에 대해서 압박이 들어오고, 여러 가지 정서적으로 힘든 상황이라 그 요구를 받아들였을 것 같은데요. 그 사진이 유출된 건가요?

민 그랬던 것 같아요. 본부 중대라고 하나, 거기 행정병인 사람이 다리를 다쳐서 입원했는데 나랑 같이 얘기하고, 밥도 같이 먹고 그랬어요. 그 사람이 본부 중대에 놀러 갔다 왔나 봐요. "민수 씨, 환자실에 변태 있었다"고 하면서 "우리 선임들이 사진을 봤는데……" 이런 얘기를 하는 거예요.

● 행정 당국에서 뭔가를 하다 보면 인권의식이 부족하거나, 행정 편의를 내세워 누군가에게 피해를 입힐 수 있기 때문에 인권위 등의 기관이 권고를 하면서 해법을 이끌어 내는 것일 텐데요. 당시만 해도 군대에는 동성애자에 관한 매뉴얼이 전혀 없었던 듯합니다. 이 사람들이 아주 악독하다기보다는 너무 몰라서 초등학생이 친구 놀리고, 개구리 배를 가르면서도 죄책감을 못 느끼는 태도를 보인 것 같은데요.

민 그렇기도 한 것 같고요. 훈련소에서 설문지 같은 것을 써요. 자라온 환경이 불우한지 아닌지 체크하는 것인데, 저는 불우한 환경에서 자란 아이로 분류되더라고요. 이런 사람들 모아서 정신과 상담이나 마약 본드 흡입 여부 등에 관한 검사를 했고요. 위험 요소를 뽑아내서 '관심 사병'으로 찍어 놓잖아요. 그렇게 관심이 필요한 사병이어서 골라 놨으면 최소한 담당자가 관리를 잘했어야 하는 거잖아요. 이것은 단순히 성소수자 입장을 생각하느냐 안 하느냐의 문제로만 해석하기는 어려울 것 같아요. 저는 자존감이 밑바닥까지 내려가서 너무 힘들다고 여러 번 얘기했고, 그런 제 마음을 조금이나마 헤아렸다면 사진이 어떻게 유출이 되었겠어요? 행정병들이 다 보고, 그 얘기가 입으로 입으로 전해져 저한테까지 온 거잖아요. 환자실에 변태 있다고.

● **외부에 도움을 요청할 생각은 언제부터 하신 거예요?**

민 그때쯤이었던 것 같아요. 수치심, 모멸감이 몰려와 정말 죽고 싶었어요. 그걸(사진을) 보고, 그 소문을 들어서 사람들이 그동안 나를 그런 눈빛으로 봤구나, 생각하니까…….

● **막막했겠네요. 군대에서 나갈 수도 없고. 학교 같으면 최악의 경우 그만두면 되지만, 군대에서는 나가면 탈영이 되니까요. 그럼 동인련에 도움을 요청한 건가요?**

민 설 지나서 상담 요청을 했어요. 사진에 관해서 전해들은 애기를 하니까, 거기서 문제가 터지기 전에 다른 부대로 보내더라고요. 그 조건으로 휴가 보내 달라고 했죠. 정말 그때는 죽으려고 나온 거였어요. 부모님 얼굴 보고, 친한 친구들 얼굴 한번 보려고. 막상 나와서 소중한 사람들에게 얘기하니까 같이 힘들어하더라고요. 그때부터 많이 찾아보기 시작했어요. 군이 인권단체만이 아니라, 제가 사는 인천 지역 법원에 무료로 상담해 주는 곳도 찾아가 보고, 변호사도 만나 보고, 제가 겪은 일을 글로 써서 여러 군데 뿌리기도 했죠. 그런데 동인련에서 만나자는 연락이 와서 찾아간 거예요.

● **여러 군데 연락했는데, 동인련에서 처음 반응이 온 거군요. (웃음)**

욜　저희는 너무 충격을 받고 분노했어요. 하지만 분노는 나중 일이고, 일단 이 친구를 만나서 얘기를 들어봐야겠다는 게 최우선이었죠. 자기가 겪은 문제를 사람들한테 말하면 말할수록 감정이 덜어지고 그렇잖아요. 만나면 최소한 죽는다는 생각은 하지 않겠지 싶어서 메일 받은 다음 날 바로 만났을 거예요.

● **원래 쾌활한 편이었는데, 아버님한테 '죽고 싶다'고 전화를 해서 아버님이 충격을 받으셨다고 하던데요. 그전에 아버님은 정체성을 알고 있었나요?**

민　살려 달라고 한 거죠. 정체성에 대해서는 군대 가면서 편지로 알려 드렸어요. 제가 게이인 것에 대해 크게 반응은 안 하셨어요.

감수성도 풍부하시고, 나이에 비해서 시야도 넓으신 분이거든요. 어려서부터 여성스럽거나 게이로 의심되는 행동을 해도 그 세대에서는 금방 눈치 채지 못하겠지만, 막상 게이라고 하니까 어렸을 때부터 다르긴 했다고 생각하셨을 것 같아요. (웃음) 엄마가 좀 크게 충격을 받으셨죠.

● 그때부터 전역할 때까지 우여곡절이 있었지 않습니까? 그 과정에서 마음고생도 많았을 것 같은데요. 국방부나 부대에서는 일단 복귀하라고 하고, 시민단체와 의사들은 안정이 필요하다고 하고요.

민　맞아요.

반성 없는 국방부

● 5월 2일 전역하고, 6월 26일에 '이 사건을 인권 침해로 규정하고, 가해 지휘관 및 사병들은 인권교육을 받을 것'을 권고하는 인권위 결정문이 발표되었는데요. 관리지침이 나온 것 외에 그 이후 군 당국 태도에 변화가 있었나요?

욜　인권위 권고는 무시하면 끝이거든요. 군 당국은 인권위 권고를 안 받아들였죠. 앞에서 말한 것처럼 관리지침이 훈령으로 바뀐 정도예요. 정말 당사자들을 찾아서 인권교육을 시켰을까요.

● 안 시켰을 가능성이 높죠. 인권교육을 시키고 싶어도 뭘 어떻게 해야 할지 몰랐을 테니까요. (웃음)

욜   지휘관들은 잘못 걸렸다고 생각하지 않았을까 싶어요.

● 군이나 국가에서 배상이나 보상은 받으셨나요?

민   치료비 500만 원 받았는데, 말 그대로 치료비로 썼습니다. 병원 다니다가 국가유공자 신청을 해 봤어요. 거기서 답장이 날아왔는데, 후유 장애로 보기보다는 에피소드라고 했던 말만 기억이 나요. 그 이후에 군과 연락한 일은 없었죠.

● 어떤 분은 외상후스트레스증후군이라는 진단도 했던 것 같은데, 제대 후에도 꽤 오랜 기간 치료가 필요했을 것 같습니다.

민   외상후스트레스증후군인지는 잘 모르겠고요, 전역하고 나서 우울증 때문에 계속 약을 먹었어요. 이전만큼 심한 편은 아닌데 지금도 자다가 소리 지르면서 깨는 일이 종종 있어요. 일 년 정도 진료받았고요.

● 많이 알려진 사건이지 않습니까? 언론에서도 많이 다루어진 만큼 개인적인 부담이 커서 제대 후에 자긍심을 회복하기도 쉽지 않았을 텐데요. 좋은 방식으로 제대한 것도 아니고. 그 고통에서 벗어나는 데 어떤 것이 가장 큰 도움이 되었나요?

민　가장 도움이 됐던 것은 친구들이죠. 이 사건 터지면서 이성애자 친구들한테도 커밍아웃을 했어요. 원래는 전역 일이 5월 2일 이전이었는데 늦추어졌어요. 이 사실을 친구들이 몰랐어요. 나오기로 한 날 제가 안 나오니까 인터넷에서 동인련 찾아서 사무실로 전화까지 했더라고요. 제가 걱정돼서요.

욜　아, 기억난다. (웃음)

민　그럴 정도로 저한테 많은 관심을 가져 준 친구들이 가장 큰 힘이 됐어요. 전역하고 나서 너무 많이 힘들었거든요. 엘리베이터도 혼자 못 타고, 버스도 혼자 못 타고 그랬어요. 그래서 동인련 사무실에 전화했던 그 여자 친구랑 일 년을 같이 살았어요. 그 기간에 많이 치유가 됐죠.

　그 일 겪으면서 시야가 넓어지고, 생각도 깊어지고, 감수성의 질도 많이 달라졌는데요. 그래서 군과 동성애에 대해 많이 생각하게 됐어요. 제가 겪은 일도 다시 정확히 알게 되고, 앞으로 어떻게 살아야 할지도 깨닫게 되었죠.

● '군대는 갔다 와야 된다'고 생각하는 게이도 많을 텐데요. '이성애자들이 하는 걸 왜 우리라고 못하나?' 이런 생각도 있을 수 있고요.

민　이전에 저도 그런 말을 한 적이 있는데, 지금은 엄청 후회해요. 지금 군은 성소수자에 대한 인식이 전혀 성숙돼 있지 못해요. 이런 현실에서 군대에 가야 한다고 말하는 게이들은 성숙하지 못한 사람들이라고 생각해요. 군에서는 성소수자를 차별하는 일이 비일비재하고 그런 것에 너무나 익숙해져 있기 때문에 동성애자들이 피해를 입을 수밖에 없습니다.

율 난 잘 갔다 왔는데, 문제가 없었는데, 오히려 재미있었는데, 이렇게 말하는 사람들도 있죠.

● 그런 논리는 많잖아요. 나도 어릴 때 많이 맞아 봤는데, 맞다 보니 사람 되더라, 이런 논리. (웃음) 국방부는 92조가 폐지되면 군 기강이 흐트러져 혼란스러워지고 군대 안에서 동성애가 전면적으로 허용되리라고 말하고 있지 않습니까? 전원책 변호사 같은 경우도 '군은 폭력을 관리하는 특수한 집단인데 같이 생활하는 내무반에서 애정 표현을 하면 위계질서가 유지되겠느냐'고 하고요.

율 군 기강 얘기 나올 때마다 너무 웃긴 거예요. 92조를 놓고 라디오 토론회를 했는데, 바로 앞에 성신여대 정연주 법대 교수가 국방부 대리인으로 나와 있었어요. 이분이 '군 기강이 흐트러지고, 이 조항이 없어져서 동성애가 허용되면 어떻게 할 거냐'를 반복하더라고요. 그때마다 제가 어떻게 군 기강이 흐트러지는지 증빙 자료를 제출해 보라고 했어요. 그런데 자료는 제출하지 않고 같은 말만 반복하더라고요. (웃음)
　군대 안에서 성폭력이나 성추행이 일어날 수 있어요. 이런 문제가 일어나지 않도록 군 문화를 개선하려고 노력은 하지 않으면서 그런 문제에 대한 책임을 동성애자들에게 떠넘기려는 건 일종

이제, 군 자체에 대해 묻자.

의 마녀 사냥이죠. 하지만 한국처럼 징병제를 유지하는 이스라엘도 그렇고, 미국·영국이나 서유럽도 동성애가 군 기강을 흐트러뜨린다는 전제가 잘못되었다는 연구 결과들을 발표했어요. 오히려 동성애자들이 군대 안의 여러 문제를 개선할 수 있도록 긍정적인 역할을 할 수 있다는 결과들이 나와 있습니다. 그런데 본인도 증명할 수 없는 내용들을 가지고 한 집단을 성적으로 문제 있는 사람들로 취급하는 건 억울한 일이죠.

● 한국 사회에서는 동성애자라고 해서 군대를 안 가는 것도 아니고, 신검 단계에서 동성애자라고 얘기하기도 힘든데요. 군대에서 동성애자라는 사실이 알려지면 어떻게 대처해야 하나요? 미리 마음의 준비를 하는 게 갑자기 당하는 것보다 나을 수 있잖아요.

민 군대 가기 싫었어요. 무섭기도 했고요. 군대 갈 사람이 있다면 동인련 같은 단체에 연락해서 상담을 받아 보는 게 가장 좋을 것 같아요. 준비하고 가도 얼마든지 차별은 당할 수 있거든요. 연락을 취하고, 도움을 요청할 수 있는 곳을 알고 있어야 할 것 같아요. 제 경우 나중에는 전화도 못 쓰게 했거든요. 사병이 계속 붙어다녔고. 자기 대신 발 빠르게 알아봐 줄 곳들을 미리 준비해서 가는 게 가장 현실적인 방법 같습니다. 마음가짐도 중요하고요.
　게이란 건 스스로 자연스럽게 받아들였지만, 군대 가면서 저는 성소수자와 군대를 연관 지어 생각해 보진 못했던 것 같습니다. 그래서 군대 안에서 어떤 차별이 일어날지, 어떻게 갇혀 있게 될지, 게이라는 사실이 알려지면 얼마나 혼자 외로운 존재가 되는지 몰랐어요.

● '징병신체검사등검사규칙'에 '성적선호장애' '성적주체성장애'라는 말이 나옵니다. 동성애를 정신적 장애로 보는 거죠. 이것만 보더라도 군이 동성애자를 정신과 치료가 필요한 '정신병자' 또는 '정신적 장애자'로 간주한다는 걸 알 수 있습니다. 보호를 하든지, 배척을 하든지 확실한 기준이 있으면 훨씬 더 나을지도 모르겠다는 생각이 듭니다.

율 동성애자들에게 문제되는 법이 세 가지가 있죠. 말씀하신 것처럼 신체검사 할 때 '성주체성이나 성선호도 장애'로 분류해 동성애를 장애로 규정하죠. 군인사법에서는 '변태적 성벽자'라는 모호한 표현 때문에 커밍아웃하면 직업군인이 되기 어려울 수도 있고요. '계간'이 나오는 군형법 92조를 보면 합의든 강제든 상관없이 남성 간의 성관계를 동물적인 성행위로 폄하하는데, 동성애자를 동물, 변태로 보는 국방부 시선이 그대로 담겨 있는 거죠.

군대 가느니 차라리 감옥으로

● 사회에서도 동성애에 대한 인식이 굉장히 부정적인데, 군대는 훨씬 보수적이잖아요. 군대에서 동성애를 받아들이기까지는 너무 어려운 싸움일 것 같은데요. 고참이나 상사한테 '인권'이 어떻고 얘기할 입장도 못 되고요. 그렇다고 해서 숨기고 살기도 어렵고 말이죠. 아까 샤워하는 것이 불편했다고 말씀하셨는데요.

민 옳고 그른 것을 떠나서, 일단 커밍아웃하는 순간부터 겪게 되는 아픔에 비하면 참고, 숨기고, 견디는 편이 차라리 나을 것 같다고 생각하는 거죠. 억울하고 힘든 일이지만, 정체성이 알려지면서 겪게 될 것에 비하면 그렇다는 겁니다.

● 동인련이나 동성애자들의 군에 대한 문제 제기가 '인권이 보장되는 군대, 개선된 군대'라는 허구적인 이미지를 만드는 데 들러리 역할을 하고, 다른 인권 문제의 필요성을 약화시킬 수도 있다는 지적들이 있는데요. 근본적으로 생각하면 군대라는 것은 방어든 공격이든, 목적이 무엇이든 누군가를 죽이는 기술을 배우는 조직이잖아요. IBM이 성소수자를 채용하려는 이유처럼, 군대에서 '우리는 이런 것도 이해한다'고 하면서 '(그러니까) 다른 것까지 요구하면 곤란하지 않냐'는 태도를 보일까 우려하는 사람들도 있습니다. 예컨대 양심에 따른 병역 거부 등의 다른 인권 문제를 제기할 수 없게 만드는 데 악용될 수 있다는 거죠. 이른 걱정 같지만, 운동 진영에서는 이런 얘기도 나오는 것 같은데요.

율 사실 군대에서 평화와 병역 거부, 소수자 권리, 이런 것들이 복합적으로 얘기된 적이 거의 없어요. 사회적인 측면에서 군대의 존재 의미 자체를 물은 적도 별로 없었거든요. 저나 민수도 그렇지만, 대부분 사람이 군대에 가기 싫어할 거라고요.
　 병역 거부는 일종의 평화운동이잖아요. 성적 지향을 이유로 병역을 거부하는 사람들도 있는데, 국제적인 기준에 따르면 양심의 범위에 '성적 지향'도 포함됩니다. 이미 성정체성을 이유로 병역을 거부한 분들이 있죠. 태훈* 형도 그랬고, 2006년 3월에 전경이었던 유정민석** 씨도 있고요. 동인련 한 회원도 대전교도소 논산지소에 병역 거부로 들어가 있어요. 출소하려면 4, 5개월 남았는데(2011년 5월 출소한 이후 병역거부운동을 하고 있다), 막 들어갔을 때 이 친구가 지소 측과 크게 싸웠어요. 동성애자란 이유로 없는 독방을 만들어 들어가라고 하더래요. 어리지만 당찬 면이 있는 친구죠. 얼마 전에 면회 가서 책도 전해 줬는데, 그 안에서 많이 배우고 있다고 하더라고요.

앞으로 저희도 군대 안 동성애자 문제와 평화운동, 병역거부운동의 접점을 찾아보려 합니다. 분명 맞닿는 지점이 있으리라 생각해요.

● 입대를 앞둔 동성애자들 중에는 군대 가느니 차라리 감옥을 선택하는 이들도 있는데요, 양심에 따른 병역 거부자로 감옥에 있으면 최소한 죽을 걱정은 안 해도 된다는 거죠. 비록 시설은 열악하고 자유롭지는 못해도 동성애자라는 사실이 밝혀져 인권이 심각하게 침해당하거나 성폭력을 겪게 되는 상황에 처하지 않아도 되고요.

욜 아까 말한 태훈이 형도 그랬고, 민석 씨라고 2006년도에…….

★   임태훈은 2003년 7월 한국에선 처음으로 동성애자라는 사실을 밝히고 병역을 거부했다. 1년 6개월의 실형을 선고받은 바 있다. 현재 군인권센터 소장이다.
★★ 당시 전투경찰이었던 유정민석은 2006년 3월, 임태훈에 이어 두 번째로 동성애자임을 밝히고 병역을 거부했다.

민   저랑 같이 병원 가고 그랬어요. (웃음)

욜   민석 씨는 제대해서 학교 다니고 있어요. 또 누군가가 있겠
죠. 그런데 구금 시설에서도 병역 거부 이유가 공개되어서 이미
사람들이 알고 있어요. 군대, 감옥 중 뭐가 더 낫다고 함부로 얘기
할 수는 없을 거 같아요. 힘든 상황에 놓이는 것은 마찬가지 같거
든요.

아무것도 지켜 주지 않는다

● 군대는 남자들만 있는 공간이니까 고참들이 '남자들끼리, 어때' 그
러면서 엉덩이 툭툭 치고 성기 만지고 그럴 때 정색하면서 뭐라고 할
수도 없잖아요. 그럴 때는 어떻게 대처해야 합니까? (웃음)

욜   참 어려운 질문이네요. (웃음) 지금 상황에서는 완곡한 거부
가 필요한 것 같은데요. 그런 '완곡한 거부'를 어떻게 하는 것이
좋을까가 고민이 되겠네요.

민   저는 아무것도 못했는데, 다시 그 상황이 되도 아무것도 못할
것 같아요. 글쎄요.

욜   왜 이러십니까, 하면서 밀어내는 정도?

민 그러면서 마음속으로는 계속 상처를 받는 거죠.

율 그렇게 해서는 안 되는 거죠. 아무리 동성끼리만 있는 공간이라도. 심지어 지휘관들도 그런 것들을 자연스럽게 받아들이는 경우가 있죠. 그게 군대 문화잖아요. 남성들의 문화고. 이런 것들을 개선하기 위한 노력이 군 차원에서도 필요한 건데요.

● 사회 전체적인 문화가 그런 것 같아요. 우리 기준으로 아이들을 만졌을 때 서양에서는 문제가 되는 경우가 많거든요. 그게 자기 신참을 사랑하는 방법이라고 착각하는 거죠. '나는 이뻐하는데 왜 이러지?' 할 수도 있죠. 군대가 폐쇄적이니까 당하는 사람으로서는 그게 더 크게 느껴지고요. 물론 요즘은 좀 바뀐 것 같습니다만.

율 2008년도에 있던 사건인데요. 지휘관이 꼬집고, 성기를 손등으로 툭툭 친 것이 성폭력 범위에 드느냐 하는 거였는데요. 2008년 5월 25일 대법원에서 군 간부가 공개된 장소에서 불특정다수를 대상으로 '양 젖꼭지를 비틀거나 잡아당기고 손등으로 성기를 때린' 행위는 군형법상 추행죄에 해당되지 않는다는, 원심 무죄 판단을 확정한 일이 있었어요. 이때 대법원이 '군대 가정'이라는 표현을 썼어요. 가족 같은 문화 안에서는, '주무르면' 폭력이고, 손등은 성폭력 부위가 아니고, 이런 너무 요상한 판단을 내렸거든요. 법 쪽에서도 성폭력으로 바라봐야 하는지 아닌지에 대한 기준이 없는 거죠. 이런 상황이라 군 측에서 굉장히 의식적으로 그런 문화를 바꾸려고 노력하지 않는 한 쉽게 바뀌지 않을 것 같습니다. "하지 마십시오!"라는 완곡한 거부밖에 할 수 없는 것 같아요.

동성애자든 아니든 군대 갔다 온 남성들은 군대 안에서 많은 경험을 했을 겁니다. 요즘에서야 이런 사건들이 드러나기 시작했지, 정말 묻히기 쉬운 일들이었잖아요. 잘 알려지지 않은, 보이지 않은 수많은 사건·사고를 동성애자들이 저질렀을까, 요즘 같은 주장에 따르면 그런 거죠. 많은 한국 남성이 총 쏘고 만점 받아서 휴가 나온 건 자랑스럽게 얘기하면서도, 성폭력 같은 얘기는 본인도 기억하고 싶지 않고 수치스럽기 때문에 오히려 과민 반응을 하며 자신과는 상관없는 일이라고 생각하는 것 같습니다. 비슷한 경험을 했는데도 동성애자들이 저지른 일이라고 생각하는 거죠.

한국성폭력상담소에서 들은 얘기인데요. 군대에서 실태 조사를 했는데, 성폭력 가해자들에게 '동성애자냐'고 물었더니 기분 나빠하면서 '정말 아니다'고 하더래요. 실제로 성폭력 가해자는 동성애자보다 이성애자들이 더 많다는 조사 결과가 나왔다고 합니다.

● 동성애자에 대한 성폭력은 남자답지 못함에 대한 처벌적 의미가 강하다고 하는데요. 레즈비언을 강간할 때 '쟤는 아직 남자 맛을 못 봐서 그래' 하는 응징의 논리와 흡사한 면이 있죠. 2004년 인권위의 《군대 내 성폭력 실태 조사》 결과를 살펴보면, 설문 응답자 중, 피해 경험이 있는 사람이 전체의 15.4퍼센트이고 가해 경험이 있는 사람이 7.2퍼센트예요. 호모포비아라는 말 자체가 두려움인 거잖아요. 잘 모르니까 저 사람들이 나를 공격하지 않을까, 나를 좋아해서 덮치지

않을까, 하는 두려움이 있는 것 같습니다. 이런 두려움이나 혐오감은 어디에서 기인한다고 생각하십니까?

욜 많은 사람이 여전히 동성애자들과 함께 군대에서나 밖에서나 충분히 공존할 수 있다는 사실을 인식하지 못하기 때문이라고 생각해요. 우리 사회는 남성 중심적이고, 이성애자 중심으로 돌아가잖아요. 장애인, 비장애인으로 볼 때는 비장애인 위주로 돌아가는 사회고. 한쪽에 정상이라는 범주가 있다 보니까 거기서 벗어난 것들에 대해서 두려움을 품게 되는 것 같습니다. 군대 안에서도 마찬가지고요.

잘 몰라서 생기는 불안감은 잘 알려 줌으로써 해결될 수 있다고 생각해요. 호모포비아들에게 그들의 논리가 비논리적이고 전혀 설득력이 없다는 사실을 말해 줘야 한다는 거죠. 그게 동성애자들 몫이고, 다른 사람들도 충분히 그런 역할을 할 수 있다고 생각합니다. 민수는 참 복이 없는 게 지휘관 중에 개인적인 차원에서라도 고민하고 노력하는 사람이 있었다면 그렇게까지 되지는 않았을 것 같거든요. 동성애자 단체를 찾거나 그곳에 전화를 해서 '모르는데 도움을 달라'고 먼저 요청해 오는 지휘관들도 있어요. 자기한테 커밍아웃하고 상담을 요청했는데, 자기는 잘 모르니까.

상담해 주고 함께 방법 찾기

● 그들 표현대로 가족이고, '군대 가정'이라면 그런 노력을 당연히 해

야 되는 거 아닌가 싶어요. 자기 자식이나 동생이 그렇다는데 관심을 가지는 게 당연하잖아요. (웃음) 자식하고 대화도 해 보고, 밖에 가서 우리 애가 이런데 어떻게 할까요, 물어도 보고 해야 될 텐데. 가정이 라고 하면서 필요한 자식만 챙기고 나머지는 내치는 것 같습니다. 동성애자 사병이 있을 때 지휘관들이 어떤 조치를 취해야 문제를 해결할 수 있을까요?

욜 물론 해결까지는 힘들겠죠. 그러나 군에서 성소수자 인권 침해가 일어났을 때 지원받고, 상담할 수 있는 곳이 필요하다고 봐요. 쉽게 말해, 민수를 통해서 만났던 이영문 교수님, 진범수 선생님 같은 정신과 의사들, 한국성폭력상담소·동인련이나 친구사이 이런 단체 사람들이 모여서 지원해 주고, 바로바로 연결해 주면 좋겠다는 거죠. 국방부도 도움이 필요하면 우리에게 연락하라는 거고요.

　민수 일이 터졌을 때 우리가 처음 한 게 지휘관들이 읽으면 좋을 지침을 만드는 거였어요. 그 전제는 그 사람들이 잘 모르니까, 한번이라도 읽어 보고 찾아보라는 거였죠. 그런데 군 인권과가 협조하지 않아서 배포하는 데 어려움을 겪었습니다. 지침 내용을 설명 드리면, 첫 번째는 최우선적으로 비밀을 보장하라는 거였죠. 관계를 돈독히 쌓아 가면 군대 안에서도 충분히 비밀 보장이 가능하다고 생각하거든요. 그런 신뢰가 깨지는 순간 내 정보를 이 사람이 알고 있지 않을까, 저 사람이 알고 있지 않을까 하는 의심이 들고, 그 때문에 고립감에 빠져 외로워하고, 혼자라는 생각을 갖게 될 수밖에 없습니다. 그렇기 때문에 비밀 보장에 대한 약속을 지키는 것이 지휘관으로서뿐만 아니라 인간으로서 예의라고 생각해요.

다음에는 상담을 의뢰한 사병이 원하는 것이 뭔지 같이 찾아가야 한다는 겁니다. 예를 들어 민수는 생활하면서 불편한 점을 얘기했는데, 민수 지휘관이 취했던 방법은 '그러면 너는 혼자 들어가서 샤워해, 이 사람들과 같이 하지 말고, 따로 와서 게이로서 삶을 살아'였거든요. 그러면 사람들이 민수를 의심할 수밖에 없는 거죠. 민수가 그 상황을 사람들이 의심하지 않게 나름 잘 대응해 가서 그나마 티가 덜 났다고 봐요. 내가 지휘관이기 때문에 다 찾아 줘야 된다는 게 아니라 같이 고민하면서 찾아 나가자는 거죠.

민 맞아요. 그게 중요하죠.

율 가려운 곳이 어딘지, 고민하는 점이 뭔지 얘기를 나누어 보고 함께 해결 방법을 찾아 나가는 게 중요하죠. 전역 문제만 해도 단지 동성애자라는 이유로 제대할 수 없는 것이 엄연한 군대 현실인데요. 이 사람들을 어떻게 처리는 해야겠는데, 방법이 없으니까 병원에 보내는 거죠. 그런데 요즘 정신과 의사들은 동성애는 병이 아니라고 하고, 약 같은 것도 없어요. 결과적으로 병원으로 가도 해결이 안 되는 거예요. 그 과정에서 이미 다른 사람들이 다 알아 버리고요. 지휘관들이 외부를 무서워하지 않았으면 좋겠어요. 상담기관이라든가 동성애 관련 인권단체라든가 이런 사람들을 무서워하지 말고 적극적으로 연락해서 정보도 얻고 그랬으면 좋겠어요. 자기가 상대방을 알아야 상대에 대한 편견 등을 덜 수 있잖아요. 또 능동적으로 대처하는 것이 본인을 위해서도 좋을 거고요. 본인 책임만이 아니라 어떻게 보면 모두의 책임이라, 이 문제를 가장 슬기롭게 해결하기 위해서 많은 사람이 머리를 맞댔으면 좋겠어요. 민수 사건의 경우 커밍아웃을 한 것이 사건의 발단이라고 얘기하지만, 오히려 커밍아웃 이후에 제대로 대처하지 못했던 사람들 태도가 발단이었다고 생각하거든요. 지휘관들이 정보도 많이 알아야 되고, 교육도 받아야 되고, 이런 게 복합적으로 이루어지면 좋겠어요.

민 맞아요. 훌륭하십니다. (웃음)

● 보통 내공이 아니네요. (웃음) 군 당국자들은 전투력이 떨어질까 봐 두려워하는 것 같은데요.

욜 동성애자들도 총 잘 쏴요. (웃음)

● 영국, 캐나다, 호주, 이스라엘에서 군 전문가 6백여 명과 광범위한 인터뷰를 한 결과 동성애자의 군 복무가 전투력에 어떠한 영향도 주지 않았다는 연구 결과가 나왔다고 하던데요. 이런 자료들이 있으니까 한번 생각해 봐라, 같이 얘기해 보자고 해야 될 것 같습니다.

욜 그런 정보들도 알려야죠. 국방부 인권과 사람들 만났을 때 보니까 동성애가 군 전투력, 군 기강에 영향을 미치지 않는다는 참고 자료들을 번역해서 다 가지고 있더라고요. 라디오 토론 때 이런 얘기를 정연주 교수에게 했더니, '왜 자꾸 해외 얘기를 한국에 들이미느냐'로 마무리하시더라고요. (웃음) 자기네들이 연구하고, 대책을 만들어야겠다는 생각 자체가 없기 때문에 92조항에나 목매다는 거죠. 현실에서 지휘관들이 궁금해하고, 사병들이 어려워하는 점이 뭔지에 대해서는 외면하고요.

● 군대 특성상 저 사람들이 나에 대해 얼마만큼 알고 어떤 정보를 공유하고 있지 않을까 하는 두려움이 클 텐데요. 그렇기 때문에 '이러이러한 얘기를 너로부터 들었고, 이런 얘기가 어느 선까지 공유될 것이다'는 점을 명확하게 알려 주면 좋을 것 같습니다. 특히 동성애자들의 경우 아웃팅에 대한 두려움을 해소해 줘야 할 텐데요. 그런데 현재 군대 관행으로 보면 커밍아웃이 아웃팅으로 이어질 가능성이 높잖아요.

욜   어느 선까지 공유될 것인지 아마 본인들도 잘 모를 것 같은데요. 군대에서 비밀 보장이라는 것이 허용되는 범위가 어디까지인지 모르겠지만, 지휘관 정도라면 누가 누가 알고 있는 정도로 하겠다고 얘기해 주는 것도 필요할 것 같습니다. 지휘관 내에서도 더 확대될 필요가 없다는 생각이 들고요. 대대장까지 보고된다고 해서 문제가 잘 해결되는 건 아니잖아요. 사건화되어 위험해지기만 할 수도 있고요. 사병이 처음과 달리 치료나 치유가 필요한 상태에까지 이르렀다면야 모르겠지만, 잘 생활하고 있는 친구라면 오히려 사건으로 만들어서 문제만 더 커질 수도 있으니까요.

민   문제가 되면 해결 방법은 아주 단순하잖아요. 게이라고 하면

병원 보내, 사람 하나 붙여, 이런 식으로 끝나죠. 욜 형이 얘기했던 것처럼 비밀 보장이랑 상담이 필요하다고 생각해요. 보편적인 군생활을 하지 않아서 잘 모르겠지만요.

욜 맞아. 지휘관의 개인적인 사명과 소명에 달려 있는 거지.

민 너무 힘든데 비밀이 보장된다고 해서 그 사람에게 털어놓고, 함께 방법을 찾다 보면 그 과정에서 마음이 다소나마 치유될 거고, 비밀이 새어 나갔을 때조차 다시 그 사람을 찾아가서 또 얘기를 할 수 있다면 '병원 보내, 감시 하나 붙여' 식으로 처리되는 일은 없으리라고 생각해요. 저는 혼자였잖아요. 사진 누가 봤다더라는 얘기를 들었을 때 담당관이 와서 "너 군대에서 섹스했어? 안 했는데 부끄러울 게 뭐야" 이런 식으로 반응하니까요. 욜 형이 얘기한 게 정말 중요해요.

욜 '군대에서 섹스했어?', 정말 명언들이 난무하네요. (웃음) 그렇게 보면 저는 생각 있는 좋은 지휘관들을 만났던 것 같아요. 부침이 있었지만, 또래 사병들이나 지휘관들로 인한 스트레스는 없었거든요. 비밀 보장이 충분하지는 않았지만, 지휘관이 잘 조율해주었고, 상담 내지 상의도 할 수 있어서 전역 때까지 큰 문제는 없었어요. 내일 반드시 제대해야겠다고 마음먹었다면, 군대 안에서 부적합 심사를 거치는 등 여러 절차를 까다롭게 거쳐야 되니까 거기에 따른 문제가 있겠지만, 그렇지 않다면 사건이 되지 않도록 미리 막을 수 있고, 국방부가 질책당할 수 있는 불필요한 여러 일도 사전에 예방할 수 있다고 생각합니다.

● 성소수자들은 주변에 커밍아웃하면서 자긍심을 회복하는 경우가 많잖습니까? 그런데 군대라는 폐쇄적인 조직 특성상 커밍아웃이 훨씬 어려울 것 같거든요. 그런데 같이 훈련받으면서 전우애까지는 아니더라도 뭔가 끈끈한 것이 생기잖아요. 그게 착각일지라도요. 그때 털어놓고 얘기했다가 안 좋은 상황에 빠질 수도 있을 것 같은데요.

민　제 친구 중에는 상병 때쯤 커밍아웃을 해서 사병들끼리만 알고 잘 지낸 친구도 있어요. 너무 힘들어한 친구도 있고요. 저도 물론 그랬고요. 상대가 어떤 사람이냐에 따라서 커밍아웃도 할 수 있는 거 같아요. 호모포비아적인 성향을 가진 사람은 어렵겠지만, 잘 몰라 오해해서 두려워하는 사람들도 있잖아요. 이런 사람들한테는 오해하는 부분만 시원하게 긁어 주면 될 것 같은데, 개인적으론 그렇게 추천하고 싶진 않아요. 동지로서 기댈 수 있는 사람이라는 확신이 든다면 모를까.

● '이 사람이 이해해 주지 못할지도 모르지만 이 사람한테만은 이해받고 싶어, 그래도 이해 안 해 주면 어떻게 하지, 아냐 해 줄 거야' 이렇게 많은 고민 끝에 커밍아웃을 했는데 서먹서먹해지면…….

민　그때부터 의심과 불안이 시작되겠죠.

욜　군대 안에서 2년이라는 시간 동안 거의 같은 사람들과 생활하잖아요. 동성애자라고 해서 끈끈한 우정 이런 걸 못 나누겠어요? 자기와 맞는 사람들이 그 공간에 존재하면 생활해 가면서 그런 관계를 충분히 만들어 갈 수 있죠. 그렇기 때문에 자기가 위로받거나 기댈 수 있는 선임이 될 수도 있고, 후임들한테 커밍아웃할 수도 있는 거고요. 하지만 그렇게 되기까지 검증 단계가 있고, 그것을 거쳐 성공했을 때는 그 사람에게 커밍아웃은 굉장히 큰 의미인 거죠. 민수 같은 경우는 개인적인 차원이 아니라 뭔가를 작성하다가 그렇게 된 거잖아요. 그러다 보니 본인도, 상대방도 준비가 안 된 상태라 만신창이가 된 거죠. 그런데 대부분 민수처럼 행정적인 절차를 거치다가 일이 잘못 꼬여 커밍아웃하게 되는 것 같아요.

● 동성애 혐오이기도 하겠지만, 남성 커뮤니티에 낯선 사람(동성애자)이 들어오는 것에 대한 두려움이 아닐까 싶기도 한데요. 남자들끼리는 유치하게 우정을 확인하는 과정들이 있잖아요. 대한민국 남성들에게 군대는 대체로 트라우마를 남길 텐데요. 좋아하는 사람이 거의 없잖아요. 갔다 왔으니까 얘기하는 거지.

율 그런데 왜 그렇게 자랑을 하지? (웃음)

● 또 갈 일이 없으니까. (웃음) 또 가야 된다면 얘기가 달라지겠죠? 어쨌든 성소수자들의 경우 군대의 의미가 훨씬 더 클 것 같아요.

민 그냥 처음에는 막연했죠. 정말 아무 정보 없이 갔어요. 게이고, 군대고를 떠나서 그냥 갔는데요. 군대 가서 느낀 것은 제가 정말 두려워했어야 하는 것이 남성성을 강요받는 분위기라고 해야 될까요? 제가 여성성이 좀 있는 편인데, 거기 가니까 사회에 있을 때보다 더 여성성이 살아나더라고요. 억압을 받으면 받을수록 더 살아나는 거예요. 점호할 때 구호 세 번, 함성 발사, 하잖아요. 그게 너무 싫은 거예요. 남자들끼리 있으면 여성 비하하는 말을 많이 하잖아요. 그런 말이 사회에 있을 때는 거슬리는 정도였는데, 거기서는 억압받던 여성성이 최고로 상승해서 그런 표현 하나하나가 너무 싫더라고요.

지금도 그런 표현에 예민하게 반응하게 되는데, 이런 것도 동성애자들한테 어려운 부분이지 않을까 싶습니다. 남자다운 게이도 있지만, 그렇지 않은 게이들도 많거든요. 저만 해도 여자 친구가 더 많고요. 남자들은 여자 벗고 있는 잡지 보는데 저는 화장품, 백, 이런 거 나오는 잡지가 보고 싶고 그렇거든요. 그런 것부터 해서, 축구하러 가자는 것도 전 너무 싫었어요. 자대에 일주일 있었는데, 축구 하자는 얘기를 매일 들었던 것 같아요.

● 군대를 다시 생각하고 싶지 않은 공간으로 보거나, 로맨스와 성적 판타지가 존재하는 공간으로 보는 이중적인 반응이 있다고 하던데요. 가기 전에는 판타지를 느낄 수도 있잖아요. 어릴 때 남자애들이 여자 목욕탕에 들어가고 싶어하는데, 막상 들어가면 민망해서 못 있거든요. 여자들만 있는데, 나 혼자 벌거벗고 들어가면 난감해지잖아요. 판타지로 느끼는 것과 현실은 분명히 다를 텐데요. 게이 커뮤니티 같은 곳에서 '나는 군대 있을 때 좋았다'고 올린 글이 환상을 심어 주는 면

도 있는 것 같습니다.

욜 　마치 군대에 가면 애인을 만나고, 섹스를 할 수 있을 것 같은 판타지. 사병을 기준으로 보면 군대라는 공간 자체가 남성만 있는 곳이고, 그들만의 친밀감과 문화를 보면 충분히 성적인 경험이나 농담 이런 것이 가능한 구조잖아요. 이 때문에 다시 군대에 가고 싶지 않으면서도 한편으로는 군대 얘기로 자신을 포장하는 이성애자들처럼 동성애자들도 그런다는 거죠. 군대라는 공간을 '내가 남자 몇 명이랑 섹스했는 줄 알아'라는 식으로 결국 자기 입맛에 맞게 포장하고, 그곳에서 운명적인 사랑을 만났다고 떠벌리는데, 군대라는 공간이 과연 그런가요. 그렇지 않다는 걸 지적해 주고 싶은 거죠.

● 욜 님이 말한 판타지를 군대에서 경험한 것이 설령 사실이라고 해도 그건 운이 무척 좋았던 거라고 봐야겠군요.

욜 　로또 맞은 거죠. 혹시 생길 운을 생각하기에는 군대가 그렇게 호락호락한 공간은 아닌 것 같아요. (웃음)

● 친구사이 회원인 오가람 씨 글을 보면, '군대 내 성소수자들이 어려움을 겪게 되는 것은 성소수자에 대한 무지와 편견뿐만이 아니라 군대 자체의 폭력성과 열악한 환경 등 일반적으로 낮은 군대의 인권 상황 때문'이라고 하면서, 이들의 인권 확보를 위해 접근하는 방법을 제시했는데요.

욜 '군 인권'은 잘 모르겠어요. 잘 모르지만, 군대 문화, 잘못된 정책과 제도 때문에 누군가가 피해를 입는 상황이 벌어진다면 반드시 개선되어야죠. 군대든 그 밖이든 많은 사람이 성소수자 존재 자체에 대해 인식을 못하고, 늘 사건으로 터져야 '이런 문제가 있었어'라는 반응을 보여요. 이런 상황이 안타깝지만, 더 많이 사례화하고, 정리해서 민수가 겪은 일이 재발되지 않도록 해야죠. 그러자면 군대 문화가 바뀌어야 합니다. 평등해져야 되고, 여성계에서 요구하는 군대 내의 성평등교육도 이루어져야 하고요.

운동의 걸림돌은 군대 자체

● 이전의 안 좋은 기억 때문에 군 문제에 대해서는 멀리하고 싶을 수도 있잖아요. 이런 운동에 계속 참여하는 이유가 있으세요?

민　운동까지는 아니고요. (웃음) 관심이 많이 생겼어요. 많이 아파 보니까 다른 사람 아픈 것에도 잘 반응을 하게 되고요. 저 힘들 때 많은 사람이 도와줬거든요. 이래저래 여러 단체를 찾고, 그 단체들 통해서 또 다른 것들을 보고 하면서 얻은 거라면 아팠던 만큼 관심 폭이 넓고 깊어졌다는 거죠. 여건이 안 돼서 도움은 많이 못 주지만요.

● 군 관련된 동성애운동을 하면서 가장 큰 걸림돌이 무엇이라고 생각하시나요?

율   군대 자체가 걸림돌인 것 같아요. (웃음) 일단은 소통이 되었으면 좋겠어요. 우리가 아무리 필요하다고 얘기해도 상대가 반응하지 않으면 공허하잖아요. 그렇다고 우리가 사건을 기다릴 순 없는 거고요. 사전에 예방적인 차원에서라도 국방부가 사건들을 다시 한번 곱씹어 보고, (밖 사람들의) 필요성을 알고 의식했으면 좋겠습니다. '아, 이 사람들과 만나서 이런 문제를 해결할 방법을 찾아봐야겠다, 공부를 해 봐야겠다'고 생각하면 좋겠는데, 이런 생각을 전혀 가지고 있지 않으니까 국방부 자체가 문제인 거죠. 소통 통로를 만들면 더 나은 방법과 대안들을 찾을 수 있을 것 같은데요. 우리로서는 국방부의 현실적인 한계도 많이 알 수 있을 것 같고요.

군대 자체가 사회적으로 보수적인 조직이기도 하지만, '군대에서 동성애가 허용되어야 하느냐'는 식으로 군에서 분위기를 몰아가는 것도 큰 걸림돌이죠. 그 과정에서 동성애자들에 대한 숱한 거짓 정보를 퍼뜨리잖아요. 그런데 그게 진실처럼 포장되고, 거기에 국방부가 동조하고.

● **입대를 앞두고 불안해하는 분이 많을 텐데요. 성소수자 분들에게 조언하고 싶은 말이 있다면요?**

민   저는 정말 아무 준비 없이 갔어요. 이런 인권단체가 있는지도 몰랐어요. 게이인데도 동인련, 친구사이 같은 성소수자 인권단체를 여전히 모르는 분이 많을 거예요. 군대 가기 전에 군대란 어떤 곳이고, 내가 곤란한 일이 생겼을 때 어떻게 도움을 요청할 수 있는지 등등에 관한 자료를 많이 찾아보고 가면 좋겠어요. 동인련, 친구사이 같은 곳에 가서 상담도 해 보고요. 군인권센터라고, 병역 거부한 임태훈 씨가 계신 곳인데, 여기서도 상담을 받을 수 있으니까, 찾아가 봐도 좋을 거예요.

● **마지막으로 하고 싶은 말은 없으신가요?**

민 글쎄요. 다 한 것 같은데요. 군대에서는 사생활 자체가 보호가 안 되니까 무언가 드러났을 때 눈 가리고 아웅 하는 식으로 일을 처리하더군요. 제가 쓴 것이 다 돌려지고요. 만약 내가 커밍아웃을 안 했다면 하고 생각해 보지만, 욜 형 말을 듣고 보니 제가 만난 담당관이 감수성이 있는 사람이었으면 어땠을까, 내 자료들을 혼자 잘 보관해 주고 나와 지속적으로 대화하면서 방법을 찾아 주고 그랬다면, 이런 생각이 드네요.

욜 그런 감수성을 가진 사람이라면 사진이나 그런 자료들을 요청조차 안 했겠지. 제대하려고 생활하면서 불편한 점을 말한 게 아닌데, 전역하지 않으면 안 될 불가피한 상황까지 만든 게 개인의 문제일까, 커밍아웃했기 때문에 생긴 문제일까, 처리 방식이 문제였던 걸까. 저는 후자라고 생각해요. 많은 게이가 이런 상황에 놓이면 개인의 문제라고 생각해요. 참 안타깝죠. 그런 생각도 많이 바꿀 필요가 있는 것 같습니다.

● **지금 정권은 모두 개인의 문제로 만들잖아요. 욜 님도 정리 발언**

해 주세요.

욜 다시 기억하고 싶지 않은 일을 경험한 동성애자들이 단체를
다시 찾는 경우는 없어요. 민수가 예외였어요. 그런 경험을 되씹
으면서 무엇이 좀 변해야 된다고 깨닫는 과정을 지켜보는 게 많이
슬펐습니다. 그래서 민수한테 인터뷰 제안하는 게 가장 힘들었어
요. 몇 년 안 된 사건이지만 그때의 상처, 트라우마를 다시 더듬고
끄집어내게 해야 되니까요. 그러면서도 한편으로는 민수가 꼭 해
줬으면 좋겠다고 생각했어요. 이 얘기가 당시에 아주 많이 회자되
었지만, 해결된 건 하나 없이 잊혀진 사건이거든요. 그 내용이 책
에 담기고, 다시 한번 회자가 되어야지, 또 다른 군대 안의 누군가
가 이런 안타까운 일을 겪지 않게 될 것 같았습니다.

민수한테 다시 한번 너무 고맙고요. 군대라는 것이 워낙 폐쇄
적이라, 그 안에 존재하는 많은 동성애자가 숨죽인 채 자기를 학
대하면서 생활하고 있을 텐데, 그들이 자기 자존감을 해치지 않으
면서 생활할 수 있게 정책과 대안들을 만들어 갈 시점들을 잘 잡
아 나갔으면 좋겠다는 생각이 듭니다. 운동을 하는 사람으로서.

더 약한 군대를 위하여

책이 나온 2011년 이후 여섯 해가 지나는 동안 성소수자를 둘러싼 한국의 상황은 급변했다. 보수 정권의 비호를 받으며 급성장한 극우 세력은 소수자 혐오를 그들의 조직화 전략으로 사용했고, 성소수자 혐오는 그중에서도 핵심 축이었다. 군대 내 동성애는 에이즈, 청소년 성소수자와 함께 혐오 선동의 주요 전략으로 선택되었다. 뿌리 깊은 안보 프레임은 "종북 게이", "동성애자는 더러운 좌파" 같은 말의 등장과 함께 성소수자를 "군 기강을 무너트리고 안보를 위협하는 자들"로 몰아세웠다.

2016년 7월, 헌법재판소는 동성애 처벌법인 군형법 제92조의6에 대해 2002년, 2011년에 이어 세 번째로 합헌 판결을 내렸다. 동성애는 여전히 "객관적으로 일반인에게 혐오감을 일으키게 하고 선량한 성적 도덕관념에 반하는" 행위였다. "군의 특수성과 전투력 보전"은 다시 한 번 차별을 정당화하는 근거가 되었다.[*]

2016년 겨울에는 군형법 제92조의6 폐지를 위한 1만인 입법청원운동이 진행됐다. 광범위한 시민사회 운동과 진보

---

[*] 헌재 2016. 7. 28. 2012헌바258, 판례집 28-2상, 1 [합헌].

정당의 지지를 받으며 1만 명이 넘는 시민의 서명을 받았다. 당시까지 성소수자 운동에서 진행한 서명 운동 중 가장 많은 사람이 참여한 운동이었다.

2017년 4월에는 육군참모총장이 동성애자 군인을 색출해 형사처벌하라는 지시를 내렸고, 이에 육군중앙수사단 사이버수사팀이 복무 중인 동성애자 군인 수십 명을 표적하여 집중 색출하고 강압 조사를 벌이고 있다는 사실이 군인권센터를 통해 폭로됐다. 성소수자 운동은 '나도 잡아가라'라는 슬로건을 걸고, 색출된 동성애자 군인 'A대위'의 석방과 장준규 육군참모총장 처벌, 색출의 근거가 된 군형법 제92조의6 폐지를 요구하며 국방부 앞에서 매주 집회를 열었다.

이런 가운데, 사회적 관심이 높아지면서 대선후보 TV토론에서도 '군대 내 동성애'가 다뤄졌다. 유력 대선후보였던 더불어민주당 문재인은 동성애가 군 전력을 약화시키며, 자신은 동성애에 반대한다고 말했다. 분노한 성소수자들은 문재인 후보를 찾아가 무지개깃발을 펼쳐 들고 항의했다. 육군 동성애자 군인 색출 사건과 문재인에 대한 항의 시위로 성소수자 이슈는 대선 쟁점으로 다뤄지기 시작했다. 정의당 심상정 후보는 성소수자와 여성에 대한 적극적인 지지를 표명하고, 차별금지법 제정과 군형법 제92조의6 폐지 등 성소수자 이슈를 당론으로 정하기도 했다. 한편, 전례 없는 육군의 동성애자 군인 색출 사건의 충격은 오히려 성소수자 운동을 결집시키는 계기가 됐다. 현재 70명이 넘는 변호인단이 군형법 제92조의6 위헌 소송을 다시 준비하고 있다.

군형법 제92조의6 폐지 캠페인을 진행하면서 행성인은 평화운동 단체인 '전쟁없는세상'의 활동가와 함께 군대에 대해 이야기하는 모임을 가졌다. 성소수자 인권단체로서 군대에 대해 더 많은 이야기를 해야 한다는 문제의식에서였다. 군형법에서 동성애 처벌법이 사라지면 군대에 가야 하는 것인지, 우리 사회에 뿌리 깊게 퍼져 있는 군사주의와 군대 문화는 어떻게 볼 것인지, 일상의 위협 속에서 살아가는 여성의 평화와 남성의 평화는 어떻게 다른지, '혐오의 시대'에 군대로 표상되는 남성연대와 가부장제에 어떻게 저항할 것인지…. 급변하는 정치 지형에서 운동은 법 제도 변화로만 수렴되기 쉽다. 하지만 더 넓은 시야로 구조적 문제를 드러내고 저항을 조직하는 것이 중요하다. 행성인의 남은 과제다.

　　　　　　　　　　　– 김수환(행동하는성소수자인권연대 운영위원)

세계 동성애운동, 결정적 장면

성소수자를 상징하는 무지개 깃발. 샌프란시스코에 살던 길버트 베이커라는 화가가 그 지역 동성애운동 활동가 요청으로 1978년 처음
디자인했다. 게이 사회의 다양성을 표현하고자 8색(분홍, 빨강, 주황, 노랑, 녹색, 파랑, 남색, 보라)으로 제작했으며, 8색은 각각 섹슈얼리
티·삶·치유·태양·자연·예술·조화·영혼을 상징한다. 당시에는 분홍색이 상업적으로 시판되지 않아 분홍을 뺀 7색으로만 제작되었다.
1978년 11월 샌프란시스코에서 커밍아웃을 하고 시의원에 나가 당선된 하비 밀크가 저격, 살해당하는 사건이 벌어진다. 이 일로 1979년,
게이·레즈비언 들이 퍼레이드를 벌이며 항의한다. 이때 길 양쪽으로 3색씩 나누어 들고 행진했는데, 이 과정에서 남색이 빠지면서 지금
의 6색으로 굳어졌다.

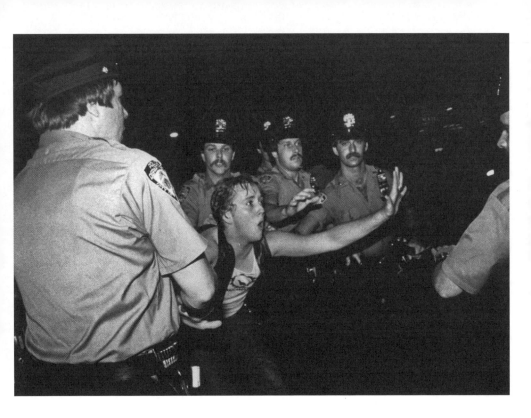

스톤월 항쟁. 1969년 6월 27일 뉴욕의 게이바 '스톤월 인Stonewall Inn'을 단속한 경찰에 동성애자들과 트랜스젠더들이 저항하면서 미국 전역으로 동성애운동이 확산되었다.

미국 최초의 게이 정치인 하비 밀크. 1977년 커밍아웃한 후 시의회 의원에 나가 당선되었다. 이후 1978년 11월 동료 시의원 댄 화이트에 의해 저격, 살해당할 때까지 동성애자 권리를 지키기 위해 노력했다. 2008년에 하비 밀크 일대기를 다룬 영화 《밀크》(사진 3)가 개봉된 바 있다. 2009년 버락 오바마 대통령은 하비 밀크에게 미국 최고의 훈장인 '대통령 자유메달'을 추서했다.

1, 2_ 2008년 동성결혼을 금지한 캘리포니아의 '주민발의안 8'의 철회를 요구하는 시위. 미국에서는 현재 워싱턴 D.C.를 비롯해 뉴햄프셔, 매사추세츠, 코네티컷, 버몬트, 아이오와 5개 주에서 동성결혼을 허용하고 있다.

3_ 2010년 5월 17일 포르투갈의 카바쿠 실바 대통령이 동성결혼 합법화 법안에 서명함으로써, 포르투갈은 벨기에·네덜란드·스페인·스웨덴·노르웨이에 이어 유럽에서 동성결혼을 합법화한 6번째 나라가 되었다. 그러나 결혼만 허용하고, 입양은 허용하지 않았다.

4장

—

동성애가 성장통이라고요?

★ 인터뷰이 김우주

2007년에 성소수자 커뮤니티 동인련이 있다는 걸 알았고, 2009년부터 활동을 시작했다. 처음에는 그저 사람 만나는 것이 좋아서 각종 프로그램에 참여하다가 점차 인권에 관심을 갖게 되었다. 2010년 6월 고등학교를 그만둔 후 반년간 동인련 '청소년 자긍심팀' 팀장을 맡았다. 이해 12월 27일 공군으로 입대해 현재 군 복무 중이다.

윤준석

평범한 고등학생이다. 교과서보다 책을 더 좋아하고, 컴퓨터 게임을 즐기고, 먹는 것만 봐도 기분이 좋아진다. 수업 시간에 떠들어서 혼나기도 하고, 가끔은 땡땡이도 치고, 꾀병을 부려 보건실에서 시간을 때우기도 한다. 보통 학생들처럼 두근거리는 연애도 하고, 아침마다 거울이 비친 여드름을 보며 속상해한다. 그런데도 '틀린' 게 아니라 '다른' 게 있다면 나는 남학생을 사랑하는 남학생이라는 것이다.

2009년에 이반을 짝사랑하는 고민 때문에 청소년 성소수자 커뮤니티 라틴 Rateen에 가입했다. 고 육우당 군과 오세인 양의 추모 캠페인에서 동인련을 처음 알았고, 동인련에서 벌인 '청소년 성소수자 무지개 봄꽃을 피우다'는 캠페인을 통해 활동을 시작했다. 처음에는 게이라는 사실을 숨기지 않고 친구들과 어울려 놀 수 있다는 것이 그저 좋았다. 그러다 성소수자로서 많은 사람을 만나고, 직접 차별을 겪으면서 인권에 눈을 떴다. 2009년부터 지금까지 동인련 '청소년 자긍심팀'에서 활동하며, 무지개학교 놀토반, 인터뷰 프로젝트 등을 진행한다.

* 김우주와 인터뷰하는 자리에 동인련에서 같이 활동하는 윤준석이 함께했다.

● 자퇴한 것이 아웃팅하고 관련 있는 건가요?

김우주(이하 김) 꼭 그것 때문이라고는 할 수 없는데요. 선생님과도 마찰이 있었고, 친구들하고도 그랬고, 성적 문제도 있었고. 여러 이유로 결심하게 된 거죠.

● 군대도 빨리 가기로 결정한 것 같던데요. 며칠 안 남았네요(인터뷰 이후 12월에 입대).

김 자퇴를 결심했을 때 아버지랑 얘기를 나눴거든요. 자퇴할 거면 군대 가라고 하셔서 그러겠다고 했어요.

● 처음에 성정체성을 알게 됐을 때 부모님 반응은 어땠나요?

김 어머니께서는 강하게 거부하셨어요. 저한테 욕도 하시고, 하루 종일 우시고. 아버지는 오히려 받아 주셨어요.

● 아버님은 개방적이신 분인가요? 정치적으로 따지면 진보적이고. (웃음)

김 그건 아닌데, 아들 일이라서 그런 것 같아요. (웃음)

● 다른 집안의 경우 어머니는 울면서도 받아들이고, 아버지는 끝까지 인정하지 않는 경우가 많은 것 같은데요.

김 저희 집은 반대예요. 지금도 제가 신문에 인터뷰라도 하면 어머니는 그걸 귀신같이 아시고 찾아보신 후 전화를 주세요. 막상 같이 살고 있는 아버지는 모르는데, 부산에 계시는 어머니는 뭘 하는지 다 아시는 거예요.

● 어머니는 고향에 계시고, 아버님하고 따로 올라와서 사시는 거예요?

김 어머니와 같이 살다가 서울 올라오면서 아버지랑 같이 살게 됐어요.

● 성정체성을 알게 됐을 때 학교에서는 어떤 반응이었나요?

김 중학교 때는 친구들이 장난으로 받아들여서 그냥 넘어갔고,

남녀 공학 고등학교에 다닐 때도 애들이 잘 받아 줬던 것 같아요. 고등학교 1학년 2학기 때 서울로 전학 왔는데 남학교로 오니까 생각보다 편견이 심하더라고요. 2학년 때 커밍아웃을 하면서 작년(2009년) 1월 1일에 블로그를 전체공개로 개방했거든요. 그런데 6월 8일인가 그쯤에 누가 봤는지는 모르겠는데, 블로그가 노출이 돼서 제가 동성애자라는 사실이 학교 전체로 퍼진 거예요. 옆 반 친구가 와서 더럽다고 얼굴에 침 뱉고, 선생님도 아시고는 상담하자고 하시고. 그래서 블로그를 '이웃공개'로 바꿔 놓았어요. 몇 달 지나니까 같은 반 친구들하고는 괜찮아졌어요. 별로 다르지 않다는 것을 알았으니까.

그런데 다른 반 친구들은 계속 쉬는 시간마다 와서 쓸데없는 질문을 하고 그랬죠. 고 3 올라가서 반을 배정받았는데 장난기 많은 애들이 다 몰린 반이었어요. 처음에는 애들이 장난을 거는 수준이었는데 슬슬 물리적인 힘을 가하더라고요. 체육시간에 저한테만 일부러 공을 찬다거나 그러기도 했고요.

● 어떻게 보면 동성애 혐오 개념보다도 자기랑 다르거나 약한 사람을 따돌리는 문화였을 수도 있겠네요. 군대에서, 평소에 생각하지 못했던 사람이 자기들 세계에 들어오면 경계하고 공격하는 거랑 비슷한 것 같아요.

김 일종의 거부 반응이죠.

● 선생님들은 그걸 알고 어떻게 하시던가요? 조치를 취해 준다든가

상담을 하려고 해도 매뉴얼이 없잖아요.

김　생소해하죠. 모든 선생님이 이 아이를 어떻게 해야 할까 그랬을 것 같아요. 선생님들이 좀 알았으면 좋겠는데. 학교에 (동성애자가) 저만 있는 건 아니잖아요. 다른 애들은 다 숨어 있으니까 학교에 저만 있는 줄 아시죠.

● 성정체성에 대한 고민은 언제부터 한 거예요?

김　제가 동성애자라고 확신한 것은 중학교 1학년 때였고, 남자를 좋아한다고 생각한 것은 초등학교 때였어요.

● 집에서는 눈치를 못 챘나요?

김　중학교 때 (게이들이 나오는) 야한 영상을 보다가 엄마한테 걸려서 눈치를 채셨죠.

● 동인련 활동을 하게 된 계기는 뭔가요?

김　중학교 3학년 때부터 친했던 친구가 있어요. 온라인으로 친했는데, 그 친구가 작년 초에 '무지개학교 놀토반'이라고 동인련에서 하는 청소년 대상 프로그램에 같이 가자고 하더라고요. 저는 아무것도 모르고 따라갔는데, 프로그램이 괜찮고, 단체가 좋아져서 그 후로 계속 활동하게 됐죠.

● 학교 그만둔 것에 대해서는 두렵거나 후회된 적은 없나요?

김　후회해 본 적은 없어요. 오히려 자퇴를 잘했다는 생각은 했지만요.

● 미래에 직업 택할 거 생각하면 불안할 수도 있잖아요.

김　오히려 그런 면에서 자퇴를 잘했다고 생각했어요. 학교를 다녔다면 대충 성적 맞춰서 대학 가고, 대충 해서 회사 들어가고, 그런 코스를 밟았을 거 같아요. 그런데 자퇴하면서 시야가 넓어져 여러 일에 도전을 해 보고 싶어졌어요.

윤준석(이하 윤)　이 친구는 공부도 잘했어요. 늦어서 죄송합니다. 하교 시간이 늦어져서요.

● 뭐, 학교는 마치고 와야 되니까요. (웃음) 우주 군은 내신은 중위권, 모의고사나 학력평가는 상위권이라고 나와 있던데요.

김　내신은 솔직히 성실성을 본다고 하잖아요. 정말 학교에서 학생으로서는 성실하지 않았던 것 같아요.

아웃팅 후 자퇴, 군 입대

● 이른 나이에 군대에 가기로 결심했는데, 남성적인 사회라 불안하거나 그렇지는 않나요?

김 계급 사회에 적응할 수 있을지가 걱정이 되죠. 수직관계 있잖아요. 제가 그것을 굉장히 싫어하거든요. 자퇴하고 나서 아르바이트를 한 적이 있었는데, 일주일 만에 그만뒀어요. 위에서 저한테 욕하는 게 너무 싫었거든요. 처음인데도 다 잘하라고 하니까. 윗사람 밑에서 일하는 걸 제가 잘 못해요. 그래서 군대 가서 잘 적응할 수 있을지 모르겠어요.

● 한국 사회 자체가 좀 군대 같죠. 평등한 직장 문화가 있거나, 좋은 상사를 만나지 못하면 계속 겪어야 될 일일 수도 있는데요. 학교도 그렇고요. 아웃팅을 안 당했다면 학업을 마칠 수 있었을 거라고 생각하세요?

김 아웃팅을 안 당했더라도 학교생활은 좀 힘들었을 거예요. 학교라는 공간을 너무 싫어했거든요. 등교해서 수업 마칠 때까지 잠만 잤어요. 전 정말 공부하기가 싫은데 학교에서 놔 주지를 않는 거예요.

● 청소년 인권운동 자체가 어려운 한국 상황에서 청소년 인권운동이 소수자 운동으로까지 연결되기는 더욱 어려워 보이는데요. 두발 자유

화, 교복 자유화도 쟁취하기 힘든데, 동성애자 검열을 중단시키는 일은 더더욱 불가능할 것 같습니다. 어떤 방식으로 청소년 성소수자 인권운동을 전개해야 된다고 생각하세요?

김　청소년들을 바라보는 한국 사회 시각은 기본적으로 '네가 뭘 알아?'거든요. 청소년들이 사회에 나와 무슨 일을 벌이면 '무서운 10대, 10대의 반란' 이딴 식으로 표현하고, 어리다고 판단해 버리잖아요. 그러면서 한편으로는 다 컸다며 잘하기를 기대하는 모순된 태도를 보이죠.

윤　'그 정도 나이면 밥은 네가 차려 먹을 수 있지 않니?'라고 하죠. (웃음)

● 모순된 건데 말이죠. 필요할 때는 "나는 너를 믿었는데……."라고 하잖아요. (웃음)

김　저희는 그것을 나이주의라고 표현하는데요.

윤　저희는 반나이주의적 사고를 가지고 있어요. 청소년 활동 자체가 확실히 청소년이 소리를 내야 전달이 잘된다고 생각해요. 어르신들도 청소년 때가 있었고, 그때 저희와 비슷한 고민을 했을 거예요. 당시에는 이런 활동 자체가 어려웠을 테지만요. '표현의 자유' 같은 것이 억압도 당했고요. 나이 들면서 서서히 잊으며 살아가신 거죠. 함께 활동하는 활동가 중에 성인들도 있어요. 가끔씩 '활동 그만둘까?' 해서 그 이유를 물으면 청소년 활동보다는 다른 활동에 관심이 더 생겼다는 거예요. 확실히 청소년일 때 더 절실한 것 같아요. 아무래도 자신이 처한 상황이니까요. 거기에서 벗어나면 관심을 잃기도 하는데요. 그래서 더더욱 청소년들이 소리를 내야 된다고 생각해요. 일단 기본적인 것들을 주장하죠. 저희가 많이 바라는 게 아니잖아요. 옛날에 비해서는 많이 바란다고 생각할 수 있겠지만, 저희는 그냥 다른 사람들과 똑같이 대해 주기를 원하는 거예요.

● 십몇 년 전쯤에도 청소년들이 목소리를 내던 시절이 있었거든요. 자퇴해서 사이트도 만들고, 학생 인권운동이 전교조 운동과 같이 맞물렸던 시기였죠. 지금은 훨씬 더 억압이 심해졌고, 학생들도 어른들의 '너 공부 안 하면 인생 끝난다'는 협박이 두려워선지 행동을 못하는 것 같고요. 그래서 청소년 운동이 약해진 것 같아요. 그러다 보니 다른 청소년 운동에 비해서 청소년 성소수자 인권운동이 도드라져 보이는 것도 같습니다. 활동하면서 답답하거나 외롭다는 생각이 든 적은 없나요?

김   학생들이 '많이 순종적이다'고 해야 되나요. 제가 다니던 학교에 진보신당에서 활동하는 애가 한 명 있었어요. 요즘에 학교 활동가들은 거의 아웃사이더예요. 애들이 걔에 대해서 수군거리는 소리를 들었는데, "쟤는 나가서 데모할 것 같다"고 쯧쯧쯧거리는 거예요. 자기 권리를 찾으려면 데모도 해야지, 왜 그러나 싶었어요. 제가 자퇴할 때도 학교 벗어나면 낙오자가 된다는 식으로 말했는데요. 나와 보니 딱히 낙오자도 아니더라고요.

● **그 안에서 경쟁한다고 해서 장밋빛 인생이 보장되는 것도 아니고.**
(웃음)

김 나와 보니 우물 안 개구리였다는 생각이 드는 거예요.

윤 제 친구들 같은 경우는 '두발 자유화 되면 좋겠다, 꼭 교복 마이(재킷) 입어야 되는 거야?, 명찰 꼭 달아야 해?' 이런 얘기 많이 하거든요. 뭔가 하고자 하는 열의와 의지는 있는데 나서지를 못하는 거죠.

● **겁이 나니까.**

윤 제가 활동하는 것을 몇몇 친구가 아는데요. 친구들 반응이 좀 갈려요. 첫 번째는 "너 대단하다"고 하는 친구들이 있어요. 사실 대단한 일은 아니잖아요. 우리가 못 찾는 권리를 찾기 위한 건데, 뭐가 대단하냐고요. 또 한 부류는 그 나이 때 공부 안 하고 왜 그런 짓을 하느냐고 해요. 물론 제가 공부를 안 하는 편입니다만. (웃음) 공부하면서도 활동은 할 수 있잖아요. 그 친구들과 몇몇 사람은 청소년이라는 것은 학생이 직업이고, 공부가 본분이라고 강조해요. 본분은 기본적인 게 지켜졌을 때 지킬 수 있는 거 아닌가요? 기본적인 것을 지켜 주고서 우리에게 본분을 강요해야 된다고 생각해요.

어떤 사랑은 고칠 수 있거나 고쳐야 하는 병이 된다.　　ⓒ너로다

김 학생의 본분이 공부만은 아니잖아요.

● 기본적으로 사람이니까 행복을 추구할 권리가 있는 건데, 그걸 자꾸 유보하라고 하니까요. 어차피 대학 가면 취직 공부해야 되고, 직장 들어가면 남들보다 조금 낫게 살기 위해서 또 행복을 뒤로 미뤄야 되잖아요. 그렇게 나이 들면 힘들어서 못 놀잖아요. 가수 싸이 씨가 재밌는 얘기를 하던데요. 힘 있을 때 놀아야 된다고. 프랑스 같은 경우에는 젊은 사람들이 살벌하게 자기 권리를 찾잖아요. 이런 것을 보며 어떤 사람들은 프랑스를 유럽의 후진국이라고 하는데, 그 사람들 삶의 만족도는 높은 편이에요. 우리는 자기 권리를 주장하는 것을 막는 게 문제 같은데요. 청소년 동성애는 일시적인 현상이거나 매체의 영향을 받아서 전염(?)된다는 편견들이 있잖아요. 그래서 부모님이나 학교에서도 바뀔 거라고 기대하는 편이고요.

윤 분명히 부모님 세대에서도 동성애자들이 있었을 거예요. 저희 부모님과 얘기했을 때 '나도 그랬었다. 그런데 일시적이었다'고 얘기하셨거든요. 저희 어머니 이야기를 들어 보니까 확신은 아니지만, 뭔가 예전에 그랬을 수도 있었겠다는 생각이 들어요. (웃음) 부모님 세대에서는 동성애는 당연히 안 되는 것이고, 나쁜 거라고 생각했잖아요. 그렇기 때문에 '나도 이겨 냈으니 너도 이겨 내야 된다, 이것은 잠시 스쳐 지나가는 성장통이다'고 설득하시는 거죠.
   물론 그럴 수도 있어요. 아니라고는 확신 못하겠어요. 잠시 잠깐 감정이 헷갈려서 이성애자도 내가 게이일까 하고 생각할 수 있고, 게이도 내가 사실은 이성애자가 아닐까 하고 생각할 수도 있고요. 그럴 수 있는데, 현재 제 주변에 있는 사람들은 대다수 성정체성에 확신을 가지고 있고, 그 확신을 부모님들이 존중하지 않는다는 거죠. 청소년들은 부모님한테 의존할 수밖에 없어서 부모님이 정의내리는 것에 대해 반박하기가 힘들잖아요. 그럼 언제쯤에야 청소년들은 성숙한 존재가 될까요. 어른이 되어서 커밍아웃한다고 해도 부모님들은 그때도 그건 아니라고 할 텐데요.

● 문제는 그것을 비정상이라고 생각하니까 그런 걸 텐데요. 지금 그 고민을 존중하면서 같이 고민하고, 나이가 들어서 그게 아니다 싶어서 바뀌면 그때 또 그 선택을 존중해 주면 되잖아요. 동성애를 치료해야 된다고 생각하는 것이 문제일 것 같은데요.

김 많은 어머님, 아버님이 자신도 그랬다고 하시는데요. 그러면 당연히 인정해 줘야 되는 거 아닌가요? 그런데 동성애를 바이러스처럼 보잖아요. 매체만 접해도 동성애자가 되는 줄 아시고요. 그러면 〈인생은 아름다워〉 본 남자들은 전부 게이가 됐게요?

● 자신도 그런 경험 있다고 말하는 게 설득하는 데 좋을 거라고 생각하시는 걸까요? (웃음)

김 태어나서 지금까지 이성애 중심적인 교육만 받아 왔는데요. 동성애를 한번 접했다고 그렇게 되겠어요?

윤 그러면 이성애자를 접하면 이성애자가 되어야 하는 거잖아요.

커밍아웃의 어려움

● 동성애를 유전자상 우성이라고 생각하는 걸까요? (웃음) 리안, 푸터만Ryan & Futterman 연구에 따르면 "청소년 동성애자들이 자기 정체성을 형성하는 데 아주 중요한 측면 중 하나는 커밍아웃을 언제, 누구에게 해야 하는가이다"고 하는데요. 자기 정체성을 고민할 때 누군가에게 털어놓고 싶잖아요. 혼자 고민하다가 상담선생님한테 털어놓을지, 아버님한테 털어놓을지, 어머님한테 털어놓을지, 친구한테 털어놓을지 많이 고민할 텐데요. 커밍아웃을 잘못할 경우 가족과 친구들을 잃는 경우도 있으니까요. 따라서 커밍아웃을 언제, 누구에게 할지 결정하는 건 굉장히 큰 고민의 과정일 것 같습니다.

김 커밍아웃을 안 하고 사는 사람들도 있어요. 자기 고민을 누구에게 털어놓는 것 자체가 일종의 카타르시스고, 치유잖아요. 피할 수 없다면 즐겨야 되죠. 사실 청소년들에게 상담 1순위는 부모님이나 상담선생님이 아니라 친구거든요. 어른들을 믿지 못해요. 누구한테 털어놓든 리스크는 있어요. 상담선생님한테 말했다, 그런데 그 선생님이 포비아면 교무실서부터 쫙 퍼지는 거예요. 부모님한테 말했는데, 부모님이 이상하게 생각하면 정신병원에 가서 상담을 받는 거고요. 많은 사람이 친구한테 털어놓는다고 생각해요. 정말 친한 친구라면 괜찮겠지 하는 거죠.

윤 저는 제가 게이라서 심각하게, '나는 죽어야 돼, 안 되는 존재야, 미쳤나 봐' 이런 생각을 한 적이 전혀 없어요. 그냥 '내가 남자를 좋아하는구나' 생각한 정도죠. 나 같은 사람이 어딘가에 또 있겠지 하면서 정말 스스로 잘 받아들인 경우거든요.

커밍아웃이라는 말을 꺼내기가 쉽지 않잖아요. 저는 깊이 고민하다가 상담할 곳을 인터넷에서 찾았어요. 그러다 인권적인 성향을 가진 청소년 성소수자 커뮤니티 라틴cafe.daum.net/Rateen을 알게 되었죠. 거기에 제가 처음 고민을 올렸어요. 익명 게시판에 올렸는데, 누가 성실히 답을 해 주었죠. '이런 사람들이 있구나' 하면서 계속 활동하게 됐고요. 어디에 산다고 게시판에 쓰면 누군가가 '저도 그 근처 살아요' 하면서 공감대가 형성되더군요. 제 고민을 들어줄 사람이 있고, 아무렇지 않게 '내가 좋아하는 남자가 생겼다'고 말할 수 있는 공간이 생겼다는 점에서 큰 걸 얻었다고 생각했어요.

그래서 사실은 커밍아웃을 안 해도 되겠다고 생각했는데, 중학교 때 같은 반 남학생 친구한테 했어요. 흔히 '쟤 게이 아냐?' 하면서 서로 느끼는 게 있는 것 같아요. 네 명한테 커밍아웃했는데 그중 한 명이 게이였고, 두 명은 양성애자였어요. 이럴 줄 제가 어떻게 알았겠어요. (웃음) 그때야 알았죠. 성소수자가 소수로 음지에 있는 것이 아니라 우리 주변에 있을 수도 있겠다는 걸요.

아까 말한 친구 다음에 이모한테 커밍아웃을 했죠. 이모는 "살아가다가 나중에 바뀌면 이성애자가 되는 거고, 지금 남자가 좋으면 그게 어때서." 하시는 거예요. 가족 구성원이 대부분 호모포비아여서 답답했는데, 큰 힘이 됐죠. 이모님이 저희 집에 일주일에 세 번은 오세요. 그때 이야기하는 거죠. 내가 누굴 좋아하는데 하면서 이야기할 수 있는 거예요. 확실히 친구들도 좋지만, 가족 구성원 중에서 이런 말을 할 수 있는 사람이 있다는 것 자체가 정말 감사하죠. 사실 이게 뭐가 감사한 거야, 당연한 거지 하고 말할 수도 있지만, 현실은 그렇지 않잖아요. 대다수가 그렇지 못한 현실에 있고요.

김 사실 고민을 많이 한 후에 커밍아웃을 하는 거고, 내가 누군가에게 커밍아웃을 한다는 것은 그 사람을 그만큼 믿기 때문이잖아요. 그것을 알아줬으면 좋겠어요.

윤 대다수 사람은 커밍아웃을 하면 '나를 좋아하는구나' 하고 생각하더라고요. (웃음) 커밍아웃할 때는 상대방이 받아 줄지가 중요한데요. 충분히 고민한 후 커밍아웃하는 사람도 있지만, 그렇지 않은 사람들도 있거든요. 저는 그런 사람들한테 정말 오래 생각해 보라고 말해 주고 싶어요. 제 경우는 사실은 '말해야 되나, 말아야 되나' 고민한 것이 아니고, '말해도 되겠구나' 하는 직감을 믿고 한 거예요.
　물론 그것이 나쁘다고 말할 순 없지만, 커밍아웃에 대한 충분한 준비는 되어 있어야 한다고 생각해요. 자칫 잘못하면 최악의 상황을 맞을 수도 있거든요. 커밍아웃하고 나서 '죽고 싶다, 못 살 것 같아' 하는 친구가 많아요. 커밍아웃할 때는 '이 사람이 나를 어떻게 생각할까'도 생각해야 하고 최악의 경우 관계가 끊어질 수 있다는 각오도 해야 되거든요.

김 그런데 궁극적으로는 커밍아웃을 탄탄하게 준비하지 않아도 받아들일 수 있는 사회를 만드는 거죠.

윤 아무리 준비를 잘해도 결과는 똑같아요. (웃음) 준비를 했든 안 했든 나중에는 똑같은 거 같아요. 결국엔 자기에 대한 긍정이 필요해요. 그래서 저는 자신을 알고 나서 커밍아웃하는 게 좋다고 생각해요. 커밍아웃이 의무도 아니고요. 커밍아웃 안 한다고 해서 죄책감을 가질 필요는 없다고 봐요. 주변에 '가족한테 이야기를 해야겠다'고 하는 분이 있어서 그 이유를 들어 보니까 '어머니가 돌아가시기 전에 아들이 누구를 좋아하는지 알아야 되지 않겠느냐'는 거예요. 그 마음이야 알겠지만, 어머니가 아들이 사랑하는 사람이 남자인 것을 모르고 돌아가시는 것이 오히려 더 좋을 수도 있잖아요. 대다수 사람은 자신이 동성애자란 사실을 숨기고 있다는 것에 죄책감을 가지고 있더라고요. 그럴 필요는 없는 것 같아요.

● 저도 그렇게 생각하는데요. 아무래도 부모님 연세가 많은 경우에는 결혼 압박이 심하니까 커밍아웃해야겠다는 생각을 더 하게 되는 것 같아요. 사실 이성애자도 부모님이 너무 충격을 받을 것 같다면 자신이 사는 것에 대해 다 얘기를 안 할 수도 있잖아요. 어떻게 보면 그게 더 안심시켜 드리는 것일 테니까요. 그런데 자기 정체성 때문에 상처를 많이 받고 고통을 겪은 분들이라 자신이 동성애자란 사실을 밝히지 않는 것이 사랑하는 사람을 속이는 것이라고 생각하는 것 같아요.

윤 저조차도 그런 감정이 많이 들었어요. 좋아하는 친구였는데, 그 친구한테 좋아한다고 말할까 말까 고민 많이 했죠. 좋아한다고 말하는 것은 고백이잖아요. (웃음) 고백할 때 마음은 이성애자나 저희나 같을 텐데, 이 사회에서 저희들 감정은 탄압하니까요. 그러다 보니 죄책감이 드는 거죠. 내가 과연 이 애를 좋아해도 되는 걸까. 제가 게이인 것은 쉽게 인정했지만, 일반 이성애자 친구들을 좋아하는 것에 대해선 죄책감을 가졌어요. 그런데 금방 사라지더라고요. (웃음) 내가 좋은데 어떻게 해? 하고요. 그런데 결국 고백은 못했어요.

● 너무 지나친 표현이 아니면 자연스러운 거잖아요. 그것 때문에 관계가 나빠질 수 있는 위험은 있겠지만, 죄책감을 가질 필요는 없는 것 같은데요. 학교에서는 동성애자인 걸 모르고 있나요?

윤 제가 학교에서 별명이 게이예요. (웃음) 특별한 게 아니라 제 목소리가 여자 같대요.

● 약간 가는 것 같은데요. (웃음)

윤 이 목소리가 여자 같나요? 전 이 목소리를 여자 같다고 생각한 적이 없거든요.

김 굵은데 하이톤이죠.

윤　아닌데, 베이스인데. 목소리가 큰 건데. (웃음) 이건 정말 제가 봐도 고쳐야 될 점인데요, 영화 〈친구 사이?〉 보셨어요? 제가 거기 나오는 친구처럼 사뿐사뿐 뛰어요. 애들이 제 목소리가 마음에 안 든다, 여자 목소리 같다면서 게이, 게이 이랬는데 제 별명은 강간범이에요. 애들 참 이상하죠. 게이는 강간범인가요?

● **그게 편견이잖아요.**

윤　흔히 게이는 육체적 관계만 원한다고 생각하죠. 그래서 저를 강간범이라고 불러요. 왕따 아닌 왕따예요. 하하하. 그렇다고 해서 제가 막 놀릴 수 있는 존재는 아니에요. 가만히 있을 제가 아니거든요. (웃음)

● **그럼 친구들이 짐작은 하는 건가요?**

윤　그렇죠. 걔네한테 얘기한 것은 아니고요.

● **그냥 여자 같다고 놀리는 거군요.**

윤　그렇죠. 걔네한테 말할 엄두는 안 나서.

김　게이는 여자 같다는 것도 편견이죠.

윤　그렇다고 제가 여자 같지는 않잖아요. 장난꾸러기 남자아이

지. (웃음)

● 그런 상황에 대해서 선생님들한테 상담을 요청한 적이 있어요?

윤   상담한 적은 없어요. 애늙은이라는 얘기를 듣는 이유도 이런
건데요. '지금 얘네들이 이러면 나중에 부끄러워하면서 살 거다,
나중에 이 일을 뒤돌아보면서 왜 그랬나 하면서 부끄러워할 거다,
하지만 부끄러운 것도 모르고 살아가면 한심하게 살다가 죽는 거
다'고 생각하고 말아요. (웃음) 그렇게 믿는 거죠.

● 《조선일보》 등에 동성애 혐오 광고를 내는 분들도 나중에 부끄러워
할 수 있으면 좋겠어요. 물론 그럴 것 같지는 않지만요. (웃음)

윤   그렇죠.

● 혹시라도 나중에 그분 자식들이 알고 "엄마, 왜 그랬어?" 할 수도
있잖아요.

윤   동성애를 바라지 않는 사람들도, 동성애를 거부하는 사람들
도 그 사람들만의 이유가 있다고 생각해요. 그렇지만 그런 태도는
대부분 동성애에 대한 무지에서 오는 경우가 많은데요. 그런 무지
를 일깨워 주기 위해서라도 소수자 활동을 더 열심히 해야 한다고
생각해요. 그런데 일부 이유 없이 동성애는 잘못됐다고 우기는 호
모포비아들을 보면 '우리가 조금이라도 생각해 봐야겠다, 혹시 우

리가 편견을 만들어 내고 있나' 하는 반성을 할 필요가 있을까 싶을 때도 있죠.

김 저는 중학교 때 상담선생님에게 커밍아웃을 하려고 했어요. 상담선생님이 저랑 좀 친했거든요. 그런데 어느 날 운동장 쪽을 보시더니 '너는 왜 쟤네들이랑 같이 축구 안 하냐'고 물어보시더라고요. 공놀이 싫어한다고 하니까 '남자는 남자다워야지' 하시는 거예요. 이분한테는 커밍아웃하면 안 되겠다 싶어 안 했어요.

● 일류 요리사나 성악가 중에 남자도 많잖아요.

김 상담선생님 중에는 열린 분이 많고, 또 많아야 되는데, 아직까지도 그런 분들이 적은 것 같아요.

윤 저는 중학교 때 고민이 있어서 간 것이 아니라 상담선생님한테 이야기를 해 주고 싶어서 찾아갔어요. 제 활동을 상담선생님이라면 들어줄 것 같았거든요. 제 얘기를 들으면서 선생님이 정말 놀라시는 거예요. "너, 정말 대단하다." 이러시면서. 상담선생님이 동성애에 대해서는 저보다 더 모르시죠. 그래서 제가 가르치러 다녔어요. 일주일에 두세 번을. (웃음) 이런 편견은 안 되고, 책도 갖다 드리면서 동성애자가 커밍아웃하면 축하해 줘야 한다고 하면서 제가 오히려 강의를 많이 했어요. 상담선생님이라고 할지라도 학생이 커밍아웃하는 상황과 맞닥뜨리면 어떤 대답을 해야 할지 모르는 분이 많아요. 항상 우리가 말하는 건데, 교육이 필요하다고 봐요. 상담선생님들도 알아야 될 것 같고, 물론 성교육 하는 보건교사들도 알아야 될 거고요.

고등학교 와서 세 분에게 커밍아웃했는데, 그중 한 분이 사서 선생님이었어요. 선생님이 〈헤드윅〉을 좋아하는 영화라고 보여 주시면서 책을 소개해 주셨는데, 최초의 인간이 남남, 여여, 남녀로 나뉘어 서로 짝을 찾으러 다니는데, 남자가 남자를 만나는 것도 사랑이라는 식으로 이야기하시는 거예요. 그런데 '동성연애자'라고 표현을 하신 거죠. 그래서 "동성연애자가 아니라 동성애자예요"라고 하니까 뭐가 다르냐고 하셔서 "동성연애는 육체적, 동성애는 전체적"이라고 말씀드리면서 커밍아웃을 하게 됐죠. 활동하는 것도 말씀드리고, 파티 티켓 같은 것도 팔고 그랬죠. 활동 이야기도 많이 하고, 남자 친구 이야기도 했어요. 좋아하는 사람이 있는데 삼십대라고 했더니 '누구니, 사진 보여 줘 봐' 이러는 거예요. 학교 선생님이랑 이러고 지내요. 정말 웃기죠. (웃음) 그래서 재밌어요.

● 집에서 아웃팅을 당했다고 했나요?

윤 네. 아웃팅 당했어요. 아버지랑 어머니는 이혼하셨어요. 어머니랑 같이 사는 분이 계시고 거기에 형, 저 이렇게 넷이 살아요. 어머니랑 같이 사는 분을 아빠라고 안 불러요. 싫거든요. 제가 아웃팅 당한 계기를 말씀드릴까요? 2009년 2월에 라틴에서 활동을 처음 시작했어요. 거기에 게이시대라는 팀이 있었는데 거기서 좋아하는 친구가 생겼어요.

● 지금 두 사람도 거기서 만났나요?

윤 네. 거기서 처음 만났고요. 좀 전에 제가 말한 좋아하는 사람은 고 3이었죠. 지금은 스물인데요. 거기서 사귀게 되었고 알콩달콩 잘 지냈어요. 게이시대 사람들이라면 다들 알아요. 저로선 첫 연애라 연애 판타지가 가득할 때잖아요.

김 보는 우리는 끔찍했어. (웃음)

윤 주위 사람들이 끔찍해하는 연애를 했는데요. (웃음) 커플링도 맞추고. 어느 날 저희 형이 문득 저를 보면서 "너, 게이냐?" 하고 묻는 거예요. "아닌데, 왜?!" 했더니, 욕을 섞으면서 (형이 욕을 잘하거든요) "찾아볼까?" 하더니 싸이월드를 뒤지는 거예요. 홈페이지 기록이 남잖아요. 싸이월드 들어가서 그 친구 이름을 알게 되고, 핸드폰 번호랑 학교까지 알아낸 거죠. 빼도 박도 못하니까 말할 수밖에 없었죠. "네가 호모 새끼냐? 어떻게 할 거냐"고 하면서 부모님한테는 이야기 안 할 것처럼 묻기에 그렇다고 했죠. (웃음) 그런데 어느 날 어머니한테서 전화가 왔어요. "준석아, 엄마가 준석이 사랑하는 거 알지?" 느낌이 팍 오더라고요. "어, 왜!" 했더니 "가족끼리 숨기는 게 있으면 안 되잖아." 이러는 거예요. '아, 말했구나' 하는 생각이 들어서 "아, 알았어." 하고 전화를 끊고 나서 '아웃팅 당했나 봐, 나 어떻게 해' 하면서 집으로 들어갔죠. 주무시고 계시더라고요. 다시 몰래 집을 빠져나왔어요. 그런데 다시 들어갔더니 그날 새벽 2시부터 4시까지 앉혀 놓고 얘기하시는 거예요. 두 분이 많이 우셨어요. 아저씨도 울고, 엄마도 울고. 엄마가 "이해할 수 있을 것 같긴 한데……." 하니까 아저씨가 "이해하긴 뭘 이해해!" 하면서 버럭 소리를 지르는 거예요. 결국 아저씨가 엄마를 호모포비아로 바꿔 놓은 장본인이죠. "거기로 가는 것은 절벽이다, 빨리 돌아와야 된다, 일시적인 거다" 이러면서 일주일 정도 새벽마다 얘기를 들었어요. 졸려서 어영부영 듣다가 '그게 왜 이상한 거냐?'고 화도 내고. 그러다가 시간이 흘러서 잠잠해진 거죠.

부모님 입장에서도 인정하기 싫은 거죠. 그러다 보니까 더 강요하게 되고. 여자 친구 언제 데리고 올 거냐고 다 알면서 그런 얘기 하고요. 음식점에 가면 제가 어머님들이나 아주머님들한테 인기가 많거든요. 밥 먹고 있는데 서빙하는 아주머니가 "아유 귀엽게 생겼네. 여자 친구는 없니?" 하니까 저희 집 분위기가 싸늘해졌죠. 아저씨가 "여자가 있어야 여자를 사귀지, 이 새끼는"이라고 하는 거예요. 밥맛이 뚝 떨어지더라고요. (웃음) 그러니까 여태까지 가족끼리 하는 식사를 꺼리는 편이에요. 항상 그런 이야기가 나올까 봐 조마조마하니까요.

● 이야기가 나오면 잔소리도 나오고, 심한 경우 때리는 사람들도 있는 것 같던데요.

윤 저도 맞았어요.

김 저는 아니었어요. 엄마한테 커밍아웃하고 서울로 올라왔기 때문에 아버지와는 그런 일로는 싸운 적이 없었어요.

윤　한 번은 남자 친구랑 스킨십한 것을 엄마가 알게 된 거예요. 아이고, 이거는 알리고 싶지 않았는데. (웃음) 그 친구가 편지를 보냈다는데 한 달이 넘었는데도 안 오더라고요. 나중에 엄마랑 싸울 일이 있었는데 편지 얘기가 나온 거예요. 편지에 '너랑 뽀뽀할 때 너무 좋았어'라고 쓰여 있었다는 거죠. 제가 본 것도 아니고 해서 증거 있냐고, 편지 갖고 와 보라고 했더니 찢어 버렸다고 해요. 그래서 '증거가 없잖아' 하면서 배 째라 식으로 잡아뗐죠. (웃음)

청소년 성소수자는 이중적 약자

● 성인이라면 극단적인 경우에 가출해서 나가서 일하면 되잖아요. 그런데 청소년은 그러기도 힘들고, 심할 경우 정신병원에 넣는 부모들도 있다던데요. 주위에 그런 친구들은 없었나요?

윤　청소년 성소수자는 청소년이란 것과 성소수자라는 이중적 약자잖아요. 사회는 사회대로 그렇고, 집에서는 집대로 통금 같은 거 두고, 그러면 이중으로 뭔가에 가로막히는 기분이죠. 당장 부모님이 무언가 강요하면 그것을 지키지 않고 나갈 수 있는 여건이 안 되니까요. 일을 해서 돈을 벌 수도 없고요. 기껏해야 남친 집에 잠시 피신해 있는 정도죠.

　이렇게 청소년이란 게 가족 테두리에서 벗어나는 것 자체가 어려운데, 소수자와 소수자가 만나다 보니까 더 심해지더라고요. 이중 억압을 당하죠. 심각할 정도로요. 저희 부모님도 통금 시간을 뒀거든요. 그다지 신경을 안 썼는데, 요즘은 조금이라도 늦게 들어가면 "어떤 누구랑 뭐 했냐?"고 다그쳐요. 웃긴 일인데, 한번은 집에서 막 나가려는데 "어떤 놈이랑 그런 짓 하러 가냐?!"고 말씀하시는 거예요. 화내야 되는데 너무 웃겨서 웃었던 기억이 나요. 그럼 '어떤 년이랑 그런 짓 하러 갈까?' 이럴 수도 없고. 아니 뭐 나가면 누구랑 꼭 뭐 해야 되는 거 아니잖아요? (웃음)

김 자퇴하고 나서 몇 달간 다른 이름을 썼어요. 광호라는 활동명을 썼죠. 학교도 안 다니고, 일도 안 하니까, 전혀 새로운 삶을 느끼고 싶었죠. 3주 정도 아는 형 집에서 반 동거를 했어요. 그 기간은 정말 우리만의 세상이었죠. 여러 일이 있었지만 그래도 너무 편했어요. 나이가 적은 것도, 성소수자라는 것도 거기선 개의치 않아도 되니까요. 거기 사는 분들도 다 소수자였거든요.

그런데 아르바이트도 하고, 집으로 돌아와 생활하면서는 뭔가 허전한 거예요. 인권 활동을 해야 하는 이유가 여기 있구나 싶었죠. 저희 같은 성소수자들도 마음껏 편하게 살 수 있는 세상을 만들어야겠다고 생각했습니다. 그래서 다시 본명을 쓰기 시작하고, 동인련 활동도 계속하게 됐어요.

윤 제 생각은 다른데요. 동성애자들과 지내는 것에 더 편해져서는 안 된다고 생각해요. 그게 나쁘다는 건 아니고요. 흔히 동성애자 세계를 알게 되면 동성애자 친구들이 이야기하기 편하잖아요.

그러다 보니까 동성애자 친구들과만 가까워지고. 그래서 동성애자 친구들만 있는 친구들도 있어요. 하지만 그렇게 하다 보면 일반 세계와 너무 멀어져 적응하기 너무 힘들어져요. 저도 살짝, 일반 친구들 보면서 '내가 꼭 얘네들하고 사귀어야 돼' 이런 생각을 한 적 있거든요. 하지만 일반을 떼어 낼 수는 없잖아요. 아무리 동성애자들하고 산다고 해도 일반과 마주칠 수밖에 없고. 우리만의 세계가 아니라 일반들과 함께 어울려 사는 삶을 구축해야 된다고 생각해요. 그리고 일반들과 약간은 불편해야 돼요. 그래야 서로 조심하고 긴장도 하죠. 그 과정에서 일반들 편견이 어디서 오는지 잘 이해하게 돼. 그런 편견을 어떻게 바꿀지 대책이나 해결 방안도 찾을 수 있다고 생각해요.

김　그래서 내가 (일반 세계와 어울려 살려고) 본명을 쓴다고 했잖아.

윤　죄송합니다. (웃음)

● 주변에 동성애를 이해할 수 있는 사람이 있으면 다행이지만, 그렇지 않고 완전히 내몰린 경우에는 동성애자들 세계로 들어갈 수밖에 없잖아요. 편해서뿐만 아니라 다른 데로 못 나오는 거죠. 집에서 쫓겨났지, 생활력은 없지. 생활력 있는 애인한테 얹혀살 수도 있지만, 영화 〈오아시스〉처럼 두 사람은 사랑하더라도 주위 사람들은 그 사랑을 이해해 주지 않잖아요. 그러다 게이바에 가고 거기서 나이든 게이들에게 성적으로 이용당하는 일도 생기고요.

김 사실 정말 단절된 사람이 많아요. 이쪽 친구도 없고, 일반 친구도 없고. 조사해 보면 혼자 내몰려 있는 듯한 사람들이 무척 많거든요.

윤 그런 상황에서 벗어나지 못하는 사람은 크게 두 부류 같아요. 동인련 같은 동성애 관련 단체가 있다는 사실을 모르는 부류와 '나는 이쪽저쪽도 아냐' 하면서 혼자 슬퍼하면서 안 나오려고 하는 부류요. 흔히 저희가 '안타깝게' 생각하는 후자의 사람들은 나오라고 해도 나오기 싫다며, 자기를 불쌍하게 봐 달라고만 하면서 안 나오죠. 그 사람들에게도 사정이 있겠지만, 사람들이 있는 곳으로 나오라고 말하고 싶어요. 저는 동인련에 나와서 삶이 바뀌었잖아요. 자신을 불쌍하게 여겨 주길 바라지 말고, 동등한 위치에서 함께 살아가는 것, 그것도 즐겁지 않을까요?

● **자기가 동인련에서 무슨 도움을 받아야 될지 모르겠고, 동인련에서도 적응 못하는 사람이 분명히 있을 것 같아요.**

윤 그런데 모르는 것을 찾아가는 것도 중요하다고 생각해요. 동인련에 나와서 모르는 것을 찾아갈 수도 있다고 생각하거든요. 사실 알고서 나오는 사람이 얼마나 되겠어요? 모르는 상태에서 부딪혀 보다가 '아, 이런 거였구나' 하면서 벽을 깨 나가는 거죠. 저 같은 경우가 그랬거든요. 이건 정말 제가 자부할 수 있는 건데요. 저는 친화력이 정말 좋아요. 정말정말 좋아요.

● 그런 것 같아요. (웃음)

윤   하루 만에 절친을 만드는 힘이 있거든요. 이만큼 하게 된 것
도 사실은 많이 부딪힌 결과예요. 처음에 동인련에 나왔을 때에는
비중도 없었고, 친한 사람도 없었죠. 우주랑도, 게이시대 친구들
하고도 부딪혀 알게 된 거고, 친구사이에도 아무것도 모르는 상태
에서 찾아갔어요. 라틴에서도 제가 처음 시도한 일이 있고요. 사
실 누가 말한다고 해서 깨달을 수는 없는 것 같아요. 백문이 불여
일견이라고, 이게 맞나?

김   맞아. (웃음)

윤   아니면 부끄럽잖아. (웃음)

김   자신감을 가져. (웃음)

윤   정말 자기 자신이 부딪혀 보고 경험했으면 좋겠어요. 물론 두
렵겠지만, 차근차근 시작할 수 있거든요. 온라인부터 시작해서
'내가 활동해 봐도 되겠다, 무섭지만 한 번쯤은 시도해도 되겠
다'는 생각을 가지면서.

● 온라인은 다른 모임보다 자기를 훨씬 더 이해받을 가능성이 높은
곳이니까요.

윤   그런 편이죠. 아무것도 모르고 '하룻밤' 보내는 만남부터 시작하게 된다면 자칫 동성애에 대해 오해할 수도 있다고 생각하거든요. 자기 고민을 들어줄 사람이 필요한데, 처음부터 그쪽으로 빠져 버리면 '동성애는 육체적인 건가, 다른 사람들이 말하는 게 맞나?' 이렇게 왜곡되어 버릴 수 있다고 생각해요.

'조금 더 버텨 주시지…'

● 즐기는 게 나쁜 것은 아니겠지만, 자기 정체성을 어느 정도 알고 시작해야지, 먼저 육체적인 관계부터 가지면 공허할 것 같긴 해요. 남녀 관계에서도 사랑 없이 섹스만 하는 관계는 좀 공허할 수 있잖아요.

김   사실 동성애 인권 활동이라는 게 동성애자들 사이에서도 욕을 좀 많이 들어요. 가만히 있으면 되지, 왜 그걸 말을 해서 퍼뜨리느냐 하면서요.

윤   왜 꺼내서 우리까지 불안하게 만드느냐고 하는 사람이 정말 많아요.

● 당장은 뭔가 불편한 일이 생기니까요.

윤   사실 저희 눈에도 점점 바뀌어 가는 것이 보여요. 그래서 우리가 더 활동을 할 수 있는 거고요. 조금씩 조금씩 바뀌어 간다는 생각에 저희는 더 열심히 하게 되죠.

● 육우당, 오세인* 추모제 때 동인련 분들과 참가하셨죠? 또래 청소년들이 몇 년 전에 자살을 했다는 얘길 듣고 어떤 생각이 드셨어요?

윤   '왜 죽었지'였죠. 죽을 정도로 힘들었을 수도 있겠다 싶지만, 자살은 정말 무모한 짓이라고 생각했거든요. 조금만 더 버텨 주시지, 이분이 살아 있었더라면 우리 모습을 보고 행복해했을 텐데, 조금만 버텨 주시지, 조금만 참아 주시지, 이런 생각이 많이 들더라고요. 우리 사회가 결국 그렇게 만든 거잖아요. 이제는 그런 분들이 더는 나와서는 안 된다고 생각했고, 그래서 활동도 시작하게 됐죠.

김   작년부터 4월에 청소년 캠페인을 하기로 했어요.

윤   '청소년 성소수자 무지개 봄꽃을 피우다'는 캠페인이죠.

김   작년에 이 캠페인 하기 전에 육우당 납골당에 먼저 갔어요. 그곳에서 처음으로 제가 그분보다 늦게 태어난 것에 대해서 고마워했죠. 그 시대 상황을 여러 사람에게서 들어서 알고 있거든요. 육우당 같은 분들 덕에 제가 지금 이렇게 당당하게 살 수 있

★   1998년 5월, 활동하던 동인련 사무실에서 자살했다. 커밍아웃한 이후 집에서 여러 차례 쫓겨났다.

는 거니까요.

● 그때는 동인련에서도 청소년들에 대해선 관심이 부족할 수밖에 없었을 것 같습니다. 육우당, 오세인 두 분이 자살을 하면서 동인련도 더 고민을 하고, 다른 희생자들이 나오지 않도록 노력했을 것 같아요.

윤   그분들이 우리한테 하고 싶었던 말은 무엇일까, 우리가 그분들에게 부족했던 것은 무엇일까, 앞으로 그분들을 위해 무엇을 해야 될까, 활동하면서 이 질문들을 잊지 말아야 한다고 생각해요. 그분들을 위해서라도 더 열심히 활동해야겠고요.

● 1978년 미국의 벨과 에인버그라는 학자의 연구 조사에 따르면 미국 청소년의 자살 시도 중 게이 남성이 이성애자보다 17세 그룹에서는 16배, 20세 그룹에서는 13배나 높다고 합니다. 아무래도 자살을 생각하는 경우도 많은 것 같아요.

윤   제 주변에는 그런 사람들이 없는데요. 그런 얘기를 들을 때마다 우리나라는 어떻게 더 변해야 하나 하는 생각을 해요.

김   동인련 청소년팀 같은 경우에는 이름도 '자긍심팀'이잖아요. 다들 프라이드가 강해서 자살 같은 건 생각 안 해요.

윤   완전 강해요. 다들 너무 밝아요. 게이라서 행복해요, 이러고.
(웃음)

동인련 들어오기 전에는 자살을 생각했을지 몰라도 지금 동인련에 그런 사람은 없는 것 같아요. 커뮤니티 같은 경우는 게시판을 보면 자살하고 싶다, 죽고 싶다는 글이 굉장히 많아요. 제가 활동하는 커뮤니티에서는 진짜 약을 먹었던 사람들도 있었어요. 동성결혼이 합법화된 나라에도 호모포비아는 있을 거고, 그들에게 폭행 같은 것을 당할 수도 있잖아요. 소수자라는 이유 때문에 억압받는 일이 아무래도 있으니까 자살률이 높은 것 같아요.

윤   얼마 전에 리포트 쓰느라 대학 도서관에서 자료 찾아보다가 알게 된 건데요. 대한민국 청소년들의 자살 이유 중 높은 퍼센트를 차지한 것이 자신이 성소수자라는 고민이었어요.

● 자살 문제를 해결하는 데에 자긍심이라는 게 아주 중요할 것 같은데요. 자긍심이 있으면 누가 싫어하고 욕해도 "쟤가 이상한 거야"라며 버텨 낼 수 있잖아요. 동인련 청소년 자긍심팀은 자긍심을 어떻게 심어 주나요? (웃음)

김   자긍심이 있는 애들이 들어와요. (웃음)

윤   새로 들어오는 친구를 보면 저희가 더 자긍심이 없더라고요. (웃음) 나름대로 심어 주고자 하는 것이 그들이 혼자가 아니라는 사실이죠. 동인련을 통해서 더 많은 세상을 바라보기를 원해요. 동성애자 친구들을 알게 되고, 그 친구들의 경험을 간접적으로 느끼다 보면 세계관이 좀 더 넓어지고, 고민을 털어놓을 친구가 있다는 사실에 위안도 받을 거라고 생각해요. 자신도 놀 곳이 있다는 안도감 같은 것도 느끼고요.

김 　자긍심팀이 참 어려운 것이 자긍심이 있는 애들이 오니까……. (웃음)

윤 　자기들끼리 부딪쳐요. (웃음)

김 　자긍심 없는 애들은 안 나오는데, 자긍심팀이 할 일은 그런 애들한테 자긍심을 불어넣어 주는 거죠. 그런데 자긍심 없는 애들을 어떻게 찾아야 할지 모르겠어요. 이것에 대해 근본적인 고민을 하고 있어요. (웃음)

● **자긍심 없는 사람이 처음부터 자긍심이 너무 센 사람을 만나면 '내가 이상한 거구나' 하면서 주눅 들어 안 나올 수도 있잖아요.**

김 　그럴 수도 있죠.

윤 　그래서 저는 활동할 때 입 다물고 있어요. 시크한 척. (웃음) 그리고 저희 팀이 일이 가장 많아요.

김 　자긍심팀 애들은 끼리끼리 노는 게 너무 심해요.

● **몇 명 정도 활동을 하나요?**

윤　정기적으로 오는 친구들이 여덟 명 정도 돼요. 맨 처음 회의
할 때는 서너 명이 나왔는데요. 저희가 정말 많이 부흥시켰어요.
활동한 지 일 년이 지난 친구들은 알아서 잘 사귀고, 알아서 애인
도 만들고. 저희가 그런 매개체가 됐다는 사실에 뿌듯해요. 자긍
심을 심어 줘서 그런 걸 수 있으니까요. 애인을 심어 주렸던 건 아
닌데. (웃음)

김　앞으로 할 일이 많지.

● **어떤 활동을 주로 하나요?**

김　'무지개학교 놀토반'을 작년에는 매달 했어요. 정말 바빴어
요. 원래 취지는 우리끼리 놀자였는데, 정말 놀 곳이 없잖아요. 기
껏 종로 가 보면 어른들이 술 먹고 그러니까. 청소년 성소수자만
의 문화공간이 없는 거예요. 1회 때는 영화를 봤어요. 그때 이런
거 하지 말고, 조금 무거운 주제로 얘기를 나눠 보면 어떠냐는 의
견이 많이 나왔어요. 그것이 시작이 돼서 매달 콘셉트를 잡아 여
러 가지 활동을 한 거죠.

윤　정말 여러 가지 활동을 했어요. 연극도 하고요. 우리끼리 성
소수자 얘기는 할 수 있지만, 더 깊이 이야기 나누지 못하는 것들
도 있잖아요. 그것을 연극으로 표현한 거죠. 해학적인 요소를 많
이 넣었어요. 영화 본 후에 서로 이야기도 나누고요. 작년 12월에
는 크리스마스트리를 함께 만들었어요. 트리에 '애인 만들어 주세

요' 하는 식으로 새해 소망 적은 카드도 달고, 쿠키에 그림을 그려서 달아 놓기도 했죠. 요리도 해 보고, 소풍 가서 오락도 하고요. 정말 저희는 많은 것을 경험하게 해 주고 싶었어요.

김　놀토반 말고는 4월의 청소년 캠페인 이게 큰 행사예요.

윤　정말 생각보다는 커요. 정기적인 것은 아닌데, 이번에 파티를 열었고요.

김　인권 지침서 같은 것들도 저희가 써서 만들었고요.

윤　얼마 전에 나온 《교사들이 반드시 알고 있어야 할 청소년 성소수자들의 인권이야기》도 저희들이 쓴 글을 바탕으로 했어요. 그냥 활동하지 않는 친구들한테 말하고 싶은 걸 쓴 건데, 보고는 되게 어려워하더라고요. 동인련, 단체, 당 이런 얘기하면 뭔가 어렵고 딱딱하다고 생각하는데요. 그런 친구 보면 킥킥킥킥 웃으면서 "오히려 바깥보다 안에 말랑말랑한 부분이 많다, 네가 생각했던 것보다 딱딱하지 않다, 정말 말랑말랑 뭉클거린다"고 얘기해요. (웃음)

김　청소년팀 활동을 하면 정말 마음이 편안해져요. 바깥에서 웅크리고 있는 것보다.

윤　수다가 반이야. 하지만 그 친구들한테 저희가 더 많은 것을 못해 주는 거죠. 사실 저희가 해 주고 싶고, 하고자 했던 것은 많아요. 돈이 없어서 제한당하는 거죠. 그래서 좀 안타까워요. 예전에 외국에서 LGBT와 관련된 일을 하는 친구들과 얘기를 나누었는데 (물론 외국은 스폰서라고, 지원을 해 주면서 이미지를 높이는 회사들이 많지만요) 왜 돈을 내면서 활동하느냐고, 돈 받고 활동해야 되는 거 아니냐는 거죠. 그래서 확실히 외국에서 왜 이슈가 많이 만들어지는지 알 수 있겠더라고요.

● 청소년들이 성정체성 관련된 정보와 조언을 얻을 수 있는 곳이 동인련, 라틴 외에 또 어디인가요?

김 정보를 얻을 수 있는 곳으로는 청소년 단체인 '아수나로cafe. naver.com/asunaro.cafe'가 있고, 동인련처럼 성인과 청소년 회원이 어울리는 단체가 많아요. 사실 요즘 동인련에서 활동하는 것은 대부분 꺼려요. 활동 주제가 무겁다고요. 대개는 카페 위주로 활동을 하죠.

● 활동하다 보면 얼굴을 드러내야 하는 경우가 있어서 조금은 부담스럽겠죠. 자긴 조용히 개인적인 행복이나 위안만 추구해도 괜찮을 것 같은데, 여긴 사회적인 연대도 해야 되고.

윤 활동하고 싶어하는데 못하는 친구들에게 하고 싶은 말이 있는데요. 꼭 나와서 외치는 것만이 활동은 아니에요. 멀리 산다고 활동 못한다는 친구들이 있는데요. 아이디어만 제시해도 같이 일하는 거고, 그게 활동인 거잖아요. 활동을 너무 크게 잡고 정말 어려운 거라고 생각하는데, 활동은 정말 쉽거든요. 일하는 친구 옆에서 귤 까서 "귤 먹어" 하는 것도 활동이 될 수 있잖아요. (웃음) 그런데 다들 너무 어렵게 생각하시더라고요.

● 응원을 해 줄 수도 있는 거고요. 그러다 내키면 활동을 할 수도 있는 거겠죠.

윤   그런 게 힘이 되는 거죠.

이성애 중심 교과서 바뀌어야

● 학교에 매뉴얼이 없잖아요. 청소년이 동성애 정체성에 대해 상담을 요청할 때 학교에서는 어떻게 해야 된다고 생각하세요?

윤   일단 교과서부터 개정해야 되는데요. 교과서가 너무 이성애주의적인 것을 강조하니까요. 파랑색은 남자, 분홍색은 여자, 바지는 남자, 치마는 여자, 남자는 로봇, 여자는 요술봉, 이런 거 있잖아요. 이런 것을 미워할 수만도 없는 게 무지함에서 오는 거니까요. 사회에서 가르치고, 머릿속에 주입하는 것이 오로지 이성애주의인 것이 문제죠. 그 사람들이 우리를 싫어한다고 해서 우리가 그 사람들을 싫어할 수 없는 거고요. 그래서 이것을 바꾸려고 노력하는 거잖아요. 그 사람들이 싫어한다고 해서 우리도 싫어한다면 '너는 너대로 놀아라, 우리는 우리대로 놀게'가 되잖아요. 아까 말씀드렸듯이 일반과 조화를 이루고, 같이 사는 법을 배워야 한다고 생각해요. 너와 내가 따로따로가 아니잖아요. 말이 이상한 데로 갔는데요. 갑자기 머릿속이 하얘졌어. (웃음)

김 동인련에서는 인권 지침서 같은 것을 만들어서 변화를 시도하고 있어요. 교사들을 상대로 세미나 같은 것도 생각하고요. 지금도 계속 준비하고 있어요.

윤 어쨌든 지금 당장은 아니더라도 교과서를 차차 개정해 가야죠. 상담교사는 확실히, 확실히, 정말로 교육을 시켜야 될 것 같은데요. (웃음) 저희가 직접 가서 얘기도 해 주고, 다방면으로 많이 배우게 해야 할 것 같아요. 상담교사들한테 지원을 쏟았으면 좋겠어요.

● 동인련에서 나이든 사람들하고 운동하면서 느낀 장단점이 있을 것 같은데요.

김 장점은, 실무적인 부분에서 도움을 많이 주세요. 우리는 체계적이지 않잖아요. 출판 문제도 그렇고요. 《교사들이 반드시 알고 있어야 할 청소년 성소수자들의 인권이야기》 같은 경우도 글은 저희가 썼지만, 계약을 하고 뭘 하고 하는 것은 성인 회원분들이 다 해 주셨죠.

윤 아무리 저희가 열심히 한다고 해도 활동하면서 빠질 수 없는 것이 성인 회원들의 힘이죠. 그분들한테는 여태까지 해 오면서 쌓은 노하우가 있잖아요. 그런 것들이 저희한테 큰 힘이 되거든요. 우리가 아무리 톡톡 튄다고 해도 성인 회원들 도움이 없었다면 과연 이만큼 완벽하게 해 놓을 수 있었을까, 이만큼 실무적인 부분에서 잘할 수 있었을까 그런 생각이 들죠. 성인 활동가와 함께 활동하면서 정말 새로운 것을 많이 느껴요. "우리 세대에는 안 그랬는데……" 하는 분이 있으면 '이 사람의 세대는 어땠구나. 어려운 시절이 있었구나' 하면서 세계관이나 가치관을 이해하고 존중하게 돼요.

김 청소년 인권은 청소년이 해야 된다고 말하지만, 청소년 시각과 성인 시각이 달라서 서로 커뮤니케이션이 필요한 거죠.

● 누군가는 요구를 하고, 실무적인 자리에 있는 사람들은 그런 요구를 받아서 일을 해야 하고요. 교육감이 할 수 있는 일이 있고, 학교 현장에서 할 수 있는 일이 있고, 성인 활동가가 할 수 있는 일이 있으니까요.

김 그렇죠.

● 그런데 커밍아웃을 하면 부모님들이 놀라잖아요. 부모님이 놀라지 않게 이해를 시킬 수 있는 방법이 있을까요?

윤 그럴듯하게 말을 하자면, 세뇌시키는 거죠. (웃음) 동성애 매체를 자주 접하게 하고. "엄마, 어떻게 생각해? 엄마 친구 아들이 게이라면 어떻게 할 거야?" "이해해 줘야지" 하면 "엄마 아들이면?" "내 아들은 안 돼!" 그러다가 차츰 완화되지 않을까요. (웃음) 커밍아웃은 지속적으로 해 줘야 한다고, 살아가면서 수도 없이 하는 거라고, 그래야 듣는 사람이 잊지 않는다고 하거든요. 조금씩 조금씩 말해 줘야 되는 거라고요. 사실 어떻게 하든 받아들이는 사람이 중요하다고 생각해요. 어떻게 하든 받아들이지 않는 사람도 있잖아요.

김 그렇죠. 아까도 얘기한 것처럼 받아들이는 사람이 중요한 것 같아요. 어쨌든 커밍아웃을 아무한테나 다 하는 건 아니잖아요. 다 할 필요도 없고요. 길거리에서 "나, 게이야." 하는 게 아니라 개개인에게 하는 거라 받아들이는 사람이 당황해하는 것은 이해해요. 그럴 수 있죠. 하지만 어렵게 얘기한 걸 알아줬으면 좋겠어요. 커밍아웃을 하려는 사람이나 그 얘기를 듣는 사람 모두 열린 마음으로 서로를 배려해 줬으면 좋겠고요.

● 갑작스럽게 아웃팅을 당할 경우 충격도 클 텐데요. 어떻게 극복해야 하나요?

윤 저 같은 경우에는 그때 애인이 있었고, 라틴이라는 곳에 있어서 위로받고 지지받을 수 있었죠. 제가 사람들에게 항상 버텨 달라고 말하는 것도 라틴의 카페장 때문인데요. 제가 울면서 전화했더니, 그 친구가 "조금만 버텨 주세요." 하더라고요. 지금 들어 보면 오그라들지만, 당시엔 애인보다 더 큰 힘이 됐어요. 애인은 그냥 좋은 거고. (웃음)

김　아웃팅 당했을 때 정말 필요한 것은 옆에 있어 줄 사람이에요.

윤　꼭 사람이 있어야 돼요.

김　물리적으로 옆에 사람이 있는 것이 아니라 심리적으로 '난 혼자가 아니야' 라고 생각하게 해 줄 수 있는 사람.

윤　의지가 되는 사람.

● 주변에 그런 사람이 없을 수도 있고, 친구나 가족들이 이해해 주지 않을 수도 있으니까 이런 단체에 와서 얘기를 할 수밖에 없기도 하겠네요.

김　저는 아웃팅 당했을 때 블로그 테러를 당했는데요.

윤　보고 너무 어이가 없는 거예요.

김　동인련 사람들이 제 블로그에서 싸웠어요. 그걸 보니 힘이 나더라고요. 막상 저는 댓글 하나도 안 달았는데요. 학교 애들이랑 동인련 사람들이랑 싸우고 있는 거죠.

윤　정말 어이가 없었어요. '내 앞에서 벗고 춤춰 봐' 이런 글이 올려져 있고. 그래서 사람들이 '학교 앞으로 찾아간다. 찍찍' 이런 댓글을 달고 그랬죠. (웃음)

김　그때는 정말로 많은 힘이 되어서 버틸 수 있었던 것 같아요. 고 3 때는 학교에서 인권단체 활동을 반대했어요. 대학생 되어서 하라는 게 모든 선생님의 의견이잖아요. 그래서 고 3 들어와서는 동인련에 잘 나오지를 못했죠. 한 달에 한두 번 정도. 앞에서도 말한 것처럼 학교에서 체육시간에 애들이 의도적으로 저한테 공을 던지고 그랬는데 이런 말을 할 곳이 없는 거예요. 확실히 누가 옆에 있다는 걸 인식하면 무슨 일이든 버텨 낼 수 있는 것 같아요.

● **정말 동성애자 검열을 하는 학교가 있나요?**

윤　예전에는 많다고 들었어요. 지금은 별로 없는 것 같은데요.

김　종교 학교에서는 할 것 같아요.

윤　무의식적인 차별 발언이 너무 많이 나와요. 저희 담임도 어떤 학생한테 "너 정체성이 심히 의심스러운데, 아니지?" 해요. 과학 시간에도 N과 S극이 만나야 붙는 거지 N과 N이 붙으면 안 되잖아 하면서 뭐든지 웃기게 연결을 시키는 거예요. 임신을 하려고 해도 안 되잖아, 이런 얘기하고.

김 저희 학교에는 정말 기독교 광신도 할머니 선생님이 계셨어요. 2학년 때 아웃팅 당하면서 교무실에도 이 사실이 퍼졌는데요. 이 사실을 아는지 모르는지 모르겠지만, 어떤 친구가 동성애에 대해 얘기하니까 굉장히 화를 내시다가 저랑 눈이 마주쳤어요. 그런데 저를 계속 쳐다보면서 막 뭐라고 그러시는 거예요. 종교 문제도 많이 얽혀 있고요.

윤 저도 전도사님한테 아웃팅을 당했거든요. 10년 동안 다닌 교회인데, 저희 어머니가 구원해 달라고 하셨나 봐요. 제가 수련회 갔을 때 장난으로 "전도사님!" 하고 껴안았더니 "이러면 안 된다, 이건 죄악이다, 정신 차려라!" 하시는 거예요. 그래서 어머니가 얘기한 걸 알게 되었죠. 그 뒤로 교회 가는 걸 꺼리게 됐어요. 여태까지도 잘 못 나가요. 교회 선생님이 억지로 잘해 주려는 모습도 싫고요. 가식적으로 보이고.

김 일부 교회에서는 정화의식이라고 해서 물고문을 하기도 하니까.

윤 성소수자들을 지지하는 교회에 꼭 가고 싶어요. 교회에 대한 로망이 있잖아요. 좋아했던 선배도 있고.

김 무슨 로망이야. 그런 로망은 실제로 없어.

게이들의 부모 모임은 왜 없지?

● 사회가 변하는 게 쉽지 않고, 느리잖아요. 예전에 자식이 민주화 운동 하다 감옥 가면 부모님들이 민가협(민주화실천가족운동협의회) 같은 것을 만들어서 "아, 이전엔 자식이 왜 그랬는지 몰랐는데, 해야 되는 일 하는 것 같다"고 하면서 같이 활동하셨잖아요. 그런데 성소수자 자녀를 둔 부모 모임은 아직 없는 것 같아요. 민가협하고는 성격이 조금 다를 수 있겠지만, 같이 모여서 자기 아이들에 관해 얘기도 하고, 아이들 인권 문제에 대해서 같이 대처하면 좋을 것 같은데요.

김 한국에는 게이들의 부모들 모임이 정말 없어요.

윤 저도 들어 본 적이 없네요. 호모포비아 모임들은 있죠. 참교육어머니전국모임 같은.

김 저희끼리 몰려다니면 '쟤들이랑 놀지 말라'고 하는 부모님은 많죠.

윤 넌 이해하겠는데, 조용히 다녀라, 그러기도 하고.

김 자기 자식은 좋은 애인데, 다른 게이 청소년은 나쁜 애.

윤 그 반대의 경우도 많은 것 같아요. 다른 게이는 인정하는데, 내 자식은 인정 못해. (웃음) 부모님들끼리 모여 보는 것도 좋을

것 같아요. '그쪽네 애 남자 친구는 누구야, 니네 둘이 사귀냐'고 할 수도 있고요. (웃음)

김 만들려면 만들 수도 있을 텐데, 잘 안 되는 것 같아요.

윤 제 주변에 한 분 계세요. 서로 부모님들끼리 알고 계시고, 가족끼리 모여 식사도 하고요.

● 그건 일종의 사돈이니까. (웃음) 개인적인 교류들은 있을 수 있겠죠.

윤 그러니까요. 그런 게 부럽죠. (웃음)

● 미래에 대한 불안감도 많을 것 같아요.

윤 사실 저희가 미래를 내다볼 만한 시야까지 있는 것은 아니니까.

김 저희는 활동하면서 계속 노출이 되잖아요. 미디어나 이런 곳에. 인식하고 있지는 않아도 무의식적으로 공포감이 있기는 해요.

윤 맞아요, 정말. 그런데 사실 저는 재밌어 해요. 남자 친구랑 손잡는 것도 좋아하고, 팔짱 끼는 것도 좋아해서 그러거든요. 그러면 사람들이 쳐다보는데 그게 은근히 재미있는 거예요. 기차역에서 손잡고 있는데, 여학생들이 "게인가 봐" 하고 수근거리더라고요. 친구가 "우리보고 그러는 것 같은데" 하기에 "뭐, 어때" 하면서 더 꽉 잡았죠. (웃음) 계속 쫓아오는데, 너무 재밌는 거예요. 이렇게 저처럼 약간 시선을 즐기는 게이, 성소수자도 있어요. 좋아서 손잡고 싶고, 안고 싶은데 어떻게 해. (웃음) 반대로 노출을 극도로 두려워하는 사람들도 있고요. 그런데 두 부류 다 흔히 찾아볼 수 있어요.

김 저는 하는 일이 별로 없어요. 다른 사람들이 나보다 일을 훨씬 많이 하는데, 제가 미디어에 나가니까 다 하는 것처럼 보이는 부분이 있어요.

윤 군대 가기 얼마 전까지도 열심히 활동하고 있는 거잖아. 인터뷰 책이 나올 때쯤이면 군대에서 한창 고생하고 있겠네. (웃음)

● **동인련에서 앞으로 계획하고 있는 사업이 있나요?**

김 올해(2010년) 청소년 인터뷰 사업을 계획했는데, 다른 일이 많아서 미뤄졌어요.

윤 청소년 성소수자 실태 관련해서 논문 같은 게 없으니까 외국 것을 많이 인용하잖아요. 저희 자체 자료가 없으니까요. 외국 자료도 좋긴 하지만, 우리한테는 직접적인 근거가 될 수 없잖아요. 청소년 성소수자를 주제로 뭔가를 할 때 사람들이 '그건 외국 자료 아냐. 우리나라는 어떤데?' 하고 물으면 할 말이 없어요. 우리가 자료를 제시할 수 있으면 성정체성 때문에 불편함을 겪는 사람들이 좀 더 많은 것을 얻어 갈 수 있고, 많은 것을 생각하고, 표현할 수 있는 거잖아요. 우리가 쓰는 논문이 최초가 되는 거고요. 그래서 '인터뷰 프로젝트를 해야겠다, 꼭 하자, 우리 주변 이야기부터 시작하자'고 한 거죠. '우리는 어떤 생각을 하고 있나'부터 시작해서 지인들로 확대해 나가려고요. 사실 이게 지원이 정말 많이 필요해요. 퀴어뱅*이라고 아세요? 10대 레즈비언을 위해 한국성적소수자문화인권센터에서 하는 건데요, 레즈비언 친구들에게 타로점도 봐 주고, 먹을 것도 주고 그러죠.

그런데 게이 같은 경우 서로 교류할 수 있는 활동이 없어요. 그래서 인터뷰 프로젝트를 만들자는 얘기가 나온 거죠. 인터뷰할 때 차라도 한잔 사 주거나 차비가 없으면 차비도 줘야 되잖아요. 이런 문제도 있고, 올해는 정말 바빴기 때문에 다음 해로 미룬 건데, 프로젝트 지원 신청도 해야겠죠.

김   지금 지원 신청을 해 놓은 프로젝트 이름이 '변화의 시나리오'인데요, 청소년과 HIV 감염인을 인터뷰 대상자로 정했어요. 아까 대충 봤는데, 청소년팀 회의를 하면서 나온 게 있었어요. 방학 때 강좌를 하자는 거죠.

윤   말 끊어서 미안한데요. 죄송해요. 제가 말이 많아서요. (웃음)

★ 2007년도부터 시작됐다. 십대 레즈비언을 대상으로 하며, 아웃팅·연애 등 여러 고민을 나누는 자리다. 시즌별로 신촌공원에서 한 달에 두 번, 일요일에 열린다.

지난해부터 말했던 건데, 우리가 즐기고 소통하는 것도 중요하지만, 조금 더 깊이 들어가는 것이 어떨까 싶은 거죠. 그래서 방학 때쯤 어디를 대관해서 학교에서 수업하듯이 시간표대로 무언가를 함께 배워 가면 좋겠다고 생각했어요. 1교시가 보건 수업이면 에이즈에 대해서 우리가 아직 모르는 것이 정말 많거든요. 에이즈에 관해 함께 배우고 이야기를 나누는 거죠. 성소수자들 용어들을 배울 수도 있고, 글도 써 볼 수 있고. 그런 식으로 우리가 하고 싶었던 것들을 하는 거죠. 되면 할 것 같은데, 아직 확실하게는 모르겠어요.

● **마지막으로 한마디씩 해 주세요.**

윤　하하하하. 주제를 던져 줘서 얘기를 하다가 그런 게 없으니까 머리가 텅 비네요. (웃음) 성소수자들이여! 자긍심을 가져라! 이런 식상한 멘트밖에 생각 안 나네요. (웃음) 연애에 너무 목매달지 않았으면 좋겠고요.

김　활동이 어려운 게 아니라는 것을 알아줬으면 좋겠어요.

윤　혼자 그렇게 말하면 내가 뭐가 돼. (웃음)

김　아까 네가 말한 거예요. (웃음) 제가 정말 듣고 싶은 말이 있는데, 아무도 저한테 그런 말을 해 주지 않았어요. 제가 정말 듣고 싶었던 말은 딱 하나인데, '도와줄까?'였어요. '도와줄게'도 아니에요. 저희에게 힘이 될 수 있다는 것을 보여 주시기만 하면 되는데 정작 그 말을 해 줄 수 있는 사람들이 없는 거예요.

윤   저희한테 정신적으로 힘이 되고, 저희를 간단히 지지해 주는 것만으로도 저희한테는 큰 힘이 돼요. 그 지지 하나만이라도 있었으면 좋겠어요. 요즘 그래도 사회 인식이 좋아지고 있잖아요. 좋아지는 것들 중에는 우리가 노력해서 된 것도 있을 거란 말이에요. 그걸 알아주셨으면 좋겠어요. 우리를 알아 달라는 것보다는 이런 활동을 통해서도 세상은 변해 가고 있고, 앞으로도 변해 갈 수 있다는 가능성을 봐 주셨으면 좋겠다는 거예요.

김   며칠 전에 어떤 사람이랑 얘기했는데, '동인련은 뭐뭐뭐뭐가 부족한 것 같더라' 하는 얘기가 끝이에요. 내가 문제점을 지적해 줬으니까 너희들이 알아서 하라는 거죠.

윤   던져 주는 것도 하나의 충고니까요.

● 옆에서 하는 충고를 그다지 믿지 않는 편인데요. 실제로 꼭 해 보고 비판할 필요는 없는 거지만, 너무 공허한 비판이 많거든요.

김   그래서 제가 원하는 것이 '도와줄까?'란 말이에요.

윤   제 얘기를 들어주는 것만 해도 큰 힘이 되는 건데요.

김   문제점만 툭 던지기보다는 조금이라도 우리를 더 이해해 줬으면 좋겠고요.

● 별로 고민도 안 해 본 사람들이 지적만 하는 건 좀 문제가 있는 것 같아요. 남이 한 것이 있으면 겸손하게 듣고 문제를 제기해도 되잖아요. 쭉 듣고 나서 이런 정도는 더 했으면 좋지 않겠느냐고 얘기하는 게 좋겠죠. 즐거웠어요. 밥 먹으러 가서 더 수다 떨죠. (웃음)

청소년 성소수자들의 꿈

2011년 겨울, 성소수자 활동가들은 서울시의회에서 점거 농성을 했다. 서울시 학생인권조례에 청소년 성소수자가 차별받지 않도록 하는 내용의 주민발의안을 원안대로 통과시키기 위함이었다. 투쟁 덕분에 서울시 청소년 성소수자는 학교에서 차별받지 않을 권리가 생겼다. 그러나 현실은 녹록지 않았다. 학교에서는 이렇다 할 변화가 없었다. 대중매체에는 게이나 트랜스젠더를 농담 소재로 삼은 내용이 그대로 나왔다. 개인 방송에서도 혐오 발언 등 혐오 '문화'가 끊임없이 재생산되었다.

2013년 서울시 성북구에서는 학교에서 어려움을 겪는 청소년 성소수자를 위한 '청소년 무지개와 함께 지원센터'를 만들기로 했다. 계획이 탄탄했고 예산까지 편성되었지만 지역의 보수 교회와 혐오 세력이 성북구청을 압박했다. 결국 이 센터는 만들어지지 못했다. 어려움을 겪는 청소년 성소수자를 위한 지원센터가 "동성애를 조장한다", "우리 아들이 동성애자가 되는 것을 볼 수 없다"라는 어처구니없는 이유로 사실상 불허된 것이다.

2015년에는 교육부가 예산 6억 원을 들여 '국가 수준의 학교 성교육 표준안(이하 성교육 표준안)'을 만들어서 전국에 있는 초·중·고등학교에 배포했다. 하지만, 성교육 표준안에는 성소수자에 대한 내용이 빠졌고 트랜스젠더가 질병이나 장애로 명시되었다. 이외에도 성별 고정관념을 강화하고 성폭력에 대한 잘못된 인식을 유포하는 내용이 담겼다. 성소수자 단체를 포함하여 여성단체, 인권단체, 성문화센터 등이 교육부에 수정 및 폐기 요청을 지속적으로 해왔지만, 별다른 수정 없이 여전히 학교 현장에서 사용되고 있다.

청소년 성소수자는 학교 안에서 본인을 드러내는 것에 대해 끊임없이 줄다리기하고, '나'를 인정하고 비빌 곳을 찾는다. 청소년 성소수자에게 학교와 또래 문화는 '생존'의 장이다. 적대와 고립이 산재한 현실 속에서 동인련 청소년 회원이었던, 키디다와 크리스가 우리 곁을 떠난 안타까운 사건도 있었다.

2013년 청소년 성소수자를 직접 지원하고 돕는 공간의 필요성에 공감한 동인련과 교회가 의기투합했다. 2013년부터 모금을 시작해 약 2년간 모금을 진행하고, 2015년에 '청소년 성소수자 위기지원센터 띵동(이하 띵동)'이 개소했다. 청소년 성소수자로 동인련에서 활동하던 나는 띵동의 활동가가 됐다. 다양한 청소년 성소수자가 고민과 어려움을 안고 띵동을 찾아온다. 또래 친구들이 소지품을 훼손하면서 지속적으로 괴롭히거나, 이러한 괴롭힘이나 폭력으로 자살, 자해를 고민하는 사례가 끊임없이 들어온다.

"저는 제가 틀리지 않았다고 생각하거든요."

– 18살, 동성애자 시스젠더 남성.
  Q로 만드는 울타리, 총소년 성소수자 위기지원센터 띵동

학교와 현실이 크게 변하지 않은 것은 사실이지만, 청소년 성소수자는 여전히 존재한다. 그리고 그들도 그 안에서 희망을 찾는다. 제도나 틀이 변하지 않으면 힘든 현실 속에서 여전히 청소년 성소수자를 향한 혐오는 만연하다. 그렇지만, 띵동에 찾아오는 청소년 성소수자는 언젠가 동성혼이 합법화되고, 학교 안에서 편하게 커밍아웃하면서 안전하게 교육받을 수 있는 환경을 꿈꾼다. 청소년 성소수자에게는 사회가 바뀌고 제도나 법률이 만들어지는 것이 필요하지만, 본인의 삶에 희망을 더하고 동료나 지지자가 함께하는 것이 큰 힘이 된다. 우리가 고민하고 마주하는 것이 더 나은 현실을 만들어가고 있음이 분명하다.

– 류은찬(행동하는성서수자인권연대 운영위원,

청소년성소수자위기지원센터 띵동 활동가)

5장

—

에이즈, 이해와 오해 사이

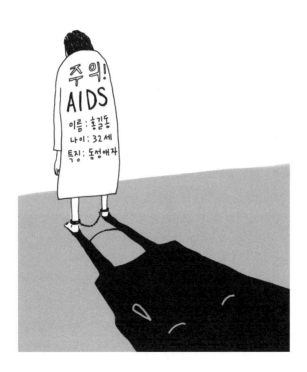

★ 인터뷰이 윤 가브리엘

나는 아버지가 외도해 낳은 자식이다. 친어머니는 세 살 때 나를 아버지에게 보냈다. 이후로 한 번도 어머니를 본 적은 없다. 아버지 집에서 난 '주워 온 애'였다. 눈칫밥과 구타에 시달리면서 유년 시절을 보냈다. 열다섯 살 때 집을 나와 친구 따라 들어간 봉제공장에서 청소년기와 청년기를 보냈다.

1980년 무렵 내 성정체성이 남들과 다르다는 걸 알았다. 하지만 당시엔 '동성애' 심지어 '동성연애'라는 말도 몰랐다. 동성을 좋아하는 사람은 세상에 나 혼자인 줄만 알았다. 혼란 속에 십대 시절을 보냈다. 스무 살 넘어 우연히 '동성연애자 퇴폐업소'를 취재한 잡지 기사를 보고 게이 커뮤니티를 알게 되었다. 남들에게 '변태'란 소리를 들을까 봐 낮에는 이성애자인 척 숨어 살다 어둠이 내려앉을 무렵부터야 게이로 살 수 있었다. 그렇게 십여 년이 흘렀다.

이제 한 사람을 만나 오래 행복하게 살고 싶다는 바람을 가질 즈음 에이즈 양성 통보를 받았다. 에이즈는 그동안 '나'의 삶과 게이로서 삶 그리고 세상을 다시 돌아보게 했다. 차별과 냉대 속에 아파하는 HIV 감염인들이 눈에 들어왔고, 이 문제에 관심 있는 곳이 어디일까 찾다 동인련을 알게 되었다. 2000년 늦여름이었다. 동인련은 내가 감염인이란 사실을 알고는 에이즈 문제에 관심을 가졌고, 2003년 뜻있는 활동가들을 만나 HIV/AIDS 인권연대 나누리+를 조직했다. 현재 나는 나누리+에서 HIV 감염인들의 인권을 위해 활동하고 있다.

김정숙

영원한 이방인으로 살아가야 할 날들을 걱정하다 동인련에 들어갔다. 그 안에서, 모든 것을 뛰어넘어 삶을 관통하는 경지에 이른 HIV 감염인들을 만났고, 동인련 안에 'HIV/AIDS 인권팀'을 만들었다. 동성애자와 HIV 감염인 그리고 억압받는 모든 사람과 함께 사회적 차별과 편견에 맞서면서 살아가려 한다. 그 삶이 끝날 때까지는 어쩔 수 없이 이 답답한 도시에서 꾸역꾸역 삶을 엮어 갈 수밖에 없을 것 같다.

다글

에이즈 환자들을 위한 쉼터에서 윤 가브리엘과 처음 만났고, 현재 나누리+에서 활동하고 있다.

* 윤 가브리엘과 인터뷰하는 자리에 김정숙과 다글이 함께했다.

● 얼마 전에 바성연에서 《조선일보》 등에 '〈인생은 아름다워〉 보고 '게이' 된 내 아들 AIDS로 죽으면 SBS 책임져라!' 하는 광고를 실었는데요. 여전히 '동성애 = 에이즈'라는 생각을 가진 사람이 많은 것 같습니다. 그 생각이 상당히 견고한 것 같고요.

윤 가브리엘(이하 윤)　에이즈가 발견된 초기부터 그런 점이 있었죠. 1981년에 게이한테서 에이즈가 처음 발견되었는데, 당시 미국 의료계나 과학계에서는 '이 사람들이 왜 면역력이 파괴되어서 보통 사람들은 걸리지 않는 곰팡이성 세균이나 폐렴으로 사망하는 걸까' 하며 원인을 몰랐죠. 처음 발견된 사람이 동성애자니까 그들만의 문제가 아닐까, 동성애자들에게는 이성애자와 다른 여러 가지가 있으니까 그렇게 생각한 거고요.

　처음에는 에이즈를 '게이 돌림병'이나 '게이 암'이라고 했잖아요. 그러다가 HIV가 발견된 거죠. HIV가 어떻게 면역력을 파괴하고, 어떤 경로를 거쳐 사망에 이르게 하는지도 알게 되었죠. HIV가 10년 정도 잠복한다는 사실도 밝혀졌는데, 추적해 보니까 1959년도 아프리카 콩고에서 채취한 혈액 샘플에서도 HIV가 나왔어요. 감염학회에서는 그전에도 에이즈 환자가 있었을 거라고 추정해요. 아직까지도 HIV가 어디서 비롯되었는지는 밝혀지지 않았고요. 이런 사실이 사람들에게 알려지기까지 오랜 시간이 걸려서 그 사이에 사람들 인식이 굳어진 거죠. 에이즈를 게이들 병으로만 생각해서 이성애자들이 방심하는 바람에 HIV가 더 확산되었고요.

사람들이 에이즈 하면 동성애를 떠올리게 된 데에는 특히 보수 기독교계의 영향이 컸다고 생각해요. 이들은 동성애자들을 공격하는 무기로 에이즈를 사용했죠. 1981년 미국 레이건 정부 시절 팻 뷰캐넌 보좌관도 공개적으로 언론에 대 놓고 "에이즈는 성적으로 문란한 동성애자들에게 신이 내린 천벌"이라고 했고, 백악관에서 예배할 때 "에이즈는 동성애자들에게 신이 내린 벌이라고 하는데 당신도 그렇게 생각하냐"는 목사 질문에 레이건도 그렇다고 대답했고요. 이런 역사적 배경이 있는 거죠.

에이즈는 동성애자라서 걸리는 병이 아니라는 사실이 밝혀졌는데도 우리나라 보수 기독교계는 여전히 이런 주장을 많이 해요. 동성애자들을 얘기할 때 에이즈를 문제 삼고, '에이즈가 퍼지는 이유가 뭐냐, 동성애자들이 문란하기 때문에 그런 거 아니냐'고 공격하죠. 미국 보수 기독교계를 따라 하는 것 같아요.

● **10년 전쯤에는 조·중·동(《조선일보》 《중앙일보》 《동아일보》)이나 《한**

겨레신문》이나 동성애를 대하는 시각이 크게 다르지 않았던 것 같습니다. 그 사이 진보적인 매체는 달라졌지만요. 동성애에 대한 이해도가 높아졌죠. 그런데도 에이즈를 대하는 태도는 여전한 것 같습니다.

윤   맞아요. 특히 감염인이 성매매를 했다든지, 예방을 하지 않고 많은 사람과 성관계를 가졌다든지 하는 사건이 터질 때 언론들 기사를 보면 진보적인 곳이나 보수적인 데나 크게 다르지 않아요. 물론 보수적인 곳이 더 심하긴 하죠.

언론들이 사건을 여러 측면에서 들여다보지 않는 것 같아요. 에이즈에 대해서도 잘 알지 못하는 것 같고요. 성관계를 가지면 감염될 가능성이 있다? 물론 있죠. 그런데 확률이 낮아요. 콘돔을 사용하면 더 그렇고요. 에이즈에 걸린 부산의 10대 여성이 성매매를 해서 문제가 된 일이 있어요. 그때 언론들이 들고일어났죠. 그 친구가 에이즈에 걸린 사실을 알면서도 성매매를 했다는 거죠. 근데 그 친구는 상대 남성에게 콘돔을 쓰라고 요구했는데, 그들이 안 썼어요. 성매매 자체는 문제이지만, 10대 여성인 데다가 그 친구는 지적장애도 있었어요. 그런 친구를 보호해 주지는 못할망정, 돈 주고 성적 도구로 삼은 남자들에 대해서는 어느 언론도 얘기하지 않았어요. 그 친구만 죽일 사람 만든 거죠.

그런 기사들이 나올 때 댓글들을 보면 '죽으려면 저 혼자 죽지!' 대개 이런 식예요. 댓글 다는 사람들 보면 대부분 이성애자 남성들이거든요. 자기가 돈 주고 산 여성이 깨끗한 몸을 제공하지 않았다는 거죠. 이성애자 남성 중심의 사회라서 이런 여성들을 짓밟고 희생시키고 억압하는 것 같습니다.

어쨌든 보수나 진보 매체나 감염인들을 가해자로 보는 시각은
다 있는 것 같아요.

● 실제로 그렇게 두려운 병이라면 많이 그리고 정확하게 알려야 되잖
아요. 예방 교육, 안전 교육도 하고, 그러면 나을 텐데요. 정부에서
에이즈에 관해 쉬쉬하고 숨기는 이유는 뭐라고 생각하시나요?

윤 정부가 일단 관심이 없어요. 에이즈는 어느 병 못지않게 많이
알려야 되고, 사람들이 많이 알아야 되는 병이거든요. 예방도 어
렵지 않고, 쉬워요. 그런데 한국 정부는 의지도, 관심도 없어요.
유엔에 가입되어 있으니까 거기서 권고하는 기준들을 따라야 하
는데 잘 지키지도 않고요. 형식적으로만 유엔에 보고하는 상황이
죠. 정부 얘기는 뭐냐 하면, 우리나라는 인터넷이 많이 발달돼 있
어서 사람들이 에이즈에 대한 정보를 쉽게 접할 수 있다는 건데
요. 사람들이 인터넷에서 '에이즈'를 검색하지는 않거든요.
　정부가 먼저 적극적으로 나서서 어떤 수단이든 써야 된다고 생
각합니다. TV를 통해서 홍보하든, 캠페인을 하든 정부가 나서야
되는데, 하지 않는다는 거죠. 선진국 중에서는 영국이 에이즈 예
방 교육이나 홍보를 가장 잘한 나라로 꼽혀요. 그래서 영국은 서
구 선진국 중에서 가장 감염 확률이 낮았죠. 물론 지금은 아니지
만, 초기에는 그랬습니다. 1980년대 초에 에이즈가 발견돼 전 세
계로 확산되고, 중후반이 되니까 전 세계에서 다 발견되잖아요.
그때 영국 정부가 어떻게 했냐 하면 보건복지부 장관이 '이것은
국민들에게 많이 알려야 되는 질병이다'고 생각해서 전 국민에게

편지를 보냈어요. 이런 병이 있는데, 어떤 병이고, 어떻게 예방해야 된다는 등의 내용을 적은 거죠. 그러고도 모자라서 홍보 교육 프로그램을 만들어서 BBC 방송으로 내보냈어요. 영국 국민의 70퍼센트가 이 방송을 보았고, '에이즈에 대해 잘 알게 됐다'고 대답할 정도였대요.

그런데 우리는 기껏 '에이즈의 날(12월 1일)' 즈음해서 TV에 방송 몇 편 나오는 정도죠. 그런데 그것조차도 편견을 조장하는 내용이 주예요. 예전에 질병관리본부나 보건복지부에서 제작한 홍보 광고 중에 이런 것이 있었어요. 남녀가 건강은행이라는 데를 가요. 가서 통장을 내밀어요. 직원이 확인한 뒤 통장을 다시 내밀면 '에이즈 음성' 하고 나와요. 그러곤 결혼식 장면으로 화면이 싹 바뀌죠. 홍보물이라고 있는 것도 이런 거였어요.

● 영국 얘기가 나왔으니까 하는 말인데요. 록그룹 퀸의 프레디 머큐리 같이 유명한 사람이 죽고 나면 '게이다. 에이즈로 죽었다'는 식으로 나오니까 편견이 더 깊어지잖아요. '역시 게이는 에이즈에 걸려 죽는구나' 하는. 록 허드슨(미국 영화배우)의 경우도 그랬고요. 그런데 엘리자베스 테일러가 록 허드슨의 시신에 키스하는 장면이 보도되면서 에이즈에 대한 편견이 어느 정도 줄었는데요. 언론이 에이즈에 관해 심층적으로 분석해서 보도하지 않는 것도 문제 같습니다.

윤 에이즈에 관한 기사들을 보면 항상 행태만 보도를 해요. 원인, 왜 그런 일이 일어났느냐는 보도를 안 하죠. 정부에서 HIV 감염인을 실명으로 관리하잖아요. 국정감사 때마다 국회의원들이 지적하는 것이 뭐냐 하면, '이 중에 몇 명의 소재 파악이 안 된다, 그 사람이 어디 가서 문제를 일으키면 어떻게 하느냐, 그 사람들을 찾아내야 되지 않느냐', 이런 겁니다. 그럼 〈감염인 몇 명 행방불명, 감염 확산 두려워〉 따위의 제목을 단 기사들이 쏟아지죠.

그들이 왜 잠적할 수밖에 없었는지 어떤 언론도 들여다보지 않아요. 병 걸린 게 무슨 죄인가요. 무슨 범죄라고 실명으로 신고하고, 죽을 때까지 정부 관리를 받고 추적당해야 하는 건가요? 이런 시스템에서는 병 걸린 자체가 죄가 됩니다. 정부가 관리한답시고 감염인 주위 사람들에게 질병 사실을 노출시켜 사회생활도 할 수 없게 만들고요. 이런 상황이 부담스럽고 두려워서 감염인들이 숨는 겁니다. 병원도 안 가게 되어 나중에는 건강이 더 나빠져 위험한 상황에 이르고요. 결국 지금의 시스템은 감염인들 건강권을 침해하는 꼴인데, 어느 언론도 이런 문제는 다루지 않죠.

가장 안전한 섹스는 감염인과의 섹스

● 몇 년 전만 해도 동성애 커뮤니티에서도 에이즈 문제를 다루기 꺼렸지 않습니까? 게이 커뮤니티에 해가 될 수 있다고 공격하는 경우도 있다고 하던데요.

윤　맞아요. 가장 큰 게이 커뮤니티인 이반시티에서 줄기차게 나오는 것도 에이즈에 관한 얘기예요. 누가 감염되었다는 소문이 나면 누군가가 게시판에 밝히기도 하고, 게시판에서 '그 사람이 찜질방 어디서 돌아다닌다더라, 찜질방 사장이 돈에 눈이 멀어서 그런 사람들을 들어오게 한 거다', 이런 얘기들도 해요. 게이들 자체가 감염인들을 가해자로 바라보는 거죠. 물론 "그 사람이 나를 좋아하고 사랑한다면 나는 그것도 감당할 수 있어"라는 사람들도 있긴 하지만요. 제 주위에도 비감염인이면서 감염인과 사귀는 친구가 많지는 않아도 있습니다.

하지만 대다수 게이는 감염인들을 가해자로 보는 시각을 갖고 있죠. 이성애자들은 그런 사람 있다더라, 나는 만날 일 없으니까 하면 그만이지만, 게이 커뮤니티는 협소하니까, 내가 어떤 실질적인 피해를 입을 수 있다는 불안감이 있는 것 같아요.

● 에이즈에 대한 정확한 지식이나 인식이 없으면 동성애자들도 편견을 가질 수 있겠는데요. 아니 더 큰 편견과 피해의식을 가질 수도 있고요.

윤　그렇죠. 우리뿐만 아니라 외국에서도 그렇다고 해요. 동성애자들, 게이들한테 에이즈 발병 원인을 뒤집어씌워 공격하는 바람에 아이러니하게도 동성애자들이 도리어 에이즈 예방에 더 관심을 갖게 되었죠. 실제로 동성애자들을 대상으로 설문 조사를 해보면 이성애자보다 콘돔을 더 많이 써요. 여러 가지 예방법도 고민하고요. 물론 콘돔도 100퍼센트 안전하진 않아서 그것에 대한 두려움도 갖고 있지만요.

● 운동이라는 것은 가장 적은 소수자, 약자까지 인권을 누릴 수 있는

것이 궁극적인 목표겠지만요. 그런데 거기까지 도달하는 것이 쉽지 않기 때문에 단계적으로 하자, 이런 문제는 아직 우리한테 너무 먼 거 아니냐는 얘기도 꽤 있었을 것 같습니다.

윤   맞아요. 다수자의 예방을 위해서 소수자의 인권 정도는 좀 제한되어도 되지 않느냐는 인식인 거죠. 후천성면역결핍증 예방법에 인권 침해적인 조항들이 아주 많았어요. 1987년 처음 제정된 이 법은 공포에 기반을 둔 법이어서 격리 조항이 있을 정도였죠. 몇 번 개정해서 이 조항은 없어졌지만, 2006년 나누리+가 이 법 개정 활동을 할 때만 해도 감염인 실명 보고·실명 관리 조항, 외국인·성매매 종사자 등 에이즈에 걸릴 수 있는 위험한 환경에 놓여 있다고 판단되는 자 등의 강제 검진 조항(유엔에이즈계획UNAIDS이나 세계보건기구WHO에서는 자발적 검진이 아니면 강제 검진으로 규정해 놓았다), 감염인이 치료에 불응하면 강제로 치료하는 강제 치료 조항, 공중 접촉이 많은 위생업소에 감염인 취업 제한 등의 독소 조항들이 있었어요.

2008년 개정되면서 강제 치료는 '치료 권고'로 바뀌었지만 실명 신고, 실명 관리 문제는 여전히 남아 있어요. 익명 검진, 익명 관리 조항이 추가되긴 했어요. 익명으로 검진해서 양성이 나올 경우 본인이 원하면 익명으로 관리받을 수 있죠. 그런데 문제는 익명으로 관리받으면 진료비를 지원받을 수 없다는 겁니다. 결국 진료비 때문에라도 실명으로 전환할 수밖에 없어요. 그래서 저희는 익명 관리 조항은 사실상 유명무실하다고 비판해요. 결국 2008년에 개정된 예방법은 용어 몇 마디 고친 수준에 불과하죠. 다수의 예방을 위해 감염인의 인권을 제한하는 방식은 그대로이고요.

　이렇게 인권 침해적인 법 조항을 개정하려고 활동할 때 언론 도, 정부도 늘 그렇게 말했죠. 일단 급한 불부터 끄자, 천천히 단 계적으로 하자. 이런 논리는 어디나 있죠. 게이 커뮤니티 안에도 있고요. 그래서 운동하면서 한계도 많이 느끼고, 많이 힘들었어 요. 아무리 일해도 표도 나지 않고. 많이 지치고 그렇죠.

● **다수자의 예방을 위해 소수자의 인권 정도는 좀 제한해도 된다는 주장을 들으면 섭섭하셨을 텐데요.**

윤　우리는 항상 이렇게 얘기하거든요. 진정한 예방이 되려면 감 염인이 자기 자신을 밝힐 수 있어야 한다고요. 감염인에 대한 차 별이 없어져서 감염인이 감염 사실을 스스로 밝히고 보통 사람들 과 똑같이 살아갈 수 있다면 오히려 예방이 더 잘된다는 거죠. 그 사람이 감염인이라는 사실을 알면 내가 예방할 수밖에 없고, 감염 당사자도 마찬가지고요. 사람들이 내가 감염인이라는 사실을 다 알기 때문에 예방할 수가 있고, 파트너와 관계를 맺을 때도 예방 하게 되죠. 만에 하나 예방을 했는데도 실수할 수 있잖아요. 콘돔 이 찢어졌다든가. 이럴 때도 대처할 수 있는 방법이 있어요. 검사 를 미리 해 본다든지, 약을 미리 먹어 본다든지 하는 가능한 방법 이 있거든요.

　우리가 늘 얘기하는 게 인권이 보장되고, 차별이 없어져서 감 염 사실을 밝힐 수 있으면 예방이 가능하다는 겁니다. 심지어 미 국에서는 에이즈 예방 캠페인에서 어떤 슬로건이 나왔냐 하면 '가장 안전한 섹스는 감염인과의 섹스'라는 거예요. 알기 때문에 예방할 수 있다, 실수해서 문제가 생겨도 대처할 수 있다는 거죠. 그런데 우리나라 사람들에게 이런 얘기를 하면 난리가 나죠. (웃음)

● 정확하면서도 역설적으로 들릴 수 있는 얘기라서요.

윤 그렇죠.

● 미국 같은 나라에서도 주사기로 인한 감염이 가장 많다고 하던데요. "주사기로 인한 감염률이 압도적인 비율을 차지하는데도 미국 연방정부는 주사기 교환 프로그램에 대한 지원금을 거부했다"고 들었습니다. 미국 같은 나라에서도 감염을 제대로 예방하지 않고, 에이즈 문제를 음성화시킨다는 얘기인데요. 한국은 더하겠죠.

윤 어떻게 보면 가장 기본적인 것은, 우리 같은 NGO나 인권단체가 뭘 할 수 있느냐는 것보다 정부가 서구의 좋은 시스템들을 보고 배워서 예방에 나서는 것이죠. 그런데 그런 것을 전혀 안 하고 있다는 거예요. 그게 가장 큰 문제입니다. NGO나 인권단체가 무언가를 하는 데는 한계가 있죠. 엘리자베스 테일러 같은 사람이 나오지 않는 이상 에이즈 문제를 환기시키기 어려운데요. 미국에서도, 유명한 배우인 엘리자베스 테일러가 먼저 나서고 나중에 정부가 움직였잖아요. 우리나라에서도 이런 상황을 바라는 건 우습고. 어쨌든 한국 정부는 에이즈 문제에 대해서는 의지도, 관심도 없으니까요. 그래서 우리끼리 모이면 환자가 만 명 이상은 되어야 정부가 관심을 가질 거라고 농담처럼 애기해요. 돌아가신 분들 빼면 6천6백 명 정도로 아직도 소수니까, 큰 문제가 아니라고 생각하는 것 같아요. 감염 사실이 밝혀지지 않은 분들과 자신이 감염되었는지 모르고 있는 분들까지 합하면 더 될 텐데, 정부가 너무 안일하게 생각하고 있습니다. 전혀 관심이 없으니까요.

약 못 먹어서 죽는 병

● "사람들이 에이즈 때문에 죽는 것이 아니라 약을 못 먹어서 죽는다"고 말씀하셨는데요. 사고가 나서 죽거나 지금 고칠 수 있는 약이 없어서 죽는다면 어쩔 수 없다고 생각할 수 있지만, 약은 있는데 약값이 너무 비싸서 약을 먹지 못해 돌아가시는 분들을 보면서 많이 안타까우셨을 것 같습니다. 본인의 문제이기도 하고요.

윤　우리나라는 아프리카나 아시아, 남미의 가난한 나라보다는 나은 것 같아요. 그나마 기본적인 치료제는 먹을 수 있으니까. 환자가 많지 않으니까 정부가 지원을 해 줘서 먹고는 있는데요.
　태국에서 열린 국제 에이즈 컨퍼런스*에 참가하면서 에이즈 문

★　2년마다 한 번씩 대륙을 돌아가며 열리며 '인터내셔널 에이즈 소사이어티'라는 조직이 주최한다. 국제 에이즈 행사 중 규모가 가장 크다. 일주일가량 열리며, 세계 에이즈 문제·예방·치료와 감염인 인권 등을 주제로 2천 개가 넘는 세미나·포럼이 열린다. 세계 감염인들과 NGO들은 가난한 국가 감염인들의 인권과 약을 먹고 치료받을 권리 등을 요구하는 투쟁의 장소로 활용하기도 한다.

제에 관해 심각하게 생각하기 시작했습니다. 에이즈가 우리만의 문제가 아니라 세계적인 문제라는 걸 알게 됐지요. 핵심적인 에이즈 문제 원인도 알게 되었고요. 이전에는 사회적 편견이나 차별 위주로 생각했는데, 사람들을 죽게 만드는 근본적인 원인이 자본에 있다는 걸 보게 된 거죠. 자본가들을 배부르게 하려고 병에 걸리고, 경제적으로 취약한 사람들이 죽음으로 내몰리는 현실을 뼈저리게 느꼈습니다. 이전까지는 자본주의의 폐해가 어떤 것인지, 신자유주의의 폐해가 어떤 것인지 잘 몰랐거든요. 컨퍼런스 현장을 누비면서야 에이즈가 자본주의와 신자유주의의 맨 얼굴을 드러내는 가장 핵심적인 것임을 알았죠.

나누리+에서 중점을 두는 활동 중 하나가 의약품 문제예요. 우리뿐 아니라 세계 에이즈 활동가들이 최우선적으로 삼는 의제이기도 하고요. 우리가 아무리 많이 활동해도 특허로 독점하는 체제는 워낙 견고해서 누구도 어떻게 할 수 없는 거잖아요. 아무리 난리를 피우고, 시위를 하고, 수많은 곳에서 수많은 일이 일어나고 있어도 지금의 현실을 변화시키기에는 역부족인 것 같습니다.

● 그래서 다른 여러 운동과 연대하는 것이 중요할 것 같은데요. 다국적 제약회사의 횡포는 일개 국가 차원에서 해결할 수 있는 문제가 아니잖아요. 가난하고 돈 없는 나라 사람들은 비싸서 약을 못 먹는데 제약회사에서는 복제도 못하게 합니다. 개발하는 데 돈이 많이 들어서 약값이 비쌀 수밖에 없다는 논리인데 이것은 '사람 목숨을 앞에 두고 이익을 내세우냐'는 인도적인 차원이 아니더라도 그다지 설득력이 없는 것 같습니다. 다국적 제약회사 사장과 면담도 하셨는데, 별

다른 얘기를 못 들으셨다고 들었습니다. 제약회사가 약을 독점하는 문제를 어떻게 풀어 나가야 한다고 보십니까? 단기간에 해결될 문제는 아니지만, 여러 가지 압박은 가하고 계신 것 같은데요.

윤　그들이 환자들을 무서워하는 건 사실이에요. 사장도, 회사 관계자들도 저를 어려워하고, 제 눈치를 보면서 슬금슬금 피하려는 걸 느꼈어요. 양심에 찔려서죠. 우리가 이들보다 더 크게 목소리를 낼 수 있는 이유가 뭐냐 하면, 이들이 거짓말을 하고 있기 때문인데요. 약 개발에 연구개발비가 많이 들어갔다고 하지만, 막상 얼마나 들었는지 밝혀 봐라 하면 공개 안 하거든요.

　세계무역기구에 가입하기 전에 인도가 약을 카피했잖아요. 가난한 나라들이 먹을 수 있는 약을 만들었는데, 성분이 똑같은 100만 원짜리 약을 카피해서 10만 원 정도에 파는 식이었어요. 그러고도 남는다고 해요. 가난한 아프리카에 팔 때는 그보다 더 싸게 팔기도 하는데 그때도 남는다고 해요. 이것만 봐도 제약회사들이 얼마나 많은 거짓말을 하는지, 얼마나 부당하게 돈을 벌어먹고 있는지를 알 수 있죠. 이런 이유 때문에라도 우리로서는 더 할 말이 많지만, 워낙 시스템이 독점적인 구조로 되어 있잖아요. 법도, 정치인들도 그들과 결탁해서 사용료만 내면 쓸 수 있던 특허물을 독점하게 만들었거든요. 다른 것은 몰라도 약은 생명과 직결된 건데도 말입니다. 그러니까 죽을 때까지 이런 부당함에 맞서 싸워야 하는 거죠.

● 많은 사람이 항의해서 개선해 나갈 수밖에 없는 건데요.

윤 우리나라는 특허 파기 이런 거 절대 못하잖아요. 의약품 접근권 운동이 더 활발해져야 할 것 같습니다. 시민단체나 사람들이 이런 문제에 많이 관심을 가져 줬으면 좋겠어요. 자신이 환자가 아니고, 감염인이 아니더라도 말이에요. 사실 언제 아프게 될지는 누구도 모르는 일이죠.

우리 건강보험 시스템이 누구 돈으로 운영되나요? 우리 돈이잖아요. 일껏 낸 보험료가 제약사들한테 들어간다는 건 누가 봐도 화낼 일이잖아요. 특히 특허가 있는 약들이 문제인데요, 다국적 제약사들은 특허를 무기로 우리에게 국민소득 4만 달러 수준의 선진 7개국(미국, 영국, 프랑스, 독일, 캐나다, 이탈리아, 일본)이나 댈 수 있는 약값을 요구해요. 약값을 그대로 주지 않으면 약을 공급하지 않겠다고 횡포를 부리고요. 그래서 정부는 울며 겨자 먹는 식으로 그 비싼 약값을 물고 있고, 그게 고스란히 건강보험 재정을 압박하는 걸로 나타나는 거죠.

그런데 특허가 끝난 약들의 값도 우리는, 우리와 경제 수준이 비슷한 대만에 비해 20퍼센트 이상 비싸게 사요. 그 돈도 다 건강보험료에서 나가요. 건강보험 재정이 적자로 돌아서면 정부는 제약사들과 약값을 흥정하는 게 아니라 보험료 인상으로만 해결하려고 해요. 이런 사실을 많은 사람이 모르고 있는 게 안타깝죠. 더 많이 알려서 더 많은 사람이 항의하게 하는 일이 필요합니다.

● 당사자가 운동할 때 더 호소력이 있는 건데요. 당사자 운동이란 게 어렵지 않습니까? 공격당하기도 쉽고요. 노동자들이 노동운동을 하는 것을 두고 밥그릇 싸움이니 이기심이니 매도하는 현실에서 운동을 하

동성애자, 에이즈 환자, 장애인. 다중적 소수자로 살아온 윤 가브리엘
이 쓴 책 《하늘을 듣는다》(사람생각). ⓒ너로다

기로 결심하는 것이 쉽지는 않았을 것 같은데요.

윤 　그러니까 운동 시작한 계기를 딱 한 가지만 말하기는 어려워
요. 제가 워낙 다중적 소수자로 살아왔잖아요. 배운 것도 별로 없
고, 봉제공장 노동자로 힘들게 살았고요. 게이라는 정체성 때문에
힘들었고, 마지막인지는 모르겠지만 어쨌든 에이즈까지 왔고요.
(웃음) 면역력이 떨어져서 이제는 장애인이 되었죠. 더는 갈 데가
없다, 탈출구가 없는 사방이 꽉 막힌 곳에 갇힌 느낌이 들더군요.
　세상에 대한 원망을 품고 살았던 것 같아요. 봉제공장 노동자
로서 원망, 게이로서 원망. 그러면서 내 삶은 이런 거니까 체념하
고 살았는데, 에이즈까지 오면서 그간 쌓였던 원망이 폭발한 것
같습니다. 그런데 그때 친구들이 따뜻하게 위로해 줬어요. 친구들
하고 쉼터에 살면서 구구절절한 기막힌 사연들과 경험들을 듣다
보니 뭔가가 끓어오르더라고요.
　이런 얘기하면 좀 그렇지만, 에이즈라는 병이 저를 긍정적으로
만들어 줬어요. 병 때문에 몇 번 죽을 고비를 넘겼는데(그때를 떠
올리면 지금도 몸서리쳐지지만), 그 과정에서 제 삶이 180도 달
라졌거든요. 무척 밝아졌죠. 옳은 것이 뭔지, 진실이 뭔지 고민하
게 하고, 사람들의 오해와 편견을 뒤흔들고 진실을 알릴 수 있는
일을 하게끔 만든 게 에이즈라는 병이었어요. 물론 그렇게 되기까
지 주위 친구들 도움이 있었죠. 처음에 병을 고백했을 때 따뜻하
게 위로해 줬어요. 만약 외면하고 냉대하고 차별했다면 저 역시
어딘가로 숨어 버렸을 거예요. 좋은 친구들이 있었고, 그들이 제
안에 긍정적인 힘을 만들어 준 것 같습니다.

● 소수자들이 차별을 받다 보면 그 차별을 운명처럼 받아들이는 경우가 있다고 하더군요. 게이들이 에이즈에 걸렸을 때 '나한테 올 것이 왔구나' 하고 체념한다는 말도 들었습니다. 1990년에 에이즈란 걸 알았을 땐 본인도 '동성애＝에이즈'란 편견을 갖고 있었던 것 같은데요.

윤　감염인이 되기 전에는 저도 에이즈에 대해서 편견을 가지고 있었어요. 많이 들었으니까요. 듣기 싫어도 우리끼리 있으면 얘기하게 되고, 커뮤니티에 나오면 또 듣고. '나도 에이즈에 걸릴 수 있지 않을까'라는 생각이 들다가도 '나는 아닐 거야'라고 금방 무관심해지곤 했죠. 실제로 감염된 친구들 얘기를 들으면 저도 '얼마나 놀았으면' 하고 생각한 적이 있습니다.

　그런데 제가 당사자가 되니까 단지 그냥 예방하지 않았을 뿐이라는 사실을 안 거죠. 사람을 많이 만난 것도 아니고 성추행을 한 것도 아니고 말이에요. 에이즈 감염 경로를 그전에는 정확히 몰랐고, 어떤 것이 감염률이 높은지도 몰랐어요. 병에 걸린 뒤에야 제대로 알았습니다. 에이즈가 어떤 특정한 사람만 걸리는 병이 아니라 성관계를 하는 누구나 예방하지 않으면 걸릴 수 있다는 것도요. 에이즈에 대한 사람들 편견을 알게 됐고, 그러면서 제가 가지고 있던 편견도 많이 깨졌지요. 그런데 왜 우리만 이렇게 알고 있어야 하나, 왜 사람들이 우리를 오해하게 내버려 두어야 하나, 진실을 말해 줘야 하지 않나 하고 생각한 거죠.

　장애인이 되면서 처음에는 되게 우울했어요. 아는 누나한테 "누나, 나 동성애자에 감염인이 되더니 이제 장애인까지 됐어."

했더니 "너, 이주노동자만 되면 딱이다." 하더군요. (웃음) 그래서 제가 "미안해 누나, 우린 일하러 외국에도 못 나가." 하고 우스갯소리를 한 적이 있어요. 그때 저는 달가운 일은 아니겠지만, '장애인이 되었다고 내가 왜 우울해해야지?' 하고 스스로에게 물었습니다. 저도 나름 인권 활동을 했잖아요. 장애인들을 보면서 '저분들도 저렇게 열심히 사는데, 나도 뭔가를 해야지' 하고 마음먹었는데, 막상 제가 장애인이 되니까 다른 거죠. 어떻게 받아들여야하나, 굉장히 고민이 많았어요.

그런데 한 장애인 친구를 보면서 생각이 달라졌어요. 한쪽 손밖에 쓸 수 없는 친구였는데, 떼굴떼굴 구르면서 살아가는 모습을 보면서 느낀 게 많았습니다. 그 친구가 해 준 말이 저를 일깨워 줬죠. "장애는 불편한 거지, 불행한 게 아냐. 이 사회가 장애를 불행하게 만드는 것이 문제지." 그 친구 말을 듣고 제가 장애인인 것을 편하게 받아들일 수 있었죠.

제 눈이 거의 안 보이게 된 건 약을 일찍 못 먹어서거든요. 면역력이 부족해서 그렇게 된 거니까 약을 조금만 더 일찍 썼으면 좋았을 거라는 아쉬움은 있어요. 푸제온(에이즈 치료제) 쓰고 나서 건강 상태가 엄청 좋아졌거든요. 10년 투병 이래 최고의 면역력을 보이고 있습니다. (웃음)

● **푸제온은 아직 정식으로 들어오지 않는 건가요.**

윤 제약사에서 무상으로 공급하고 있죠. 꼼수를 쓰는 거예요. 환자가 약을 끊을 수 없으니까, 결국 나중에 정부는 제약사들이 원하는 대로 약값을 지불하게 돼요. '봐라, 이렇게 많은 사람이 쓰고 있는데, 우리가 공급을 끊으면 어떻게 할래?' 하는 식이죠. 제약 회사들은 이런 식으로 다른 약들도 비싸게 받아 처먹었습니다.

● **약값을 청구하면 나중에 준다고 하던데요. 정부에서 100퍼센트 지원해 주는 건가요?**

윤　보험이 적용되는 것에만 그렇죠. 에이즈 환자에 대한 정부의 지원은 의료비 지원과 생활이 어려운 사람을 기초생활수급자로 지정하는 것 두 가지예요. 보통 환자들은 선택진료비가 안 붙는 일반 병원에 가거나 보통 의사한테 진료를 받으면 되지만, 에이즈 환자들은 감염내과에서 전문의 진료를 받아야 해요. 그러다 보니 어쩔 수 없이 선택진료비를 부담해야 하죠. 선택진료비는 보험 적용이 안 돼 본인이 다 부담해야 합니다.

　기초생활수급자는 정부에서 주는 생계비 40여 만 원으로 살아가니까 의료비 부담이 더 크죠. 저도 기초생활수급자인데 병원에 가기가 어려워요. 한 달이든 한 주든 병원에 한 번 입원하면 몇십만 원, 몇백만 원도 우습게 나와요. 이 때문에 기초생활수급자들이 의료의 질이 떨어지는 국립의료기관으로 몰리는 거예요. 어쨌든 다른 병원에 비해 더 싸니까요. 그런데 국립의료기관들은 너무 열악해요. 가면 젊은 의사들밖에 없고. 오래 거기서 일한 사람들이 없어서 뭐가 뭔지도 잘 모르고요.

아파서 아프다고 했을 뿐

● 2009년 인권재단에서 주는 인권홀씨상을 받은 소감으로 "마음이 무거웠어요. 나는 단지 아픈 사람으로서 아프다고 소리를 질렀을 뿐이었는데, 상을 주다니요. 아픈 사람이 아프다고 말하지 못하는 이런 현실이 병보다 더 무섭습니다. 제가 죽을 때까지 이 차별이 없어질지 모르겠지만 그때까지 최선을 다할 겁니다."라고 말씀하셨잖아요. 슬프게 들리는 말이었는데요. 올해 동인련에 HIV/AIDS 인권팀이 만들어져서 활동 중이라고 들었습니다.

윤 7년 가까이 나누리+를 통해서 에이즈 인권운동을 해 왔어요. 하지만 이러저러한 것을 해 보자고 계획할 틈은 별로 없었어요. 늘 쉴 새 없이 문제가 터져 나오고, 그 일들에 대응하기도 벅찼거든요. 앞으로는 좀 멀리 내다보면서 할 수 있는 일이 뭘지 고민해야 될 것 같아요. 특히 감염인들이 서로 자주 만날 수 있는 일을 많이 해 보고 싶어요.

차별이 존재하는 상황에서 감염인들한테 같이 무언가를 해 보자고 얘기하기는 아직은 어려워요. 저는 여러 사람이 지지해 주니까 뭐라도 할 수 있지만, 대부분 감염인은 주위 사람들에게 감염 사실이 밝혀지면 힘든 상황에 처할 수 있거든요.

그런데 7년 가까이 활동하다 보니 감염인들이 반응을 해 와요. 직접 함께하지는 못해도 말 한마디라도 따뜻하게 건네 주시더라고요. 커뮤니티에 가면 전혀 모르는 분들인데 저를 알아봐요. 저는 눈이 잘 안 보이니까 '어디서 봤는데, 내가 못 알아보나' 하고 속으로 미안해하고 있는데 '영상을 통해서 많이 봤다, 기사를 통해 봤다'고 하시더라고요. 그러면서 응원해 주신 분도 있었어요. 쉼터에 있을 때 만난 어떤 분도 저를 알아보고는 '많은 사람이 못 하고 있는 일을 혼자 해내는 걸 보고 대단하다고 생각했다. 고맙다'고 하시더군요. 그때 많은 걸 느꼈어요. '운동이란 게 이런 거구나. 이렇게 누군가에게는 힘을 줄 수 있는 거구나.' 그래서 좀 더 열심히 해야겠다고 생각했습니다. 감염인들 삶에 좀 더 가까이 다가가 그들의 얘기를 들으면서 어떤 것을 해야 할지 알아 가고, 그런 것을 실현하기 위해서 노력해야겠다는 생각, 요새 많이 해요.

반면에 활동을 하게 되면서 예전에 만나던 게이 친구들이나 친구들과는 좀 소원해지는 것 같아요. 관심 분야가 서로 다르고, 다른 게이들 같은 경우 적당히 숨긴 채 나름 즐기면서 살아가기도 하니까요. 그런데 저는 여러 활동을 하면서 '나는 이런 거 해야 돼, 드러내야 돼' 하니까요. 그러다 보니 만나도 공감할 것이 없어 거리감이 느껴지더라고요.

친했지만 연락이 뜸했던 친구가 몇 년 만에 찾아온 일이 있어요. 제가 쓴 책 《하늘을 듣는다》(사람생각)에 나오는 친구인데요. 그 친구를 보니까 반갑기도 해서 붙잡고 펑펑 울었어요. 왜 그랬을까 나중에 생각해 보니까, 제 정체성을 처음으로 그 친구한테 어렵게 고백했을 때 따뜻하게 안아 준 게 떠올라서였던 것 같아요. 고마워서요. 친구의 그 따뜻함 덕분에 사람들 앞에 나설 수 있는 용기가 생겼거든요. 이후에 그 친구랑 다시 연락하면서 지내는데 어떻게 보면 또 새로운 관계가 시작된 거죠. 서로 이런 거 저런 거 다 인정하고, 다르면 다른 대로 받아들이면서 좋은 친구로 지내고 있어요.

이런 일을 겪으면서 이젠 좀 더 편하게 활동할 수 있겠다는 생각이 들었어요. 지금 같이 활동하는 사람들은 말할 것도 없고 활동하기 이전에 만났던 사람들과도 좀 더 편하게 관계를 맺으려고요.

활동해 온 7년 내내 저를 비롯한 활동가들은 거의 매일 울었어요. 저희에겐 특히 에이즈의 날이 중요한데요. 이날 활동이 끝나면 허탈해서 울고, 우리 이만큼 했는데…… 하며 성과가 별로 없는 것에 속상해서 울고. 여하튼 거의 매일 울었어요. 그러니까 다른 단체 활동가들이 저희보고 허구한 날 운다고, 왜들 그렇게 우냐고 하더라고요. (웃음) 활동을 하면서 어떤 한계도 느끼지만 보람, 성과들도 조금씩 느껴요. 감염인들 관리 시스템이 조금씩 바뀌고 있어요. 정부가 의지를 가져서 그런 것이 아니라 우리가 운동을 하고 주장을 해서 그렇게 되는 면이 있지요.

우리를 지지하고 우리와 함께하는 사람들이 늘어나서 이제는 좀 편하게 활동할 수 있을 것 같습니다. 우리가 못하는 것에 대해서 '왜 못할까, 왜 못할까' 하고 자책하는 것이 아니라 못하는 것은 못하는 대로 인정을 하고, 우리가 할 수 있는 것, 잘할 수 있는 것에 집중하려고 해요. 못하는 것은 좀 더 많은 사람의 의견을 들으면서 편하게 풀어 가려고요. 이제는 그렇게 할 수 있을 것 같아요.

● 감염인들 중에서는 인권운동을 하는 분들이 별로 없는 것 같은데

요. 인권홀씨상 추천글을 보니까 '처음에는 나랑 전혀 다른 사람인 줄 알았는데, 같이 운동해 보니까 신뢰감이 생기고, 감동적인 부분이 생기고, 편하게 얘기하게 됐다'는 글이 많더라고요. 윤 가브리엘과 같이 많은 일을 하면서 어떤 분들은 편견이 줄어든 것 같아요. 이렇게 보면 당사자가 목소리를 내는 일이 무척 중요한데요. 그런데 말씀하신 대로 '드러냄으로써' 여러 가지 어려운 점이 뒤따를 것 같습니다.

윤　맞아요. 저도 고민이 많아요. (웃음) 그래도 사람들이 언젠가는 나오지 않을까, 한 사람이라도 더, 한 사람이라도 더, 이런 기대는 있습니다. 지속적이지는 않더라도 나오는 분들이 간간이 있고요. 자기도 뭔가를 하고 싶다며 나와서 나름 경험해 본 친구도 있고요. 여하튼 기대는 걸고 있어요. 하지만 자신을 드러내면서 활동하는 분들이 많지는 않을 거예요. 다수는 '내가 말 안 하면 모르는데, 왜 굳이 얘기해서 차별을 만들어?'라고 생각하는 거죠.

● 운동을 하면서 본인이 혜택을 입은 부분도 있지 않습니까? 그걸 보면서 다른 사람들도 저렇게 함으로써 나도 정서적인 안정이나 실질적인 도움을 얻을 수 있지 않을까 생각했을 것 같습니다. 윤 가브리엘이 다른 사람에게 빛이 되었을 수도 있고요.

윤　제가 인권활동가가 된 것은 전적으로 나누리+나 동인련 친구들 덕분이죠. '당사자니까 한마디라도 하면 어떨까'라는 서로의 생각이 맞아떨어졌기도 하고, 누군가 나서서 하지 않으면 나라도 해야겠다는 생각도 있었고요. 나누리+나 동인련 사람들에게 많이 고맙고, 그런 만큼 더 잘해야 되는데 하는 부담도 있죠. 아까도 말했지만, 감염인들도 많이 만나고 해야 되는데, 신체적 조건 때문에 어려워요. 눈이 잘 안 보이고, 지금은 많이 건강해졌다고는 하지만, 후유증이 많이 남아 있거든요. 다리에 힘이 없어서 잘 걷지 못하고, 청력도 안 좋아요.

다른 활동가 친구들 보면서 속상한 게 뭐냐 하면, 나도 저 친구들처럼 빠릿빠릿하게 움직일 수 있었으면, 뛰어다닐 수 있었으면, 하는 겁니다. 몸이 못 따라 주고, 글자 하나 보기도 힘든 상황이니까 그게 속상해요. 이런 제 마음을 알아서 친구들은 "아니야, 그렇게 생각하면 안 돼!"라고 항상 얘기를 해 주지만요. 앞장서서 뭔가를 한다는 게 아니라 보조를 맞춰서 같이 뛰어야 되는데 그러기에는 신체적 조건들이 좀 떨어지니…… 이런 것 때문에 고민이고, 속상할 때가 많아요. 하지만 이 조건에서 제가 할 수 있는 것을 찾아야죠.

무관심한 정부, 무지한 언론

● 지적하신 대로 정부의 에이즈 정책이나 관리가 단속이나 격리 위주인데요, 이런 상황에서 커밍아웃을 하면 개인이 힘들어질 것 같습니다. 보건소에서 사회적 커밍아웃 비슷하게 해 버린다든지, 실질적인 예방 조치가 아니라 이 사람이 누굴 만났는지 등에 집중을 하다 보니 사람들이 자기 병을 드러내지 못하게 되고, 에이즈라는 병이 음성화되어서 치료를 더 어렵게 만든다고 생각하는데요. 이런 점을 어떻게

개선해 나가야 되나요?

윤   예방법에 따르면, 감염인이 발견되면 질병관리본부에 신고를
하게 되어 있어요. 의료기관이 발견했든, 헌혈에서 발견되었든 뭐
든. 신고가 되면 질병관리본부가 보건소를 통해서 당사자에게 통
보하고, 만나고 이런 시스템으로 되어 있죠. 이렇게 돌아가는 곳
은 세계에 우리나라밖에 없어요. 일본도 이런 식으로 했다가 인권
침해 여지가 많다고 해서 폐지했죠. 감염인이 50만 명이나 되니까
태국도 관리가 불가능해서 없앴습니다. 통계상에 필요한 성별, 나
이 이런 기본적인 것만 파악하죠. 실명으로 뭘 하지 않고요.

　우리나라 같은 관리 시스템은 에이즈 문제 해결을 오히려 어렵
게 합니다. 며칠 전 열린 토론회에서도 이런 얘기가 나왔는데요,
지금과 같은 시스템에서는 감염인들이 맨 먼저 느끼는 게 '죄인'
이라도 된 것 같은 기분이에요. 저도 그랬어요. 그런데 병 걸린 게
무슨 죄예요. 이런 분위기 때문에 감염인들이 삶을 포기할 수밖에
없는 거죠.

　지금과 같은 시스템을 근본적으로 개선하지 않으면 안 됩니다.
익명으로 관리를 받고, 보호를 받게 만들어야죠. 그런데 정부는
행정상의 편의 등을 이유로 댑니다. 우리나라에서는 실명이 없으
면 아무것도 안 되잖아요. 어딜 가도 실명과 주민등록번호가 필요
하고요. 우리나라처럼 실명 정보를 많이 활용하는 나라도 없을 겁
니다. 이런 시스템이 개선되지 않는 한 감염인들이 계속 어려움을
겪겠죠.

　그나마도 최근에는 관리 시스템이 많이 느슨해지긴 했어요. 우

리가 자꾸 주장하고, 문제 제기도 해서 예전처럼 집에 찾아오는 일도 없고요. 어쨌든 조금 달라지긴 했지만, 근본적인 시스템이 남아 있는 한 감염인들은 숨어들 수밖에 없을 것 같습니다.

● 여성문화이론연구소 문현아 씨 글에 "에이즈는 단순한 의료적 치료로 해결될 문제가 아니다. 사회적 낙인과 차별이 사라지는, 전 사회적인 분위기 쇄신이 뒤따라야 한다"고 나와 있는데요. '전 사회적인 분위기 쇄신'이라는 표현처럼 사람들이 생각하는 인식이 바뀌어야 해결이 될 것 같습니다. 어떻게 바꿔야 할까요?

윤 그거 참 어려운 문제인데요.

● 어려운 문제이지만, 어떻게 보면 그 사람들의 두려움 자체가 맥락 없는 두려움이기 때문에.

윤 맞아요. 무지하기 때문에.

● 나중에 제대로 알면 '내가 옛날에 잘못 생각했어'라고 할 수 있을 것 같은데요.

윤 그래서 아까도 얘기한 것처럼 많이 알려야죠. 알면 알수록 보이는 게 에이즈이고, 알면 알수록 쉬운 게 에이즈거든요. 알려 줘야 되는데, 그 역할을 누가 하느냐는 거죠. 정부가 그런 역할을 안 하고 있으니……. 어쨌든 우리가 하는 데는 한계가 있잖아요.

● 미디어의 영향도 큰 것 같은데요. 에이즈나 동성애에 관해서는 《한겨레21》 신윤동욱 기자가 기사를 많이 쓰는 것 같은데, 다른 대부분 기자는 이런 일에 대한 인식이 없거나 약하지 않습니까? 잘못 기사를 쓴 기자에 대해서는 문제를 제기하기도 하고, 정정을 요구할 필요도 있는 것 같은데요.

윤　사람들 인식도 문제지만, 작은 것 하나, 예를 들어 말 한마디 하나에서부터 시작해야 한다고 생각하거든요. 정부가 에이즈에 취약한 그룹인, 동성애자나 성노동자, 이주노동자를 얘기할 때 뭐라고 하냐 하면 '고위험군'이라고 합니다. 그러면 사람들이 그 사람들만 위험한 것으로 알지 않습니까? 그 사람들을 위험인물로 인식하게 되고요. 이런 말 한마디도 편견을 조장하거든요. 그래서 그런 말 쓰지 말라고 그렇게 얘기해도, 몇 번 조심하는가 싶더니 또 쓰더라고요. '취약 계층'이라는 표현이 적절할 건데요.

　　통계를 낼 때도 이성 간의 성접촉 몇 퍼센트, 동성 간의 성접촉 몇 퍼센트 이런 식으로 나오잖아요. 동성 쪽이 많이 나오면 이성애자들은 '그것 봐, 동성애자들이 잘 걸려' 이러거든요. 그런데 '동성 간의 성접촉'이란 말도 잘못된 거죠. 레즈비언은 에이즈에서 가장 안전한 그룹이잖아요. 직접적인 삽입을 하지 않으니까. 제대로 하려면 남성 간의 성접촉, 질 삽입 성교, 항문 성교 등 이런 식으로 정확하게 구분해야 되는데, HIV 감염인이 나타난 지 25년이나 됐는데 정부는 아직도 이러고 있어요.

● 촛불집회에서 광우병 위험에 대해 얘기할 때 일부 진보 진영에서도

'에이즈보다 무서운 광우병'이라는 포스터를 붙였잖아요. 진보 진영도 에이즈에 대한 편견에서 자유롭지 못했던 건데요. 그러다 보면 '에이즈는 역시 무서운 질병이구나' 하는 편견만 깊어질 수 있잖아요.

윤 그렇죠.

● 우리 정부는 실제로 유엔 권고조차 잘 안 듣는 것 같아요. 외국인 감염인의 입국 금지 조치 문제도 그렇고요.

윤 우리나라처럼 병원에서 동의 안 받고 검진하는 나라는 없어요. 수술 전이나 뭘 하기 전에 에이즈 검사를 하려면 동의를 받고 해야 되는데, 우리나라는 어느 의료기관도 동의를 받지 않아요. 충분히 설명해 줘야 되고 동의도 구해야 되는데 전혀 그렇게 하지 않습니다. 유엔이나 세계보건기구는 그런 것을 '강제 검진'으로 규정해서 못하게 하거든요. 그런데 우리 정부는 오히려 감염인들을 '색출'하려면 더 많이 검진해야 된다는 식으로 얘기하죠.

● 에이즈가 공기를 통해서 전염되거나 국을 같이 먹어도 감염된다고 생각하는 사람들이 있더라고요. 그러면 감염인과 같이 사는 사람은 백 퍼센트 감염되어야 될 텐데 그렇지 않잖아요. 이렇게 에이즈에 대해 잘못 알고 있는 것들을 많이 얘기해 줘야 될 것 같습니다. 에이즈 문제에 관심을 갖게 된 계기는 뭔가요? 레즈비언은 상대적으로 안전하잖아요.

김정숙(이하 김) 게이들은 자신들이 언제든 에이즈에 걸릴 수 있다는 두려움 때문인지 일부러 에이즈에 대해선 이야기하지 않으려는 것 같아요. 떼어 버리고 싶은, 굳이 들춰내서 이야기하고 싶지 않은 거죠. 레즈비언들은 상대적으로 안전하니까 관심이 없는 거 같고요.

윤 하지만, 레즈비언 중에 '에이즈는 동성애자들이 많이 걸린다는데, 나도 걸리는 거 아냐' 하는 친구들도 있어요. 에이즈에 대해 잘 모르는 거죠.

김 레즈비언들도 에이즈로 동성애자를 공격하는 이데올로기에서 자유롭지 못한 거지요. 잘 모르기 때문에 정부나 언론에서 얘기하는 것들을 그대로 받아들일 수밖에 없는 것 같고요. 몇 년 전만 해도 레즈비언 커뮤니티에서도 '게이들은 왜 찜방에 드나들어서 에이즈에 걸려 가지고, 우리 커뮤니티를 욕먹게 하느냐'는 글이 올라오고 그랬거든요. 물론 최근에는 레즈비언들도 함께 해결해야 할 중요한 문제로 여기는 분위기이지만요. 하지만 여전히 대부분 레즈비언은 에이즈가 본인들 문제라고는 생각하지 않는 것 같아요. 우리에게 득이 될 게 아니니까 굳이 이야기하지 않으려는 것도 있는 것 같고…….

하지만 '동성애자들이 에이즈에 많이 걸린다더라, 레즈비언도 있다더라'는 언론 보도를 보면서 사람들은 게이와 레즈비언을 구분해서 이해하는 것이 아니라 '동성애 하면 에이즈 걸리는구나, 동성애자들이 에이즈 주범이 맞구나'라고 생각하게 되지요. 역학

조사한 분을 만나서 레즈비언 커플의 감염 경로를 알아본 적이 있어요. 알고 보니 레즈비언 커플 중 한 사람이 전 남편에게서 감염된 거더라고요. 그런데 신문에는 그 여성분이 여성 파트너와 동거한다는 이유로 레즈비언도 감염됐다더라로 나왔죠. 이런 공격들에 레즈비언들도 구경만 해서는 안 되겠다고 생각해서 에이즈 문제를 진지하게 받아들이게 된 거 같아요.

● 2005년부터 동인련과 나누리+에서 활동하셨죠?

김　동인련에 들어와 활동하면서 사회운동에서 동성애운동이 많이 드러나지 않고 있다는 것 그래서 동성결혼이라든지, 동성애 혐오 문제라든지 해결해야 할 문제가 너무 많다는 걸 알았어요. 동성애자라는 사회적 차별뿐만 아니라 에이즈에 걸려 이중의 차별을 받는 사람들이 동인련 안에 존재했고, 그분들 보면서 동성애와 에이즈는 떼려야 뗄 수 없는 문제라고 생각했습니다. 레즈비언 커뮤니티에서 '에이즈 걸린 게이들 때문에 우리 커뮤니티까지 욕먹는다' 같은 싸늘한 반응들을 보고 사실 충격을 받았어요. 어쨌든 내가 사랑하는 사람, 주변 동료들이 에이즈에 걸릴 수 있기 때문에, 에이즈에 걸렸다는 이유로 차별받는 사람들을 보호하고 이들과 같이 싸워야 한다는 생각이 들어서 나누리+에서 활동하기 시작한 거죠.

후천성 인권 결핍 사회

● **에이즈 진단을 받으면 눈앞이 캄캄할 텐데요. 어떻게 대처해야 할까요?**

윤   무척 어려운 일인데요. 제 경우처럼, 주위 사람들이 아주 중요해요. 에이즈란 말을 처음 들었을 때 대개 사람은 자살해야 되나, 삶을 포기해야 되나 생각하죠. '나는 이 병을 극복하고 살 수 있어'라고 생각하는 사람은 거의 없거든요.

다글   삶을 포기한다는 얘기가 맞을 거예요. 사람들 편견이 너무 강하고, 사람들이 혐오감을 드러내서 살아갈 자신감을 잃죠.

윤   질병에 대한 사회적 차별을 익히 알고 있기 때문에 병에 걸린 사람들 역시 그런 편견을 가졌을 수도 있고요. '내가 이런 더러운 병에 걸리다니' 하면서 좌절하는 거죠.

다글   저는 스물한 살 때 감염 사실을 알았는데요. 혐오와 차별과 편견이 너무 무서운 거예요. 죽음만 기다리게 되는 거죠. 성접촉도 피하고, 피가 나면 도망갔죠. 가족들한테서도 도망쳤어요. 가족들의 호모포비아적인 반응을 보면서 살 수가 없었거든요. 감염 초기에 사실을 알았는데도 포기하고, 숨고, 그랬어요.

윤   이 친구 같은 경우가 상당히 많아요.

다글   약도 안 먹어서, 나중에 나빠져서야 병원이나 쉼터로 실려
오는 경우가 정말 생각보다 많아요.

● 말씀하신 대로 얘기를 못하게 만드는 사회 분위기 때문인 것 같은
데요. 사람이 살다 보면 잘못할 수도, 실수할 수도 있잖아요. 그리고
본인이 잘못하지 않아도 감염되는 경우도 있고요.

다글   저는 감염 사실을 엄마한테서 들었어요. 지금은 본인에게
직접 통보해 준다고 하더군요. 엄마한테서 그 얘기를 들었을 때
죽기로 마음먹었죠. 스물한 살 정도면 본인에게 말해 줘야 되는
거 아닌가요? 가족한테 먼저 말하면 안 되잖아요.

● 한국 사람들은 너무 착하다 싶은 게, 이렇게 억압을 당해도 '사회가
나를 이렇게 만들었으니 복수할래' 하는 사람보다는 견뎌내는 사람이
훨씬 더 많은 것 같으니까요.

다글   나만 포기하면 되지, 그러는 거죠.

김   이 사회는 어떤 질병에 걸리면 개인의 잘못으로 몰아붙이잖
아요.

● 이 정부는 가난이든 뭐든 다 개인의 탓이나 운명으로 보는 것 같아
요. 근본주의적인 기독교 세계관이 너무 강하죠. 이번 정권 들어서 인
권 등 여러 가지가 후퇴했잖아요. 지난 정권하고 좀 다른 게 있나요?

김   에이즈를 총괄하는 보건복지부나 질병관리본부가 환자들을
보호하고 돌보면서 예방하는 쪽으로 가려는 것이 아니라, 질병을
퍼뜨리지 않게 하려면 이 사람들을 어떻게 관리해야 하느냐만 연
구하고 있는 거죠. 감염인들에 관한 정보를 수집하는 쪽으로 모든
정책의 초점이 맞추어져 있습니다. 반면 감염인들에 대한 지원은
점점 줄어들고요. 사실 지난 정권이나 현 정권이나 에이즈나 감염
인들에 대한 정책을 개선할 의지는 전혀 없는 것 같습니다.

● 이런 상황에서 환자의 권리까지 얘기하기는 힘들 것 같군요. '후천
성 인권 결핍증'이라는 얘기까지 하셨잖아요. 이런 상황에서도 운동
을 계속할 수밖에 없겠지요?

윤   성과가 없지는 않았으니까요. 아까도 얘기했듯이 예방법의
문제를 지적해서, 우리가 원한 만큼은 아니지만 우리 요구가 일부
반영이 됐죠. 이전엔 직접 찾아와서 문제를 일으켰는데, 이제는
찾아오지 않고요. 감시적인 관리 시스템이 느슨해졌어요. 조금씩
변화는 있지요. 질병관리본부가 오송(충북 청원군)으로 이사 갔거
든요. 거기까지 가서 집회하려니 힘들긴 합니다. (웃음) 아직까진
딱히 떠오르는 새로운 운동 방식은 없는데, 고민해 봐야죠.

● 성소수자 입장에서는 커밍아웃이라는 문제가 무척 중요하잖아요.
자기가 가진 문제를 털어 내려면 누구한테 얘기해야 되는지, 어느 정
도까지 해야 되는지 고민이 많을 것 같은데요. 윤 가브리엘의 경우
동성애, 장애, 에이즈 이 세 가지를 가진 복합 소수자라 이런 문제에

대한 고민이 더 깊었을 것 같습니다.

윤 커밍아웃은 친구한테 했어요. 그 친구랑 더 친해지고 싶어서
요. 커밍아웃했을 때 그 친구가 누구한테 말을 전하거나 하지는
않았어요. 공개적으로 커밍아웃한 것은 나누리+ 활동을 하면서
예요. 저에 대해 말하고 감염인이라는 사실도 밝혔지요. 자연스럽
게 커밍아웃을 하게 된 거죠. 커밍아웃에 대한 부담은 별로 없었
는데, 제가 동성애자라고 하니까 '그것 봐, 에이즈는 동성애자나
걸리는 거야'라고 할 것 같아 그게 걱정이었어요. 역시나, 모 포털
사이트에 제 기사가 뜨니까, 난리가 났죠. '동성애 하다가 에이즈
걸렸는데 어따 대고 하소연이야?!' 그러고. (웃음) 그럴 때마다 어
쨌든 저는 그게 아니라고 늘 얘기해야 되죠. '내가 동성애자라서
그런 게 아니라 예방을 안 해서'라고요.

  사람들 앞에 나서려면 당연히 커밍아웃을 해야 된다고 생각해
서 커밍아웃에 대한 부담은 크지 않았는데, 가족들이 힘들 수 있
겠다는 걱정은 했습니다. 형들은 알고, 어머님은 모르시거든요.
저한테 뭐라고 하는 건 감당할 수 있지만, 저 때문에 가족들이 힘
한 소리를 듣게 할 수는 없잖아요. '당신 동생이, 당신 자식이 에
이즈에 걸렸다며, 동성애자라며?' 이런 점 때문에 언론에서는 공
개적으로 얼굴을 드러내지 못하고 있죠. 얼굴을 드러내면 더 적극
적으로 홍보할 수 있으니까 할 것인가, 말 것인가를 놓고 많이 고
민했어요.

  얼굴을 공개 못하는 또 하나 이유는, 제 얼굴이 드러나면 쉼터
에 못 들어가요. 쉼터는 그냥 동네 지역 사람들과 어울려서 살고

있는 곳인데, 제 얼굴이 알려지면 쉼터도 노출될 수 있잖아요. 아프면 누가 돌봐 줄 사람도 없는데, 거기 못 들어가는 상황이 될 수 있고요. 이런 것들이 걸려서 공개를 못했죠.

활동하면서 드러나는 것에 대해선 부담이 없어요. 누가 공격하면 싸우면 되고, 저도 제 할 얘기를 하면 되고. 그런 것은 두렵지 않습니다. 출판사에서 그랬거든요. 책 내고 나면 공격 많이 받을 거라고. 그래서 '그럼 더 열심히 하면 되고, 오히려 그런 것이 운동에 동력이 된다'고 얘기했죠.

김 에이즈 운동이 어려운 것 같아요. 사회적으로 동성애자들을 심하게 억압하는 데다 당사자가 스스로 커밍아웃하지 않으면 사실 운동의 대상자도 드러나지 않고요. 커밍아웃이나 아웃팅 문제로 공격적인 활동이 어렵기 때문에 수세적으로 갈 수밖에 없고, 사회적 차별과 편견 때문에 당사자들이 밖으로 나오는 게 예민하고 힘든 일 같아요.

● 외국에서는 별로 없는 일인데, 한국에서는 개인 문제를 가족과 자꾸 연결시키니까 숨기고 활동할 수밖에 없죠. 어떤 쪽에서는 이것을 빌미 삼아서 '떳떳하지 못하니까 숨어서 활동하는 거 아니냐'고 공격도 하는데요.

윤 친척까지 줄줄이 엮여 있는 것이 우리나라니까요. 제가 아프면서는 다른 곳에서보다 쉼터에서 더 오래 살았잖아요. 거기서 만난 분들은 대부분 가족한테 버림받고 온 거예요. 죽어서도 가족들이 장례식도 안 치르려 하고, 심지어 쉼터에서 알아서 처리하라고 말하는 가족들도 있어요. 관값 30만 원 그런 것도 안 보내고. 그래서 쉼터 수녀님하고 봉사자, 수사님들이 장례 치르는 데 전문가가 다 됐죠. 가족 없이, 돈 없이 많이 돌아가시니까 성가복지병원이라고 어려운 분들 도와주는 무료 병원 있잖아요. 거기서 장례를 치러요. 관값만 내면 되니까. 그런데 그 병원이 우리 환자들은 염을 안 해 주거든요. 그래서 수녀님들이 염하는 일에도 다 전문가가 됐어요. 10년 넘게 하셨으니까.

'에이즈의 날'이 아니라 '감염인 인권의 날'

● **반복되는 질문일 수 있는데, 처음 운동 시작했을 때와 지금 달라진 점이 있을 텐데요.**

윤　많죠. 일단 많은 사람을 만나게 됐고, 대중적인 운동으로 확대하는 것까지는 어려웠어도 인권단체나 시민사회 단체에 많이 알려서 함께 연대하게도 되었고요. 에이즈의 날을 '감염인 인권의 날'로 만들어서 활동하는 데 많은 사람이 함께했고, 갈수록 관심을 갖는 사람들이 늘어난다는 것도 달라진 점이죠. 아직 부족하지만, 개인적으로도 경험을 많이 쌓았고요. 처음에는 어떻게 시작해야 하나 막막했거든요. 그런데 예전에는 막막하던 것이 확실하게 보이기도 하고, 어떻게 처리해야 할지 방법도 알게 됐고요.

● 구체적으로 확실하게 보이는 부분이 어떤 건가요?

윤　나누리＋ 활동 처음 시작할 때는 어느 것부터 시작해야 할지 몰랐어요. 기본적인 것들이 다 침해되니까요. 사람의 가장 기본적인 권리가 뭔가요? 아플 때 치료받을 권리, 노동할 권리 등이잖아요. 무엇 하나 보장된 것이 없어서 어느 것부터 손을 써야 할지 정말 막막했거든요. 어차피 모르니까 공부하면서 시작하자 했어요. 국제적 기준들을 보면서 어떤 것들이 보장되어야 하는지 하나하나 나눠서 보기 시작했죠.

　　그런 후 정부 정책을 들여다봤어요. 정부가 정책에 근거해 관리하고, 그로 인해 문제가 생기는 거니까요. 의료적으로는 어떤 문제가 있고, 노동권에는 어떤 문제가 있는지 알아보면서 문제점과 개선점들을 파악해 나간 거죠. 앞으로도 그럴 겁니다. 일부분 바뀐 것은 있어도 여전히 우리가 주장하는 큰 틀은 변한 것이 없으니까요.

● 운동하면서 이 부분은 보람 있었다고 할까요, 자부심을 느낄 만한 성과도 있었을 것 같은데요.

윤　일단은 저희와 함께하는 사람이 많이 늘어났다는 것이죠. 2008년도에 '감염인 인권의 날'을 맞아 서울역사박물관에서 프레스센터까지 행진을 했거든요. 그게 첫 집회였어요. 감염인도 있었고, 비감염인도 있었어요. 다 가면을 썼죠. 그 순간 너무 감격스러웠어요. '아, 이렇게 많은 사람이 도와주다니, 그만큼 우리도 뭔가를 해야겠다'고 생각했어요. 그날 관심이 있어서 오신 분들도 있었지만, 저희가 한 사람 한 사람 만나서 '이런 거 해 봐야 되지 않겠느냐'고 설득해서 온 분도 많아요. 그렇게 해서 몇십 명이 모인 건데, 그 모습 보면서 보람을 느꼈습니다. 집회 끝나고 나서 "당신이 나의 희망이에요." 하면서 끌어안고 울고불고했죠. (웃음)

● 가장 힘들 때는 언제였나요? 벽에 가로막힌 것 같은 느낌이 들 때도 있었나요?

윤 치료약 푸제온 때문에 제약회사 찾아갔을 때요. 제 힘으로는 도저히 당해 낼 수 없는 거대한 공룡이라도 만난 느낌이었어요. 제약회사 사장의 친절한 척하는 생글거리는 얼굴은 또 어찌나 반질반질해 보이던지. (웃음)

● 《조선일보》에 나왔던 '바성연' 광고는 일종의 동성애 혐오 광고잖아요. 유럽에서는 인종차별을 공개적으로 하면 벌금을 문다고 하죠. 광고 낸 바성연 분들에게 '나중에 당신 자식들이 그 광고 보면 뭐라고 하겠느냐'고 묻고 싶어지네요. 시간이 지나면 법적으로는 따지지 못해도 '당신들이 옛날에 이런 것을 냈지' 하면서 역사적, 도덕적 단죄도 할 수 있을 것 같은데요. 그러자면 당사자 운동도 중요하고, 소수자 운동 하는 사람들끼리 연대해서 뭔가 만들어 가야 될 것 같은데, 잘하고 계시니까 제가 뭐라고 할 얘기는 없군요. (웃음)

윤·김·다글   하하하.

● 노래가 유일한 벗이고, 특히 어렸을 때부터 한영애 씨 노래에서 많은 위로를 받았다고 하던데요. 이번에 북콘서트 할 때 한영애 씨 만나 보셨을 텐데 어떠셨나요?

윤   여전히 대하기 어려워요. 앞에 가면 말도 못하고. 둘이 같이 무대에 섰을 때도 아무 말 못했어요. 어려워서요. 무대에 혼자 섰을 때 제가 "이번 책 준비하면서 아프고 힘들었던 일을 다시 떠올려야 해서 많이 힘들었다. 그러나 한편으로는 글 쓰면서 나름대로 치유되는 과정도 있었다."고 했거든요. 나중에 이 말에 대해 한영애 씨가 "치유되는 것을 넘어서 하나의 꿈으로 간직해라"고 했대요. 그때 저는 대기실에 있어서 잘 못 들었는데, 나중에 전해 들었어요. "여러 색깔의 것들이 보이는 만화경처럼 여러 빛깔을 당신의 꿈으로 간직하면 더 좋을 것"이라고 하셨대요.

다글   진짜 멋졌어요.

윤   한영애 씨는 툭 던지는 말 한마디, 한마디가 의미 깊은 산 같은 사람이죠. 빨리 음반이나 내셔야 되는데……. 요즘은 돈이 안 되면 뮤지션들을 사장시켜 버리니까, 안타깝죠.

● 한영애 씨 대단한 분이죠. 말씀하신 대로 책 내는 과정이 치유의 과정이기도 했을 거고, 아픈 기억들을 끄집어내야 해서 힘들기도 했

을 텐데요. 책 내고 어떤 점이 달라졌나요?

윤 예전에는 지난 삶을 돌아보면 힘든 일만 생각났어요. 그런데
이제는 그 삶에서 제가 보이는 거죠. 과거에서 저를 보니까 앞으
로의 저도 보여요. 어떻게 살아갈지 보이는 것도 같고요. '이럴 때
이런 일을 겪었네, 그때 이런 생각을 했구나' 하고 저란 사람에 대
해 더 알게 되었어요. 앞으로 그런 비슷한 일들이 또 왔을 때는 어
떻게 겪어 나갈지 그게 보이더라고요. 그런 것을 알게 된 것이 소
중한 경험이었고요. 그래서 되게 많이 홀가분해졌어요. 예전을 생
각하면 늘 우울하고 그랬는데, 이제는 좀 더 가벼워져서 따뜻하게
볼 수 있게 되었어요. 앞으로 삶에 대해서도 그럴 것 같습니다. 물
론 또 겪으면 힘들어하고 아플 거예요. 그렇지만 좀 더 견디기 쉬
울 건 같아요. '언제는 안 그랬어?' 이러면서 말예요.

● 많은 사람이 갖고 있는 편견과 달리 에이즈는 지속적으로 관리만
잘하면 오래 살 수 있는 단순한 만성질환이라고 하셨는데요. 실제로
산 증인이시잖아요. 1990년에 진단을 받았으니까요. 자신의 경우를
통해 약만 있으면, 관리가 가능하다는 것을 몸으로 증명하신 셈인데
요. 한 가지 약만 먹으면 내성이 생기니까 여러 약을 섞어서 먹는 소
위 '칵테일 요법'도 얘기했고요.

윤 그렇죠. 그런데 앞에서 다글도 말했지만, 이 친구가 감염 사
실을 몰라서 약을 안 먹은 게 아니잖아요. 알고도 약을 안 먹고
포기한 거예요. 그래서 "내가 겪어 보니까 약 잘 먹으면 좋아져

요"라고 말하기가 어려워요. 감염인들이 자신을 포기하는 이유가 약이 없어서가 아니거든요. 차별 이런 것 때문이라는 걸 알잖아요. "그래도 열심히 힘내서 살아요"라고 얘기한들 들리지 않을 거고요. 그러면 어떻게 얘기를 해 줘야 하나, '나도 그렇게 겪었으니까, 당신도 그렇게 하라'고 말해야 하나……. 이런 점이 참 힘들죠.

● 대학 떨어진 친구한테 '대학이 인생의 전부가 아냐'라고 말하긴 쉽지만, 막상 떨어진 당사자 귀에는 안 들리거든요.

윤　어쨌거나 결국은 본인이 극복을 해야 돼요. 본인이 극복해야 할 문제입니다. 그 상황에서는 아무 얘기도 귀에 안 들어와요. 저도 처음에는 그랬으니까요. 자신을 돌아보고 자책하게 되는데, 그 과정에서 주위 사람들 역할이 참 중요하죠. 말 한마디라도 따뜻하게 해 주고 말예요. 하지만 그 사람에게 해 줄 수 있는 말은…… 그건 저도 어려워요. 상담을 안 해 본 건 아니거든요. 나누리+ 하기 전에는 감염인 모임을 통해서 그런 상담 일도 하긴 했어요. 딴에는 제 경험을 바탕으로 의욕적으로 얘기했는데요. 그분들에게 제 말이 가 닿지 않는다는 걸 느꼈죠.

다글　약을 포기하고, 자신을 포기하게 되는 것은 감염인들에 대한 사람들의 차별과 혐오 때문이거든요. 자신을 망가뜨리고, 그러고 나서는 누구의 말도 들으려 하지 않아요. 저도 그랬고요. 혐오와 차별과 편견만 없어진다면 약을 먹고 삶을 유지해 나갈 수 있을 텐데, 그게 대한민국에서는 힘든 것 같아요.

● **고용 차별을 당해도 하소연하기 힘들 것 같고요. 지금은 신체가 건강해도 비정규직이란 이유로 마음대로 자르는 세상이잖아요. 노동권도 보호를 받지 못하는 데다가 사회적으로 건강도 유지하기가 힘든 상태니까 이중삼중으로 어려움을 겪겠네요.**

다글 가브리엘 형도 장애인이고, 저도 1급 장애인이라 일은 못하는 상황이죠. 장애인한테 지급되는 돈으로 생활하고 있는데, 생활하기가 힘들어요.

윤 저도 사람들이 어떻게 살아가는지 많이 궁금하긴 해요. 저는 그나마 활동을 하면서 쉼터든, 커뮤니티에서든 사람을 많이 만나잖아요. 우리가 만나는 사람들은 그 사람이 그 사람이에요. 여기 왔다 저기 갔다, 왔다 갔다 하기 때문에 실제로 만나는 사람들은 2, 3백 명도 안 될 거예요. 나머지 6천 명 이상, 커뮤니티에 나오지 않는 그 사람들이 어떻게 살고 있는지 너무나 궁금해요. 말도 못하고 답답해하고 있을 텐데, 어떻게 살아가고 있는지…….

● **그렇다고 찾아갈 수도 없고요.**

윤 실제로는 커뮤니티에 나오는 것 자체도 두려워해요. 혹시라도 아는 사람 만나지 않을까 싶어서요. 온라인에서는 상관없지만, 오프라인 모임에 실제로 나오는 분들은 몇 분 안 되거든요.

다글   내가 병을 옮겼을 수도 있고, 내가 그 사람에게 감염이 되었을 수도 있기 때문에 더 꺼려요.

에이즈는 인권의 지표

● **앞으로 어떤 활동을 계획 중인가요?**

윤   나누리+와 동인련 HIV/AIDS 인권팀 활동은 조금 다른 면이 있어요. 동인련 쪽에서는 게이 커뮤니티 내의 편견, 그러니까 게이들이 HIV 감염인을 에이즈를 퍼뜨리는 가해자로 바라보는 시각 등을 없애는 역할을 많이 했으면 좋겠어요. 그러려면 게이 커뮤니티에서 홍보도 하고 캠페인도 하고 그래야겠죠. 어느 한 날이 아니라 우리에게는 1년 365일이 에이즈의 날이니까 계속 이런 활동을 할 생각입니다. 동인련 활동 덕분에 에이즈 문제에 관심을 가진 친구들이 많아져서 나누리+ 활동도 더 활발해졌어요.

● **나누리+ 쪽에서는 어떤 계획이 있나요?**

윤   특별한 것은 없고요. 예산이 심하게 주먹구구로 쓰이거든요. 질병관리본부를 거쳐 예방단체에 10억 원이 전해졌다면 얘네가 지네 쓰고 싶은 데 쓰고, 감염인들한테는 코딱지만큼 주죠. 떼어 먹고 이런 것도 많아요. 이렇게 예산을 허술하게 쓰는 데가 없어요. 그런 단체에 돈을 주는 것 보면 신기한데요. 지난해에 어디에

썼는지 세밀하게 계속 들여다봐야 할 것 같아요.

김   올해가 기초생활보장제도가 생긴 지 10년째잖아요. 그런데 빈곤단체, 장애인단체들이 최저생계비를 측정해 보니 최저생계비가 현실적이지 못하고, 기초생활보장법의 독소 조항이라 할 수 있는 부양의무자 기준* 때문에 많은 사람이 가족과 연을 끊고 사는데도 기초수급비를 받지 못하는 경우가 있어요. HIV 감염인들은 대부분 질병 때문에 일을 할 수 없어 기초수급비를 받거나 어렵게 생활할 수밖에 없거든요.

  그동안 감염인들의 빈곤 문제는 주로 하루에 1달러 정도로 생활하는 아프리카 감염인들에겐 약값이 너무 비싸다는 점에 초점이 맞추어져 접근되었어요. 그런데 한국에서는 에이즈라는 질병에 대한 공포와 편견, 차별 때문에 감염인들이 노동할 수 없어 빈곤해질 수밖에 없다는 점에 초점을 맞추려고 해요. 신자유주의라는 큰 테두리 안에서 빈곤을 들여다보고요. 물론 노동 조건이 나아진다고 해서 감염인들의 문제가 모두 해결되는 것은 아니지만요.

  의료급여제도도 개선해야 한다고 봐요. 감염인들은 병이 나면 지정병원 감염내과로 가야 합니다. 응급 상황이어도 어쩔 수 없어요. 또 알코올 의존증이라든지 감염내과에서 치료할 수 없는 다른 병에 걸리면 다른 과에 가서 적절한 치료를 받아야 하는데 치료를

★   재산이 없고, 병이나 장애 때문에 일을 할 수 없는데도 부양의무자가 있다는 이유로 기초생활수급자가 될 수 없는 것을 말한다.

거부당하기도 하죠. 이런 문제점들을 해결해야 합니다.

하지만 에이즈 문제에서 무엇보다 가장 중요한 것은 〈한국의 HIV/AIDS, 25년〉 토론회에서 가브리엘이 지적한 것처럼 1985년 한국에서 첫 HIV 감염인이 발생한 지 정확히 25년이 지났지만 비싼 값에 약을 먹게 된 것 외에 감염인들 삶은 나아진 게 없다는 사실입니다. 복지나 의료 접근성이 좋아졌다고 해도, 인간으로서 인정받지 못하는 사회에서 산다면 사람은 행복할 수 없잖아요. 그래서 환자의 권리나 인권의 문제로 접근하는 것이 중요하다고 생각합니다. 에이즈는 무엇보다도 인권을 얘기하는 중요한 질병인 것 같습니다.

● 2003년인가요? 감염인이 죽은 채로 발견되었는데 국립보건원과 경찰이 시신 이양을 서로에게 떠넘기는 일이 있었잖아요. 감염인들의 경우 수술을 해 주지 않아서 여러 병원을 전전하는 경우도 있었다고 하던데요. 그런 부분은 개선이 되었나요?

윤   이후로는 그런 사건이 드러나지 않아서 잘 모르겠는데요. 그런 사건이 또 나면 어떻게 나올지 모르겠어요. 경찰이나 공무원들은 아직도 무지할 거라고 생각해요. 병원에서는 좀 나아진 것 같고요. 에이즈 환자가 많아졌고, 감염인들이 진료받을 수 있는 감염내과가 있는 병원도 전국적으로 많아졌으니까요. 감염내과 의사들이 병원 사람들의 시각을 많이 바꿔 놨을 거 같고요.

시스템 환경은 달라진 면이 있어도, 이번 토론회에 참석한 감염내과 의사 선생님 말처럼 병원 내부에서는 감염인들에 대한 편견과 차별이 여전히 남아 있어요. 감염인들이 먹고 마시고, 버린 것에는 빨간 딱지가 붙거든요. HI＋라고 해서 다 붙입니다. 입원하면 이름표에도 붙이고, 쓰레기통에도 붙이고, 심지어는 식판에도 붙인데요. 이런 차별은 여전히 남아 있죠.

● **마지막으로 해 줄 말씀은 없으신가요?**

김　에이즈는 보건의료운동이나 인권 문제 등과 여러 가지 연관 고리를 가진 질병이에요. 동인련의 HIV/AIDS 인권팀은 에이즈 운동 안에서도 중요한 역할을 하리라 생각해요. 커뮤니티 안의 감염인들에 대한 차별, 에이즈로 서로를 분리하려는 시도에 맞서서 활동을 해야 되는데, 만만치는 않을 것 같아요. 어렵고 복잡하죠. MSM*이라든지 이런 논쟁들에 대한 진지한 접근도 필요하고요. 동성애자 그룹 안에서 HIV 감염인과 비감염인을 구분하지 않고 '해피'하게 살아가려고 노력하는 궁극적인 이유는 결국 그것이 동성애자와 비동성애로 나뉘어 차별하고 차별받지 않으면서 함께 살아가는 시작이 되리라 보기 때문이죠. 인권팀이 앞으로 정서적인 면뿐만 아니라 커뮤니티 내부에서도 중요한 시도를 해야 되지 않을까 싶습니다.

윤　저는 동인련이 에이즈 문제를 어떻게 생각하고 있나 해서

★　Men who have sex with men의 약자로, 성정체성과 별개로 남자와 섹스하는 섹스 취향을 가진 남자를 이른다.

2000년도에 슬그머니 탐색하듯이 들어왔거든요. (웃음) 정욜을 만나고, 동인련이 다른 커뮤니티 친구들과 다르다는 것을 느끼면서 활동을 하게 됐고요. 동인련이 만들어 낸 것이 뭐냐 하면 우리는 HIV와 살고 있다, 살아가야 한다는 것을 알려 준 거죠. 동성애자를 에이즈로 공격하는 것에 대해 강력하게 반대해야 되고, 어쨌든 우리는 살아야 한다는 것을, 친구로든 사랑하는 사람으로든 파트너로든 함께 살아가야 한다는 것을 보여 줬다고 생각해요. 그동안은 동인련이 나누리＋와 연대해 많이 활동해 왔는데 이제는 HIV/AIDS 인권팀을 통해서 더 많은 역할을 하리라 기대해요. 앞으로도 할 일이 너무 많아요.

다글 제가 12년 전에 했던 말이 '그럼에도' 살아간다는 거였거든요. 너무 편견과 차별이 심하니까. 그런데 동인련에서 저희 대신 목소리를 내 준 거예요. '어, 이런 사람들도 있구나, 우리가 사람이라고 소리를 내 주는 사람들이 있구나' 하며 놀랐죠. 그리고 왜 나는 이런 것을 전부터 못했을까 반성도 했고요. 자기 목소리를 내고 싶은 사람이 많을 거예요.

윤 감염인들에게서 그런 말 많이 들었죠. '죽지 못해 산다.'

● 맞으면 창피하긴 하지만 잘못은 아닌 거잖아요. 효도르(이중격투기 선수)한테는 당연히 맞을 수밖에 없을 거고요. (웃음) 질병한테 공격을 당한 거니까 그렇게 자책할 필요는 없을 것 같습니다.

윤   그런데 대다수 감염인들은 그렇게 생각하지 않죠. 많은 사람
한테서 공격당하니까 맞아, 내가 잘못해서 걸린 거야, 그렇게 생
각하죠.

김   홈리스들을 보면 대부분 사람이 자신을 해코지할지도 모른다
고 두려워하잖아요. 사실은 그들이 차별이나 공격을 당할 위험이
더 높은데요. HIV 감염인들도 마찬가지인 것 같아요. 이 사회의
약자들이고, 공격당하고 있지요.

● 자기가 정상이라고 생각하는 사람들은 다른 환경, 상황에 대한 얘
기를 들으면 방어적이고, 공격적인 태도를 보이죠. 앞으로는 그런 일
이 없어졌으면 좋겠네요. 좋은 말씀 감사합니다.

제자리걸음처럼 보일지라도

드라마 보고 게이 된 아들이 에이즈에 걸려 죽을 것을 걱정하던 이들이 에이즈 치료비로 인한 국가의 재정 파탄을 염려하고 있다. 막연한 공포를 자극하던 혐오 선동은 이제 각종 그래프와 도표, 통계를 짜깁기한 자료를 활용하여 혐오와 관용의 경제적 득과 실을 따지도록 부추긴다. '동성애', '에이즈', '세금 폭탄' 등의 단어가 빨갛게 쓰인 피켓을 퀴어문화축제에서 마주하는 것도 연례행사가 되었다(박근혜 탄핵과 정권 교체 이후 치른 2017년 축제에서는 반대 시위의 기세가 한풀 꺾인 듯 보였지만, 좀 더 두고 볼 일이다).

지난 6년간 끊임없이 대두되었으나 여전히 제대로 해결되지 않은 인권 이슈는 병원의 진료 거부와 요양병원의 입원 거부다. 특수 장갑이 없어서 에이즈 감염인 수술을 거부한 병원(2011), 환자의 피가 튀는 것을 가릴 막이 없다고 수술을 거부한 병원(2014), 전용 체어가 없다며 스케일링을 거부한 병원(2015)까지…. 병원의 HIV/AIDS 감염인 진료 거부에 국가인권위가 지속적으로 권고함에도 불구하고, 진료 거부 사건은 잊을 만하면 발생한다. 요양병원의 에이즈 환자 입원 거부는 3년이 넘는 시간 동안 이렇다 할 정부 차원의 대책이 없이 방치되어온 문제다. 2013년 S요양병원의 인권 침해 사건이 알려지고, 이듬해 질병관리본부는 S병원이 수행해온 에이즈 환자 장기요양 사업의 위탁을 해지했다. S요양병원에 입원해 있던 장기요양 환자들은 언제 끊길지 모르는 지원에 불안해하며 요양병원이 아닌 종합병원에 입원했다. 이후 발생한 갈 곳 없는 장기요양 환자들은 아무런 지원을 받지 못하여, 집과 종합병원, 에이즈 환자 쉼터를 전전하고 있다.

이렇듯 에이즈와 관련한 '이슈'를 중심으로 지난 시간을 돌아보면, 그리 많은 것이 변하지 않았거나 오히려 상황이 전보다 나빠진 것처럼 보인다. 그러나 시선을 커뮤니티로, 단체와 사람에게로 옮겨 보면 우리가 쌓아온 새로운 관계와 다양한 시도가 눈에 들어온다.

중요한 계기 하나는 2011년 8월 부산에서 열린 제10차 아시아태평양에이즈대회(이하 '아이캅')였다. 아이캅을 계기로 HIV/AIDS 감염인 자조 모임의 연합회인 한국 HIV/AIDS감염인연합회 KNP+가 출범했고, KNP+의 참여 단체 가운데 하나인 한국청소년·청년감염인커뮤니티 '알'도 활동을 시작했다. 매년 진행되는 신규 감염인을 위한 워크숍에서부터, 병원의 진료 거부 대응 매뉴얼 발간 및 배포, 퀴어문화축제 부스 참여, 〈2016 한국 HIV/AIDS 낙인지표 조사〉까지. 지난 6년간 감염인 활동가와 자조 모임의 활동은 그 어느 때보다 활발했다. 함께 활동을 기획하고 실행하면서 성소수자 인권 단체와 감염인 자조 모임 사이도 훨씬 가까워졌다. 2015년에는 '친구사이'의 감염인 자조 모임 '가진 사람들'이 활동을 시작했고, 2017년에는 에이즈 이야기를 자유롭게 나누는 성소수자 커뮤니티를 대상으로 한 행사인 '키싱 에이즈 쌀롱'이 진행되면서 비감염인과 비감염인 커뮤니티, 활동가와 개인의 관계는 더 끈끈해지고 있다.

6년 전 인터뷰의 말미에서 김정숙 활동가는 바람처럼 "동인련의 HIV/AIDS 인권팀은 에이즈 운동 안에서도 중요한 역할을 하리라 생각"한다는 말을 남겼다. 실제 행성인 HIV/AIDS 인권팀은 성소수자 커뮤니티의 HIV/AIDS 인식을 개선하고, 성소수자 커뮤니티와 감염인 커뮤니티의 관계를 잇는데 적지 않은 몫을 해왔다. 행성인 HIV/AIDS 인권팀은 성소수자 커뮤니티를 대상으로 한 HIV/AIDS 교육프로그램 〈살롱드에이즈〉를 개발·진행하고, 프로그램 가이드북 〈레시피〉를 발행하기도 했다. 40~60대 동성애자 감염인 생애사 인터뷰를 통해 다양한 삶의 경험을 가진 이들을 만났고, 성소수자 커뮤니티의 역사를 돌아보기도 했다. 감염인 자조 모임 가운데 한국청소년·청년감염인커뮤니티 '알'과는 퀴어문화축제 부스 운영을 포함, 인권 캠프와 세미나 등 다양한 활동을 함께 해오면서 서로의 고민을 나누는 파트너십을 형성했다.

행성인 HIV/AIDS 인권팀이 평탄하게만 활동해온 것은 아니다. 때론 활동의 결과물이 혐오 선동의 증거 자료(성소수자 단체도 동성애와 에이즈의 관계를 인정한다는 워딩은 K신문 B기자의 단골 레퍼토리로 자리 잡았다)로 쓰이는 황당한 일을 겪기도 했다. 인권팀의 활동 방향을 선명히 드러내는 구호가 필요하다는 이야기는 팀 초창기부터 끊임없이 나왔지만, 여전히 구호는 없고 고민만 많다. 우리는 6년 후에도 답답한 현실에 실망하고 같은 고민에 머리를 싸맬지도 모른다. 그러나 그때 우리는 지금보다 멀리 나간 자리에 서서 조금 더 새로워진 고민을 할 것이라 확신한다. 제자리걸음처럼 보여도, 우리가 함께 여기까지 온 것처럼.

- 이호림(행동하는성소수자인권연대 공동운영위원장)

6장

—

사랑하고 결혼할 권리를
왜 국가가 결정하나

★ 인터뷰이 여기동

동성애자가 자유롭고 평등하게 살아가는 세상을 꿈꾼다. 정신과 간호사로 일하고 있으며, 대학원 박사 과정에서 정신간호학을 전공하고 있다. 연구의 주된 관심 분야는 소수자가 겪는 사회심리적 고통, 차별, 낙인 그리고 소수자 인권이다. 최근 아시아인권문화연대에서 자원 봉사를 하고, 네팔에 클럽하우스(정신장애인 공동체) 만드는 일을 계획하면서 빈곤과 정신건강에 더욱 흥미를 갖고 있다.

● 간호학으로 석사 학위 받고, 박사 과정 들어갔다고 들었는데요. 예전에는 남자가 간호학을 한다는 건 좀 드문 일이었잖아요.

좀 낯설었죠.

● 직업을 고르는 데 본인의 성정체성이 어떤 영향을 미친 건가요?

당시엔 그렇지 않았고요. 제가 가톨릭 의료봉사 수도원에 있었어요. 그때 '간호학을 공부해 보고 싶다. 아픈 사람들을 돌봐 주고, 가난한 나라 사람들에게 의료봉사를 해 보고 싶다'는 생각을 해서 간호학과에 들어간 거죠.

● 동성애자들 건강을 위협하는 사회적인 요소가 많다고 하던데요. 어떤 것들이 있나요?

누군가에게 가족은 지리멸렬한 것, 누군가에겐 제도를 갈아엎어야만 구성할 수 있는 것. ⓒ너로다

일단 동성애 성정체성 그 자체 때문은 아니고요. 이성애자랑 똑같은데, 사회에서 동성애를 혐오하고, 비하하고, 아웃팅되었을 때 두려움 이런 것 때문에 건강에 위협을 받는 거죠. 죽고 싶다든지, 우울하다든지, 학교에서 왕따를 당한다든지, 가족들에게 외면당한다든지, 인간관계가 끊긴다든지, 그런 일들이 있거든요. 제가 연구했던 것은 그런 사회적 차별이나 혐오가 동성애자들의 건강을 악화시킨다는 것이었죠. 실제로 외국 사례나 연구 결과에서도 그런 것이 있어서 확인해 보고 싶었어요.

● **자살 충동도 이성애자에 비해 높다고 들었는데요.**

청소년 동성애자의 경우 이성애자보다 자살 시도율이 7퍼센트 정도 높아요. 이성애자 그룹은 2퍼센트인데, 동성애자 청소년 그룹은 거의 9퍼센트 정도거든요. 심각하죠. 게이도 이성애자 남성보다 자살률이 높고, 레즈비언도 이성애자 여성보다 자살률이 높게 나와요. 동성애자 청소년들 절반 정도가 성정체성 때문에 학교 선생님이나 부모님들로 인해 힘들었고, 친구들한테 언어적 폭력을 당하고, 놀림을 당한 경험이 있어요. 신체적 폭력을 당하는 사례들도 있고요.

● **동성애자들은 가족 안의 편견도 견뎌내기 어렵지만, 결혼·입양 등의 새로운 가족을 구성하려고 할 때 법적인 지위권을 확보하기도 어려운데요. 이런 차별과 억압을 결혼생활을 통해 절실히 느끼며 투쟁하셨다고 들었습니다. 어떤 차별들이 있었나요?**

그전까지 동성애자에 대한 차별과 억압은 그냥 머릿속에만 있었던 것 같아요. 서른여덟 살 때 파트너를 만났는데, 결혼 전에 각자 들었던 암보험 같은 사보험의 사망 시 수익자가 법적 상속인인 거예요. 제 파트너는 배우자인데도 아무런 친권이 없죠. 그래서 일일이 다 고쳤어야 했어요. 제가 든 보험은 같이 가서 제 파트너로 지정하고, 제 파트너 것은 저로 지정을 했죠.

또 하나 문제는 의료권이었는데요. 한번은 급성장염 때문에 제가 간호사로 일하는 병원 응급실로 갔어요. 밤새 제 파트너가 간호를 했죠. 그런데 제 파트너가 입원 동의서를 쓸 수가 없는 거예요. 법적인 친권이 없으니까. 다음 날 누나가 와서 썼는데요. 제가 만약에 수술을 받거나 갑자기 혈액이 필요하거나 하는 의료적 처치를 받아야 할 때 가장 가까이서 돌보고 간호하는 사람인데도 법적인 권리 행사를 할 수가 없는 거죠.

사회권 측면에서는 직장에서 '배우자 수당'을 주거든요. 이성애자 간호사들은 다 3만 원씩 받죠. 제 파트너는 결혼신고를 못해 호적에 안 올랐기 때문에 못 받아요. 제가 직장생활을 꽤 오래했어요. 1500만 원 정도 국민연금을 불입했는데, 제가 사망했을 때 유족연금이나 이런 게 제 파트너에게 가지 않는 거예요. 그래서 항의했어요. 어떻게 받을 수 있냐고 했더니 받을 권리가 전혀 없다고 하더라고요. 이렇게 많은 부분에서 법적 권리가 인정되지 않기 때문에 살아 보니까 '차별을 받고 있구나' 느끼게 되더라고요. 그래서 동성애자들의 결혼, 가족 구성할 권리 이런 것들에 대해서 더더욱 많이 생각하고, 주장하게 되고, 사례들도 찾아보고 그랬던 거죠.

동성커플 가정에 대한 오해

● 네덜란드를 비롯해서 유럽의 몇 나라는 동성결혼을 인정하고, 입양 권도 인정하는 추세던데요.

파트너십이면 거의 모든 법적인 권리를 보장받는 거죠. 이성애자와 똑같이. 동성결혼을 인정하는 형태는 두 가지예요. 하나는 이성애자 결혼법과 동일한 결혼법으로 시행하는 건데, 네덜란드·벨기에 등이 그렇죠. 또 하나는 서양식 개념으로 파트너십 제도, 시민결합권 제도라든지, 이런 것을 통해서 모든 권리를 이성커플처럼 보장해 주는 거죠. 그런데 이런 나라들도 아이를 키울 수 있는 권리, 입양할 권리는 제한하는 경우가 많아요. 이건 차별이라고 생각해요.

저는 개인이 사랑할 사람을 선택할 권리, 결혼할 권리, 이런 것들은 국가나 사회에서 간섭할 필요도 없고, 간섭해서도 안 된다고 생각해요. 이성애자와 동등한 권리로 결혼법이 주어져야 한다고 생각하는데, 동성애자들이 결혼하면 하늘이 무너진다고 생각하는 사람들이 있으니까 전략상 동반자법이라고 한다든지, 파트너십 제도를 통해서 단계적으로 가는 전략적인 접근이 필요할 것 같아요. 중요한 것은 이성애자가 결혼할 권리를 가진 것처럼 동성애자도 같은 권리를 가져야 된다는 거죠.

국민연금하고 의료보험 때문에 관공서랑 많이 싸웠어요. 저는 드러내 놓고 싸우거든요. '나 동성애자인데, 커플로서 같이 살고 있는데, 왜 그런 것들을 보장하지 않느냐', 그러면 그 사람들은 의

무만 강조하는 거예요. 굉장히 화가 났던 것은 모든 국민의 의무는 똑같잖아요. 그러면 권리도 똑같아야 하는 거 아닌가요? 왜 의무만 강요하고, 권리는 주지 않느냐는 거죠. 저는 이것이 공정하지 않고, 부당하다고 생각합니다. 우리 사회는 동성애자들에게 국민으로서 의무는 강요하면서 동성애자들이 주장하는 권리에는 관심이 없어요. 동성애자들에게도 결혼할 권리, 입양할 권리, 법적인 권리, 이런 것들을 다 주어야 한다고 생각합니다.

● 옳고 그르고를 떠나 운동하는 과정을 보면 사회적 환경이라는 것을 무시할 수 없지 않습니까? 유럽의 경우 민주주의를 연습한 과정이 우리보다 훨씬 길고, 여러 가지 사회적 갈등을 겪으면서 얻은 권리일 텐데요. 한국은 유교 문화나 이런 것 때문에 가족주의를 극복하기가 쉽진 않을 것 같아요. 나이 지긋한 분들은 오랫동안 그렇게 살아왔기 때문에 더더욱 그렇고요. 이런 사회, 이런 분들을 설득하는 과정이 쉽진 않을 텐데요.

만만치 않죠. 동양의 동성애 억압 문화를 보면 서양하고 다른 것이 있는데요. 서양은 개인의 프라이버시를 존중하잖아요. 성인이 되면 부모랑 경제적으로도 분리하고, 주거도 분리하고. 그런데 한국은 그렇지 않잖아요. 어쨌거나 이성애자랑 결혼해서 분가를 해야만 독립할 수 있고. 또 한국 사회에서는 집안의 체면 문화, 그런 것 때문에 동성애를 더욱더 받아들이지 않습니다. '내 자녀가 게이나 레즈비언인데, 그렇게 결혼한다고 하면 집안의 수치다. 사회가 우리 집안을 어떻게 볼 거냐' 하는 생각 때문에 결혼을 강하게 가로막죠.

종교적으로는 성서를 문자 그대로 해석해 동성애를 혐오하는 보수적인 북장로회 기독교가 들어왔기 때문에, 동성애를 억압하고 차별하는 문화가 아주 강하게 형성되었다고 생각합니다. 저희 집도 그런 경우예요. '너희 둘이 좋은 것은 좋다. 그렇지만 이것을 밖에다 대 놓고 떠들고, 많은 사람에게 알리지 않고 조용히 살았으면 좋겠다. 너희들 관계 인정할 테니까 그냥 조용히 살아라.' 그런데 제가 인권위에 진정하고, 헌법소원 내고 이러니까 힘들어하시는 거죠. 대부분 부모님은 일차적으로 자식의 동성애 성 정체성을 받아들이는 것 자체를 힘들어하고, 어렵게 받아들였다고 하더라도 내 아이가 성장, 발달하면서 사랑하는 사람을 만났는데 그 사람이 동성이면 또다시 힘들어하죠. 축복해 주지도 못하고요.

사회는 진보하고 발전한다고 생각해요. 동성애운동이 90년대부터 시작됐는데, 예전에는 동성애자가 없다고 생각했거든요. 동성애 문화가 뭔지도 몰랐어요. 하지만 동성애운동이 시작되고, 외국의 동성애 투쟁 이슈가 한국에 전해지면서 변화가 생긴 것 같아요. 외국 동성애자들이 결혼을 한다고 하고, 그런 것들을 보면서 국내에서도 동성애 인권 활동들이 벌어지고, 그걸 보면서 사람들이 '우리 사회에도 동성애자가 있구나' 하면서 깜짝 놀라고, '동성애 문화가 어떤 것들이구나' 하며 보게 된 거죠. 영화나 다른 매체를 통해서도 동성애자들 존재가 드러나고 있는데, 이 때문에 호모포비아들이 더 격하게 반응하고요. 그렇지만 앞으로 동성애자 인권은 끊임없이 제기될 거예요. 정의로운 사회, 평등한 사회가 공동의 선이라고 생각하기 때문에 동성애 인권에 관한 주요한 이슈들이 생길 때마다 그것을 가지고 다양한 방법으로 지지와 동의를 확산해 나가야 된다고 생각합니다. 이 과정이 길면 질리겠지만, 하루아침에 되지는 않겠죠. 네덜란드에서는 결혼법을 쟁취하는데 30년이 걸렸다고 하는데, 우리는 더 걸릴지도 모르고요. 사회가 변했기 때문에 조금 짧아질 수는 있죠. 어쨌거나 길게 보고, 변화할 것이라고 믿고, 꿈을 꾸고 그렇습니다.

● 네덜란드 같은 경우 일부 마약을 합법화해서 의사 처방전만 있으면 처방을 해 준다든지 그런 식으로 정책을 바꿨는데요. 대부분 나라에서는 마약이 문제가 되는데, 거기서는 증가 추세가 완화되었다고 하더라고요. 이 예만 보더라도 네덜란드는 무척 개방적인 나라인데, 거기서도 30년이나 걸렸다면 한국에서는 돌아가실 때까지 안 될 수도 있을 텐데요. 막막할 때는 없으신가요? 본인은 혜택을 못 받고, 후세가 혜택을 받을 수 있는 운동일 수도 있잖아요.

저는 그렇게 생각해요. 저희 세대가 이룰 수 없다면 그다음 세대가 이루려고 노력하면 되죠. 물론 저희 세대에서 쟁취가 된다면 너무나 좋겠죠. 하지만 그게 안 되더라도 실망하지 않고 계속 투쟁할 생각입니다. 동성애자들에게 '우리도 결혼을 할 수 있구나, 우리도 결혼할 권리가 있구나, 그런 것을 사회적으로 요구할 수 있구나', 이런 것들을 보여 줘야 한다고 생각해요. 그랬을 때 그동안 다쳤던 자긍심, 위축되었던 마음들이 펴질 테니까요. 결혼법 자체보다도 그런 것들이 더 소중하다고 생각합니다. 결혼법 만드는 투쟁을 통해 숨죽여 지내던 동성애자들이 움직이기 시작하고, 저희와 함께할 수 있으리라 생각하고요. 제 세대에서 안 되면 그 다음 세대들이 또 하고 또 하고 그래서 미래 세대에서는 자기의 성정체성 때문에 자기가 선택한 사람과 결합하지 못하는 비극이 일어나지 않았으면 좋겠어요.

결혼법 투쟁이 처음에는 쉽지 않잖아요. 제 파트너와는 다른 커플들이 생기면 같이 인권위에 진정을 할 계획을 잡았어요. 그런데 그게 안 됐죠. 어쨌거나 제가 직장생활을 하고 있으니까, 결혼법 투쟁은 완전히 얼굴 까고 나가서 기자들 만나고 TV 나가고 해야 되잖아요. 그런 제약이 있어서 못했는데, 그렇게 같이할 수 있는 파트너가 생긴다면 그렇게 하고 싶어요. 일방적으로 할 순 없으니까요. 파트너가 두려워할 수도 있고요. 상황을 보면서 만들어가야 되는데, 가장 바람직한 형태는 동성애 커뮤니티에서 공익 변호사 그룹과 같이 운동 차원에서 제기하고 싸우는 것이라고 봐요. 분명히 결혼신고를 했는데, 거부당해서 주홍글씨를 받게 되면 그걸 가지고 투쟁 이슈로 삼는 방식이 가장 의미 있다고 생각하고요. 그러면 사회적 이슈로 크게 확산될 수 있을 것 같아요.

물론 그러자면 여러 용기 있는 커플이 그 투쟁에 함께해야 되겠죠. 외국 사례를 보면 노인 세대들부터 싸우기 시작했어요. 더는 잃을 것이 없는, 직장생활 안 해도 되고, 연금은 연금대로 나오고, 생계 위협은 받지 않는 노인들이 나선 거죠. 나중에 우리 사회에서도 게이나 레즈비언 노인 커플들이 투쟁하는 일이 생기리라고 봐요.

● 동성커플의 아이들을 보니까 삐뚤어지는 게 아니라 사회적 약자에 대한 이해나 감수성이 더 뛰어나고, 사회적으로 건강한 아이가 되더라는 독일의 연구 결과도 있던데요. 한국의 경우는 워낙 부정적인 시각이 많아서, 여자라고 해도 비혼의 경우 입양 자격 조건이 너무 까다롭잖아요.

잘못된 편견이죠. 게이 커플이 자녀를 키우면 아들이 게이가 되고, 레즈비언 커플이 아이를 키우면 레즈비언이 된다고 하는데요. 정체성이 부모에게서 후천적으로 영향을 받는다는 편견 때문이죠. 그 논리대로라면 제 부모님이 완벽한 이성애자이니 저도 이성애자가 됐어야죠. 연구 결과를 보더라도 게이나 레즈비언 커플이 아이를 양육하는 것은 이성애자 그룹과 별 차이가 없습니다. 물론 모범생으로 자랄 수도 있고, 비행청소년이 될 수도 있는데요. 동성커플이어서 자녀들이 비행을 저지를 확률이 높거나, 정체성을 이어 받아서 게이나 레즈비언이 된다거나 그렇지는 않죠.

연구 결과에 따르면 동성커플들이 이성커플보다 관계가 훨씬 평등해요. 이성커플은 아이 키우고, 가사 노동 이런 것은 여성이 책임지는 구도로 되어 있잖아요. 동성커플은 그렇지 않거든요. 음식을 좋아하는 사람이 음식을 담당하고, 빨래를 좋아하는 사람은 빨래를 맡고, 누가 그 일을 잘할 수 있고 좋아하느냐에 따라 일을 나누지 성별로 나누지는 않아요. 아이를 키우는 것도 마찬가지예요. 아이가 학교에서 돌아오면, 숙제를 봐 주는 부모가 있고, 놀아 주는 부모가 있거든요. 그게 아이들에게 정서적으로 훨씬 좋다고 생각해요. 물론 아이가 커 가면서 '나는 왜 아빠가 둘이지, 엄마가 둘이지' 하면서 혼란스러워할 수도 있겠지만, '우리 부모님은 다른 부모님들과 이런 게 다르다', 그런 것들을 인식하면 안정을 찾을 수가 있고요.

캐나다에서도 자녀들이 동성애자 부모의 친권이나 파트너십을 법정에서 증언한 일이 있어요. '우리 엄마들은 서로 사랑하는 사이고, 우리가 20년 동안 지켜봤는데, 가정을 이뤘었고, 그들은 완전한 파트너고, 나는 내 엄마 둘이 자랑스럽다'고요. 이런 사례를 보더라도 저는 우리 사회에서도 동성애자들에게 아이를 양육할 수 있는 기회를 줘야 한다고 생각합니다. 오히려 동성커플들이 사회에 기여할 수 있는 좋은 기회라고 생각하고요. 예를 들면 어떤 아이가 복지기관에 있는데, 양육할 사람이 도저히 없다, 그러면 동성커플이 그 아이를 자녀로 삼아서 가르치고, 먹이고, 인간으로서 성장할 수 있도록 하면 저는 그것이 이 사회에 기여하는 거라고 생각해요.

● 동성커플 자녀들이 놀림을 당하는 일도 있겠지만, 외국 같은 경우 뭔가 견딜 만한 사회적 환경들이 형성되어 온 것 같습니다. 하지만 우리의 경우에는 아이가 집에서는 잘 지내더라도 바깥에서는 너무 놀림을 받아서 삐뚤어질 수 있는 문화적 환경에 놓일 수도 있다고 보는데요.

부모나 가정의 역할이 중요한 것 같아요. '우리 부모님이 나를 사랑해 주시는구나' 하고 느끼게 하는 것이 가장 중요한 것 같고요. 그다음에 아이한테 얘기하겠죠. 왜 아빠가 둘인지. 학교에서 가족 그림 그릴 때 아빠나 엄마를 둘로 그릴 거 아니에요. 그러면 선생님도 놀라고, 아이들도 이상하게 생각하겠죠. 애가 학교에서 놀림을 받고, 집에 와서 울지도 몰라요. '내가 그림을 그렸는데, 우리 선생님과 아이들이 너무나 이상하게 생각한다. 나는 왜 엄마가 없냐?' 이렇게 얘기할 수 있잖아요. 그때는 정확하게 '네 아빠들은 게이다. 그래서 우리 집은 아빠가 둘이다' 이렇게 말할 수 있어야 되는데, 초등학교 저학년 때부터 그걸 말할 수는 없겠죠. 그때는 순진하니까 방어하지 않고 있는 그대로 얘기할 수 있는데요. '사람들이 이렇게 이렇게 반응할 거다. 그러면 그때 가슴 아프지 않았으면 좋겠고, 아빠들은 너를 사랑한다'고 감싸줘야겠죠. 만약 입양하게 되면 저는 교사도 만날 것 같아요. 우리 상황을 설명하고, '학교에서 그런 문제 때문에 아이가 어려움을 겪지 않도록 당신이 도와주셨으면 좋겠다. 우리도 이 아이가 학교에 잘 다닐 수 있도록 얼마든지 함께 노력하겠다'고 얘기를 해야죠.

● 사실 이성애자들도 사랑의 감정보다 민주화운동 같은 것을 함께하다 동지애적 감정이 더 강해져서 결혼하는 경우도 있잖아요. 그렇게 감정은 딱 잘라서 구분하기 어려운데요. 어릴 때 성폭행을 당했다든지, 가부장적인 요인 때문에 남자에 대한 혐오감이 생겨서 후천적으로 레즈비언 성향을 가지는 경우도 있다고 생각하는 사람들도 있죠. 이처럼 동성애가 후천적일 수 있다고 생각하는 사람들도 있잖아요.

저는 그게 선가정이라고 생각하고, 올바르지 않다고 생각해요. 여성들이 성폭행을 당하는 경우가 많거든요. 그렇다고 그들이 다 결혼을 안 하고, 남성을 혐오하는 것은 아니거든요. 그런데 우리 사회에서는 프로이트 이론처럼 엄마와 관계가 나쁘고, 여성을 너무 혐오하기 때문에 게이가 된다는 가정이 있어요. 그런데 그렇지 않거든요.

● 여성을 혐오할 때 여성을 성폭행하는 가해자가 되는 경우가 더 많은 것 같더라고요.

레즈비언한테는 이성 남성하고 섹스를 안 해 봐서 섹스 맛을 몰라서 저런다고 하는 것이 있어요. 남성들은 우월적이고, 지배하려고 하거든요. 여성들이 이런 것을 당연히 혐오하게 되죠. 하지만 그것 때문에 성정체성을 바꿔서 레즈비언이 된다고 생각하지는 않아요. 정체성이란 게 애정적인 부분, 정서적인 부분, 사회적인 부분, 영적인 부분, 이런 것이 통합된 틀이잖아요. 오해와 그릇된 편견에서 나오는 가정들이 많은데, 저는 거기에 동의하지 않습니다.

부모를 이해시키는 방법

● 사회적인 분위기 때문에 성정체성을 억누르면서 사는 경우도 많잖아요. 외국의 경우 아이 낳고 살다가 마흔 살쯤 되어서 정체성을 드러내면서 성전환 수술을 하고, 이성커플과 이혼한 후 동성과 친구로 지내거나 아니면 그냥 같이 사는 경우도 있는 것 같은데요. 성소수자의 경우 처음에는 개인적인 경험이었다가, 사회적인 경험을 하면서 이런저런 케이스가 있다는 사실을 알게 되고, 커뮤니티 등을 통해 자신의

성정체성을 확신해 나가는 거잖아요. 그렇게 따지면 어떤 부모는 자식이 그런 정체성을 갖고 있더라도 억누르고 정상적인(?) 사회생활을 해주길 바랄 수도 있잖아요. 보통 많은 부모가 자식이 잘못되면 '나쁜 친구를 만나서'라고 얘기하지 않습니까? 그런 부모 입장에서는 이 동성애 커뮤니티가 나쁜 친구처럼 보일 수도 있을 것 같습니다. 그냥 조용히 살아갈 수도 있는 아이를 꼬여 냈다고 생각할 테니까요.

제 파트너랑 결혼식 했다고 하니까 저희 어머니가 그러세요. '누가 먼저 살자고 했냐?' (웃음) 엄마의 가정은 그거예요. 우리 아이는 그냥 여자를 좋아하고 그럴 수 있는데, 그 집 아이가 꼬드겨서 우리 아이가 이렇게 되지 않았을까, 모든 엄마는 그렇게 생각하거든요. 내 아이는 문제가 없는데…….

● 마음이 약해서……. (웃음)

그렇게 영향을 받았을 거라고 생각해요. 오해인 거죠. 정체성 때문에 그런 친구를 만나고, 커뮤니티 활동도 하는 건데요. 가족들로서는 상당한 부담이죠. 엄마한테 커밍아웃을 하면 '엄마랑 너랑 둘만 아는 사실로 하자. 아빠랑 동생, 누나들은 절대로 모르는 것으로 하자'고 덮고 싶은 거죠. 까발리고 싶지 않고. 그다음에 동성애 매체 같은 것을 보면 더 빠져들까 봐 못 보게 하는 경우가 많아요. 이것은 부모뿐만 아니라 동성애자 당사자들도 그래요. 내 정체성이 이 정도밖에 안 되는데, 그런 커뮤니티에 가서 늪처럼 빠져드는 것이 아닐까, 그런 두려움을 많이 가져요. 동성섹스 장면을 보면 중독되는 것이 아닐까 걱정하는데요. 그렇지 않거든요. 성정체성이라는 것은 본능이고, 과거에서부터 있었고, 쭉 진행되면서 발달하는 건데, 본인도 그렇고 부모님들도 그렇게 생각하는 거죠.

중요한 것은 지식인데, 올바른 정보를 제공해 줘야 해요. 성정체성이 어떻게 발달하는지, 청소년들이 어떤 어려움을 겪는지, 가족들은 어떤 어려움을 겪는지, 그런 것들을 자조 모임*을 통해서 청소년 동성애자들끼리, 동성애자 자녀를 둔 부모들은 부모들끼리 얘기하는 것이 좋을 것 같아요. 자조 모임이나 커뮤니티가 왜 중요하냐 하면 '나 혼자인 줄 알았는데 동성애자들이 이렇게 많았구나, 우리 애만 그런 줄 알았는데 그렇지 않구나, 이런 고민을 하는 부모들이 많구나'라는 동질감을 느낄 수 있게 하거든요. 다른 부모들한테 들어 보면 자기가 경험한 것이랑 똑같잖아요. 애가 커밍아웃해 온 가족이 울고, 동성애자 커뮤니티에 나가면서 더 빠져들지 않을까 괴로워하고. 그런데 아이들을 있는 그대로 받아들이니까 마음이 더 편해지고, 우리 아이를 차별하는 것에 대해 화가 나게 되고 그렇죠. 그래서 저는 자조 모임, 커뮤니티, 올바른 정보, 이런 것들을 접하면 부모님들도 변할 수 있다고 생각해요.

연세 많으신 분들은 굉장히 어렵죠. 저희 부모님 세대 같은 경우는 어려운데요. 하지만 요즘 아이들 부모님은 젊고, 충분히 정보에 접근할 수 있잖아요. 동성애자 부모님들은 세 가지 부류일

★ 사회적으로 낙인찍혔거나 차별을 받는 사람들이 함께 모여 서로 돕는 모임을 말한다.

것 같아요. 하나는 완전히 무시하고 따로 생각하면서 사는 부류, 하나는 어떻게 해 줄 수 없어 가슴만 아파하는 부류, 나머지 하나는 가슴이 아파서 적극적으로 나서는 부류가 있다고 생각하는데요. 저는 미래에는 동성애운동에 같이 참여하는 부모들도 있으리라 생각해요.

● 정보가 없으니까 편견을 가질 수도 있는 건데요. 드라마 〈인생은 아름다워〉에 나왔던 배우 남규리 씨도 '처음에는 이해가 안 갔는데, 극중 오빠들의 입장을 가만히 생각해 보니 이해가 가더라'고 말했거든요.

그런 게 이해의 시작이죠.

● 자기가 그런 정체성을 갖고 있어도 부모님께 얘기하기가 쉽지 않을 텐데요. 어떤 식으로 접근해야 되나요? 부모님들에게 충격을 덜 주면서 고백할 수 있는 노하우라고 할까요? (웃음)

초등학교 때 정체성을 인식했기 때문에 중학교, 고등학교 때 한 번도 여자를 사귄 적이 없어요. 누나들도 막내는 여자에 관심이 없나 보다, 여자를 사귀어야 된다, 왜 남자끼리만 돌아다니냐, 이러지도 않았어요. 그냥 제가 어떻게 하든지 간에 별로 중요하게 생각하지 않고, '친구 누구 있는데, 내가 걔 되게 좋아한다'고 해도 이상하게 바라보지도 않았어요. 제가 서른여덟 살 때 파트너를 만났는데, 엄마한테는 친구라고 하고 저희 엄마랑 같이 살았죠. 엄마가 일 년 뒤에 묻더라고요. '정말 친구냐, 친구 아닌 것 같다, 사랑하는 사이냐?' 연세가 많으셔도 그건 부모들의 직감이잖아요. '엄마 사실은 내가 동성애자인데', 하려고 해도 처음에는 입에서 '동' 자도 안 떨어지더라고요. 나중에 엄마한테 말씀 드렸을 때 무척 놀라셨는데요. 부모님들한테 어느 날 갑자기 '엄마 나 게이야, 엄마 나 레즈비언이야'라고 얘기하는 것보다 왜 자신은 여자 친구한테 관심이 없는지부터 천천히 얘기하는 것이 좋을 것 같아요.

● **역시 대화가 중요한 거네요.**

물론 부모님이 호모포비아적일 수도 있는데요. 일단은 완벽하게 숨겨 놓고 있다가 나중에 그것이 발각되는 것보다, 너무 노출하기 힘든 부분은 놔두고 자연스럽게 부모님하고 얘기하면서 알리는 게 좋을 것 같아요. 〈인생은 아름다워〉 보면서 '저 사람들도 사랑할 권리가 있는 거지, 사람들은 왜 그러지, 나도 남자한테 저렇게 끌릴 때가 있다, 나도 여자한테 끌릴 때가 있다, 다 인간이 하는 사랑인데, 엄마 아빠는 어떻게 생각하냐' 그런 얘기도 할 수 있고요. 형제들하고 얘기하는 것도 중요한 것 같아요. '네가 개인적으로 어떤 선택을 하듯이 나도 그런 거다', 그게 반목으로 가는 게 아니라 '나는 이런 사람이고, 나에 대해 존중해 주었으면 좋겠다, 내가 너를 존중하고 다른 형제를 존중하듯이 너도 나와 내 파트너를 존중해 줬으면 좋겠다'고 설득하고, 자기 속마음을 이야기하고, 그러면서 나눠 가는 것이 점점 커지면 저는 가족들이 받아들이고 함께할 수 있으리라고 생각해요.

저는 전략을 잘못 짰는데요. 외국에 커밍아웃 전략이 있더라고요. 집안에 아주 중요한 일, 기쁜 일이 있을 때 하면 안 된대요. 이게 줄초상이잖아요. (웃음) 그다음에 맨투맨으로 접근하는 것이 좋대요. 자기를 가장 이해해 줄 수 있는 사람부터 시작하는 거죠. 그래야 가족 사이에서 얘기가 나왔을 때 그 사람이 지지해 줄 수 있으니까. 저는 어머님 생신 때 하려고 했는데요. 한꺼번에 모였을 때, 얘기하면 1타 3피라고 생각한 거죠. (웃음) 매형들, 조카들 모였을 때 생신 축하해 주고, 커밍아웃하면 좋겠다고 생각했는데, 막내 누나가 눈치를 챘어요. '나 얼마 전에 수술했다', 그 말에 마음 약해서 못했는데요. 좋은 방식은 아니더라고요. 누나들도 절무척 사랑하는데, 누나들은 시댁 눈치를 많이 봐요. 시댁에서 동생이 게이더라는 말을 듣는 게 싫겠죠.

● 한국적인 환경에서는 그게 약점이 될 수 있으니까요. '너희 집안이 어쩌니…….' 하면서. 평등한 관계 같으면 '뭐가 문제야'라고 얘기할 수 있을 텐데, 한국에선 쉽지 않잖아요.

매형들한테 너무 감사한 게 저한테 한마디도 하지 않았어요. 같이 어울려 주시고, 같이 술도 하고, 저희 가족들한테 정말 감사해요.

● 가족 중에 동성애자가 있을 때 가족들이 어떤 태도를 취하는 게 좋을까요?

제가 가족들에게 가장 원했던 것은 존중이었어요. 형제들이 저와 제 파트너를 같이 존중해 주는 것, 부모님이 가족 구성원으로서 받아들여 주는 것이었죠. 한국 사회에서는 가족 문화가 굉장히 강하잖아요. 저는 제 형제, 부모님을 사랑하고 존중하는데, 제가 동성애자라고 해서 저를 존중하지 않거나, 부끄러워하거나, 비하하거나 그러면 가족 간에 힘들 거라고 생각해요. 저는 눈치를 많이 봤거든요. 명절날 우리만 빼고 같이 모일 때 깊은 배신감을 느꼈어요. 한국의 명절은 특이하잖아요. 가족이 다 모이잖아요. 저희가 초대받지 못했을 때 우리를 가족으로 인정하지 않는구나, '그래, 더럽고 치사해서 안 가', 엄청나게 소외감을 느꼈거든요. 집안 경사가 있을 때 초대해 주고, 가족이라고 느끼게 해 주면 더욱더 마음이 편안하리라고 생각해요. 우리 동생이, 우리 가족 중에 게이가 있는데, 그것에 대해서 부끄러워하거나, 비정상이라고 생각하거나, 집안에 나쁜 영향을 미칠 거라고 부정적으로 생각하는 것보다 오히려 '네가 참 소중하다, 우리는 네가 자랑스럽다', 이렇게 따뜻하게 격려해 주는 것, 그게 가족이 줄 수 있는 최고의 선물 같아요.

호모포비아는 근거 없는 혐오증

● 인권위 정신보건 분야와 인권교육 강사 과정도 수료하셨잖아요. 동성애 혐오증도 일종의 사회적 질병 같은데요. 호모포비아의 정신적인 기제는 어떤 것인가요?

흥미롭게 여기는 현상 중 하나인데요. 이성애 우월주의 세계관에서 시작돼요. 이성애 성정체성만이 올바르고, 정상이고, 나머지는 비정상이고, 정신병이라고 생각하는 거죠. 이런 사상에 근거해 법도 만듭니다. 그래서 동성애자들은 결혼하면 안 돼, 결혼법을 제정해 주면 안 돼, 동성커플들에게 권리를 주면 안 돼, 입양권을 주면 안 돼, 이런 이성애 우월적인 생각이 사회문화·제도로 굳어지는 거죠.

이성애 우월주의가 사상적인 거라면, 동성애 차별이나 혐오는 행동으로 드러나는 거죠. 폭행을 한다든지, 테러를 한다든지, 보수 기독교계가 하는 것처럼 사이트를 공격한다든지. 이처럼 한쪽에는 이성애 우월주의, 한쪽에는 동성애 혐오증이 동성애자들을 막 깔고 지나가요. 동성애 혐오증이 호모포비아인데, 무엇 때문에 그런지 근거도, 합리적인 이유도 없이 동성애가 불안하고 싫은 거예요. 에이즈 주범이다, 에이즈를 퍼뜨리지 않을까, 우리 사회의 전통 질서를 다 흔들지 않을까, 파괴시키지 않을까 하면서 불안해하고 공포를 느끼는 거죠.

● **그렇다고 하더라도 개인의 성향인 거죠.**

다양성에 대한 무지, 비합리적인 신념, 동성애는 더럽다거나 정신병이라는 근거 없는 혐오 들이 문제 같습니다. 호모포비아들은 동성가 정신질환 목록에서 1973년에 삭제되었는데도, 여전히 정신병이라고 규정하잖아요. 정신의학회에서 규정한 건데도요. 호모포비아야말로 심각한 '병' 같습니다.

● 예전에는 남자가 여자보다 우월하다고 생각했고, 그래서 서양의 경우에도 50여 년 전에야 겨우 여성에게 투표권을 준 나라들이 있지 않습니까? 지금은 여자한테 투표권을 주느냐 마느냐의 논란이 있을 수가 없고, '남자는 하늘이다'는 얘기는 〈개그 콘서트〉에서나 들을 수 있는데요. 이런 것처럼 호모포비아 문제도 시간이 흐르면 '예전엔 저랬어?'라는 시절이 올 수도 있을 것 같습니다. 하지만 아직까지는 선진국에서도 호모포비아들이 존재하고, 한국에서도 수면 위로 올라오고 있는 상황인데요. 신문에 전면 광고를 낼 정도로 호모포비아들이 커밍아웃(?)을 하고 있는데, 이런 상황에 대해서 어떻게 생각하세요?

소수자 운동, 낙인찍힌 그룹들의 운동이 드러나지 않을 때는 이 사람들이 별로 걱정이 없었거든요. 그런데 드러나기 시작하니까 차별과 혐오가 더 세진 거죠. 동성애자들이 스스로를 드러내고, 동성애 문화도 드러나니까 이들이 놀란 거예요. '이것들이 조용히 살 줄 알았는데 할 말 다 하네? 그럼 이거 확산되면 안 되겠다'고 생각한 겁니다.

　또 하나 눈여겨봐야 하는 게 종교 집단인데요. 동성애자들을 공개적으로 비하할 수도 없고, 죄라고 말할 수도 없으니까 신자들을 선동하죠. 특히 목사들이. 이렇게 보수 우익하고 근본주의 종교 집단이 심하게 동성애에 대한 혐오감을 표출하죠. 인권위에서 군형법 92조 5항을 위헌이라고 한 것에 대해서 가장 난리를 친 사람들도 고엽제전우회 이런 쪽 사람들이었거든요. 완전히 우익이죠. 그런 사람들이 동성애가 국가 기반을 흔든다고 떠들어 대니까 동성애자들을 억압하고 차별하는 것이고요.

이런 현상들에 대해서, 동성애 커뮤니티에서 끊임없이 문제를 제기하고 싸워야 한다고 생각해요. 동성애자들을 지지하는 이성애자 운동단체나 진보적인 사람들이 그 싸움에 함께할 수 있을 거고요. 저는 차별금지법이나 혐오방지법이 꼭 필요하다고 생각해요. 호모포비아들이 동성애 성정체성을 이유로 비하를 했다든지 테러를 했다든지 신체적 공격을 했다든지 폭력을 가했다든지 했을 때 명확하게 처벌할 수 있는 법과 제도가 만들어졌으면 좋겠다는 거죠.

● 모욕죄나 이런 것들로 처벌할 수도 있을 텐데요. 처벌할 수 있는 행동이 명확히 규정되어 있지 않으면 고발하거나 처벌하기 힘들다는 얘기인가요?

차별금지법이나 혐오방지법은 사회적으로 가장 낙인이 찍혀 있고, 혐오범죄를 당할 수 있는 집단을 보호하고 그들의 인권을 지킬 목적으로 만들어져야 하거든요. 미국에서 동성애 혐오방지법이 왜 생겼냐 하면 매튜 셰퍼드라는 대학생이 학교에서 다른 학생들에게 죽음을 당했는데, 미국 사회에서 큰 충격을 받은 거죠. 어떻게 동성애자라고 해서 학교에서 죽이나, 했던 겁니다. 이 일이 있고 10년쯤 지나서 작년에 혐오방지법이 만들어졌는데요. 계속 끊임없이 괴롭힘을 당하고, 폭력을 당하고, 테러를 당하니까. 그냥 혐오가 아니라 동성애 때문에 혐오하는 거고, 그냥 모독이 아니라 동성애자이기 때문에 모독하는 거고, 폭력을 저지르는 거잖아요. 그렇기 때문에 법률에 근거해서 처벌해야 할 필요가 있다고 생각해요.

● 어떻게 보면 가해 예비자들을 위한 법일 수도 있겠네요. (웃음) 혐오감 때문에 범죄를 저지르지 않게 하기 위한 환기 장치일 수도 있고요. 범죄가 될 수 있다는 것을 알면 조심하고 안 하게 될 수도 있을 테니까요.

그래서 지금 목사들이 차별금지법안이 허용되는 것을 드러내 놓고 반대하잖아요.

● 아까 사망 시 보험금 수령자를 파트너로 지정하는 문제 때문에 차별을 의식했다고 하셨는데요. 보험 가입할 때 수령자를 지정하면 법적으로 문제가 없는 것 아닌가요?

보험 가입할 때 미리 이것부터 물어보거든요. 게이커플인데, 사망 시 수령자 변경하거나 지정할 수 있으면 가입하고, 안 되면 가입하지 않겠다고요. 그런데 AIG, ING 같은 다국적 보험 회사들은 그게 안 돼요. 왜 안 되는지 AIG에 물었더니, 가족의 가치를 소중히 여겨서래요.

● 돈 많은 사람은 돈 때문에 가족끼리 싸우기도 하던데요. (웃음)

처음에는 저도 간이 작아서 친구 누구누구 했는데, 나중에 가서는 관계 칸에 동성혼 배우자라고 썼는데요. 그냥 가져가서 컴퓨터에

입력하더라고요. 한바탕 싸울 준비를 했는데. (웃음)

● 오래 같이 산 게이커플이 있었는데 한쪽이 죽어서 배우자 가족에게 연락을 해요. 그랬더니 가족들이 그 둘이 살던 집에서 그 사람을 쫓아내던 영화 장면이 떠오르네요. 법적으로는 합법적인 거니까요.

배우자 장례식에 가족들이 못 오게 하는 거죠. '너 오지 마, 우리가 알아서 치를게', 전 그건 정말 받아들일 수 없을 것 같아요.

● 가족이라는 이유로 법적으로 보호를 받고, 사회적으로 용인을 해 주는 현실이다 보니 개인적으로는 억울한 일인데 호소할 데가 없겠네요.

그래서 동성결혼이 법제화되어야 하는 거죠. '인정해 줄게, 니네 조용히 살아', 하고 인정해 주는 분위기만으로는 안 되죠. 결국 법적인 보호는 받지 못하니까요.

동성애운동의 교훈

● 어떤 가족들은 동성애를 정신병으로 취급해서 정신병원에 보낼 수도 있지 않습니까? 물론 가정폭력이라든가 알코올 의존증이 심각하다면 일시적으로 격리시키려고 그럴 필요도 있을 것 같은데, 이게 악용될 가능성이 꽤 있는 것 같아요. 가족이 동성애자를 격리시키려고 이 방법을 쓸 수도 있고요.

특히 청소년 동성애자들의 경우 부모님들이 이런 액션을 많이 취해요. 일단 청소년들은 경제력이 없거든요. '우리 아이가 동성애자라니 큰일 났다, 어릴 때 빨리 고쳐야겠다'고 생각해서 정신병원에 넣는데, 아이들은 힘이 없으니까 부모님들이 하자는 대로 다 해야 되는 거죠. 그래서 정신과에 입원하고, 약물 치료도 받죠. 그건 그 아이의 인생을 파괴하고, 가족을 파괴하는 거라고 생각해요. 성인이 되어서 커밍아웃했는데 그런 식으로 나오면 "그래요, 저 나가서 살게요!" 할 수라도 있잖아요. 굶어 죽지는 않을 테니까요. '부모 자식 간의 관계를 끊자'고 해도 최악의 경우 '그렇게 하죠' 할 수 있고요. 하지만 청소년은 그럴 수가 없거든요. 많은 부모가 동성애를 치료할 수 있다고 생각하는데, 이것은 호모포비아들도 마찬가지예요. '치료가 가능하다, 전환이 가능하다'고 믿고 있죠. 제가 전문가적 입장에서 말하면, 그 아이의 정체성을 그대로 받아들이는 것이 그 아이와 부모와 가정이 행복해지는 길입니다. 그렇지 않으면 모두 불행해집니다.

● 학생운동 이후에 노동운동을 하다 자연스럽게 동성애운동으로 넘어오신 건데요. 대학 때는 가톨릭학생회를 통해 학생운동을 시작했고, 병원에 들어가서는 병원노동조합에서 노동운동을 하셨는데요. 학생운동이나 노동운동 할 때 커밍아웃을 하셨습니까?

그렇죠. 98년 동인련 초기부터 활동을 했으니까요. 12년 정도 됐죠. 기존 운동은 나름대로의 세계관이 있어 한 건데, 동성애운동을 하면서 바뀐 것은 동성애자 시각에서 세상을 바라보기 시작했다는 거예요. 학생운동, 노동운동을 통해서 느끼고 배운 것이 많지만, 동성애운동을 통해서 느끼고 배운 것이 더 많습니다. 지금은 정신장애인 인권운동을 하고 있는데 제 전공 분야이고, 제 경험과 동떨어진 것도 아니어서 동질감을 느끼며 활동하고 있어요. 정신장애인도 낙인찍히고 차별받는 그룹이고요. 동성애운동이 정신장애인 운동을 직업으로, 전공으로 삼을 수 있게 빌미를 제공해 준 셈이죠. 또 동성애운동을 하면서 소수자 감수성을 많이 기르고 배우게 됐어요. 이주노동자라든지, HIV 감염인이라든지, 현상은 다르지만 본질은 다 같은 소수자잖아요. 힘이 없고, 제도적 폭력에 시달리고, 근거 없이 존중받지 못하고, 이런 것들에 대해서 공감하게 되었죠. 저는 그게 너무 소중해요. 호모포비아들이 공격하는 모습을 볼 때마다 더욱더 그런 생각이 들죠. '다시 태어나도 동성애자로 태어나고 싶다.'

이번에 호모포비아들이 동인련 사이트 공격할 때 제가 실명으로 바꿨거든요. 처음 실명으로 싸운 게 2004년도에 육우당이 죽고 나서예요. '동성애자는 사회적으로 한번 죽었다가 다시 태어나야 되는구나', 생각했죠. 그래서 모든 사이트에서 이름을 실명으로 바꿨어요.

민노당 당원인데, 성소수자위원회 만들면서 당내 호모포비아들과 한바탕 전투를 벌였어요. 정책위원장 후보로 나온 사람이 동성애를 서구 자본주의의 퇴폐적 결과로 비하하면서 동성애자 당원 20명이 정말로 열심히 싸웠죠. 그 사람이 다수파 수장이었는데, 동성애자들 때문에 떨어졌어요. 이게 당내에 큰 충격을 줬나봐요. 제가 초대 성소수자위원회 위원장을 맡았는데, 그때도 여기동 이름으로 싸웠죠. 학생운동, 노동운동 경험 덕에 동성애운동을 힘들지 않게 시작했던 것 같아요.

● 민노당 성소수자위원회 말씀하셨는데요. 진보 진영 분들이 이런 문제에 대해선 보수적인 경우도 많잖아요. 사고 수준이 호모포비아와 비슷하거나, 성소수자 문제를 작은 문제 취급하면서 지금 당장 급한 것이 많으니 급한 불부터 끄자는 식으로 미루어 놓기도 하고요.

굉장한 충격이었어요. 제가 학생운동 할 때는 진보 정당이 없었잖아요. 노동당이나 사회당원이 되는 게 제 꿈이었어요. 그래서 국민승리21 만들어질 때 병원노동자로 참여했어요. 국민승리21이 자동적으로 민노당으로 전환했는데, 당 활동은 못했어요. 동인련에서 활동하고, 3교대로 근무하고, 노조에서 활동하느라고. 그러다가 2004년 총선부터 지역이랑 결합을 했죠. 사실 2002년도부터 알게 모르게 모여 있긴 했죠. 민노당을 동성애 커뮤니티에 홍보하고, 지지를 호소하고, 돈을 좀 모아서 대선 자금으로 주고, 나름 자부심이 있었어요.

그런데 사무총장, 정책위원장 등 주요 당직자 뽑는 선거에서 그 (대선) 후보가 그런 말을 해서 너무 큰 충격을 받았고, 그래서 '너 안 되겠다'고 생각했죠. 문제 제기하고 싸우다 동성애 문제가 당에서 이슈가 된 거예요. 혐오적인 반응, 침묵하는 반응, 적극적으로 지지하는 반응이 있었는데요. 진보 정당 리더가 그런 생각을 갖고 있는 것이 저에게는 한마디로 충격이었어요. 세계 역사를 보면 배반당한 혁명들이 있잖아요. 볼셰비키를 스탈린이 억압하고,

게이·레즈비언이 쿠바 혁명군에 가담했는데 다시 이념적 이탈자로 규정되면서 수용소로 보내졌고요. 나한테 이랬으면 어땠을까 하는 생각이 들었어요. 내가 만약 노동당이나 사회당에서 적극적으로 활동했는데, 나를 이념적 이탈자·변태로 규정하면 어떻게 할까, 그건 제 가슴에 칼을 꽂는 거라고 생각하거든요. 이게 한국에서도 있는 거구나 하면서 물러서지 않고 싸웠어요. 그때 최고위원회 들어가서 설명도 했는데, 자기네 정파를 떨어뜨렸다는 것 자체가 충격인 거예요. 한 명 빼고 NL 진영이 최고위를 다 장악했는데, 자기 수장을 떨어뜨렸잖아요. 정말 시선 자체가 싸늘한 거예요. 저를 완전히 잡아먹을 것 같은 표정이었어요. (웃음)

● 경멸하는 감정 사이에 두려움이 있었겠죠. '생각도 못했는데, 세구나.' (웃음)

동성애 문제로 정책위원장 후보가 떨어질지 몰랐다는 거예요. 또 하나는 동성애 문제에 대해 너무나 몰랐다고 하더라고요.

● 그분들에게는 좋은 경험이었겠네요.

좋은 경험이었죠. 그런데 저는 크게 실망했어요. 성소수자위원회는 당원들이 스스로 움직여 만든 거잖아요. 그러니까 지도부라면, 리더라면 '어떻게 도와줄 수 있을지'를 고민해야 되는 거 아닌가요? 사실은 위에서부터 만들어진 위원회가 많아요. 환경위원회, 청소년 위원회 등등. 그런데 아래에서부터 자발적으로 움직인 것이 성소수자위원회예요. 그러니까 저는 더 칭찬하고, 격려해 줘야 된다고 생각했거든요. 그런데 만들어 주고 싶지 않은 거예요. 승인해 주고 싶지 않은 거예요. 제가 최고위원회 가서 계속 설명을 했는데, 사무총장도 안 된다고 해요. 그래서 대의원들 만나겠다고 한 거죠.

대의원들은 열려 있어요. 그분들이 인정해 줘야 한다고 하니까, 울며 겨자 먹기로 최고위원회에서 인정을 해 줬어요. 그런데 예산 배정을 안 해 주는 거예요. 0원. 그래서 또 싸웠죠. 제가 당 강령을 한 번도 안 읽었는데, 그때 처음부터 끝까지 다 읽었어요. 그때 동성애자들 때문에 당이 쪽팔린다, 떠나라는 얘기도 있었어요. 그래서 '떠날까' 하는 생각도 있었는데, 너무 억울했어요. 제 당원 번호가 3073번이거든요. 당원이 10만 명에 육박할 때였어요. 그만큼 저는 누구보다 진보 정당의 당원이 되고 싶었어요. 그런데 왜 내가 동성애자라는 이유로 떠나야 되지 하면서 오기가 생기더라고요. 사회당, 녹색당 강령도 다 읽어 봤는데, 녹색당이 가장 진보적이었어요. 정말로 녹색당 강령대로 구현되면 우리 사회가 정말 괜찮아질 것 같아요.

이후로 민노당 사람들이 조금씩 변하더라고요. 지금은 공개적으로 드러내 놓고 싫어할 수는 없어요.

● **석사 논문*에서 "동성애자는, 의료인들이 성적 지향에 대한 지식이**

★ 　논문 제목은 〈한국 남성의 동성애 성정체성 발달 과정과 정신건강 문제〉(2004년 인하대 대학원).

부족하고 특별건강관리의 핵심을 무시하거나 동성애 혐오적이라고 느낀다"고 쓰셨는데요. 그분들도 일반인들하고 생각과 정체성이 비슷할 테니까 인식이 좀 부족할 것 같습니다.

감수성 자체가 떨어지는 거예요. 특수한 계층에 의료 서비스를 할 때, 그 사람들에 대한 감수성이 있어야 되거든요. 예를 들면 그 대상자가 게이든 레즈비언이든 아니면 HIV 감염인이든 이주노동자든 이런 사람들을 이해할 수 있는 감수성이 있어야 하죠. 그런데 의대, 간호대나 심리학과, 사회복지학과 이런 곳에서 소수자 인권 감수성을 기르고 배울 수 있는 커리큘럼이 별로 없어요. 다민족, 다인종 사회인 외국에서는 각 그룹의 특성을 이해하는 지식들이 갖추어져 있는데, 우리는 그렇지 않죠.

제가 재밌는 논문을 찾았는데요. 레즈비언 커플이 인공수정으로 임신을 했어요. 레즈비언 파트너가 병문안을 가면, 간호사들이 불편해하는 거예요. 보통은 임산부가 입원하면 남편한테 보조의자도 제공하고, 지금 어떻게 치료받고 있는지 설명도 해 주잖아요. 그런데 레즈비언 파트너에겐 설명도 안 해 주고, 보조의자도 안 주더래요. 이렇게 정보 접근이나 서비스에서 차별을 받더라는 거죠. 간호사들이 레즈비언 커플들에 대해서 잘 모르니까요.

● 버스나 전철 안에서 보면 약간 장애가 있는 분들이 큰소리를 내는 경우가 있는데요. 그분들을 차별하는 마음이 없더라도 도대체 어떻게 대해야 할지 몰라서 난감할 때가 있거든요. 어떻게 해야 할지 모르니까 불편한 건데요. 그 간호사가 동성애를 혐오하는 사람일 수도 있지

만, 그 환자 부부를 어떻게 대해야 할지 몰라서 그럴 수도 있거든요. 남자한테 설명하는 것은 너무나 익숙한데, 여자가 아빠라고 하니까. (웃음)

이 사람들은 전문가잖아요. 환자들에게 성실히 의무를 다해야 하는 게 분명히 지켜야 할 윤리라고 생각하거든요. 왜냐하면 계약관계니까요. 이 사람들은 좋은 서비스를 하겠다는 계약을 하고 돈을 받는 거잖아요. 다수자가 아닌 소수자라고 해서 질 낮은 서비스를 제공하는 것은 차별이거든요. 만약 어떤 사람들에 대해 잘 모른다면 교육이나 이런 것들을 통해 지식을 쌓아야 되는 거죠. 정말로 소수 인종의 환자가 오면 그 나라를 잘 아는 간호사나 의사를 배치한다든지 이런 식으로 하는 것처럼, 그 분야에 대해서 지식을 갖춰야 되고, 대상자가 만족할 수 있는 서비스를 제공해야 되거든요. 모르면 그렇게 할 수 없으니까 각 학회에서, 아카데미에서, 병원에서 관련 교육을 시켜야죠.

정신과 의사들 중에는 여전히 동성애를 정신질환으로 알고 있는 사람들도 있어요. 정신과 간호사나 심리학자도 그렇고요. 이런 것이 학부 때부터 교육되어야 하고, 정보가 제공되면 극복할 수 있는 문제이지 않을까 싶습니다.

● 이성애자들이 대를 잇기 위해서만 섹스를 하는 것도 아니고, 그것을 공개적으로 비난하는 사람도 요즘은 없지 않습니까? 개인의 사생활이고요. 그런데 동성애자들은 동성연애자라고 부르면서 섹스만 생각하는 사람들처럼 공격을 하는데요. 아이를 출산할 수 없는 섹스이

기 때문에 즐기기 위한 것이라는 종교적인 공격들도 있고요. 가문의 체면 유지와 대를 이어야 한다는 종족 본능의 문화도 극복해야 될 텐데요. 나이 드신 분들은 그게 특히 강하잖아요.

동성애자들의 권리와 인권을 확장하는 것이 전통사회를 흔든다고 생각하죠. '며느리가 남자라니, 동성애가 웬말이냐'는 신문 광고도 있었는데, 이런 사람들 머릿속 틀은 이성애 중심이거든요. 내 아들이 사랑하는 남자면 그 파트너인 거지, 왜 꼭 며느리라고 칭해야 되느냐, 내 사랑하는 딸의 파트너이지, 왜 꼭 사위라고 생각하느냐는 거죠. 사실 동성애 관계를 인정하면 기존 틀을 다 깨야 되는 거예요. 입양도 그렇고, 동성애자 결혼도 그렇잖아요. 보수적인 전통의 틀이나 근간을 흔들기 때문에 나이 드신 분들, 특히 보수나 우익 쪽 분들이 두려워하는 거죠. 자기네 사고체계와 다 어긋나니까. 새로운 시대가 와서 패러다임이 바뀌어야 되겠지요.

성소수자로서 자신을 받아들이기까지

● 성소수자는 '혼란기, 저항기, 인식기, 수용기, 자긍심기' 이렇게 다섯 단계를 거친다고 논문에 쓰셨던데요. 혼란기에 여러 많은 고통을 겪잖아요. 대체로 청소년기에는 자기혐오도 깊고, 자기 정체성을 바꾸려고 노력도 하죠. 제대로 사회생활 하려면 정체성을 바꿔야 된다고 생각하니까요. 정신과 치료를 받기도 하는데 그 과정에서 큰 상처를 입을 것 같습니다. 이 시기를 어떻게 넘겨야 하나요?

제가 인터뷰를 해 보니까 그런 거예요. '내 친구들은 다 이성애자들이기 때문에 이성을 좋아하는데, 왜 나는 남자 친구가 좋고 남자랑 섹스하고 싶고 그럴까' 하면서 '내가 비정상이고, 변태구나', 이렇게 인식하면서 혼란스러워지는 거죠. 그러면서 '지금은 학생이니까 돈이 없지만, 나중에 돈 벌어서 부모님 몰래 정신과 치료 받아야지, 이런 생각까지 하더라고요. 너무 혼란스럽고 사회가 혐오하는 것 때문에 스스로를 혐오하고 증오하게 되고요. 저항하는 시기에는 자살 시도를 하거나, 내 인생은 끝장났구나, 내가 여자랑 섹스를 안 해 봐서 그런가, 하며 저항하죠. 이 시기가 가장 혼란스럽고 힘들죠.

그러다가 '내가 동성애자가 맞네' 하면서 정체성을 인식하고, '이게 내 운명이구나' 하면서 받아들이거나, 같은 동성애자를 만나거나 하면 정서적으로 매우 안정돼요. 급속도로 나빠지다가 안정기가 되면 평온해지죠. '내가 게이구나, 물론 어려운 점이 많겠지만, 내가 사랑하는 사람을 그냥 사랑하면 되는구나', 하고 받아들이는 거죠. 그다음에 동성애 커뮤니티를 만나면서 자신을 혐오하는 사회에 대해 분노하고, 그런 감정을 다른 동성애자들과 나누고 그러죠. 이것이 가장 중요하다고 생각해요.

물론 마음에 안 드는 점도 있죠. 하지만 그것이 자기가 부족하고, 자신의 성정체성 때문에 그런 거라고 생각하지 말아야 합니다. 그런데 자꾸 그런 것에 몰입하게 되죠. 내가 게이라서, 동성애 성정체성을 갖고 태어나서 우리 부모님 가슴에 못 박는다는 식으로요. 자신에 대해 올바르게 인식하는 게 저는 가장 행복해지는 길이라고 봐요. 자신에게 좋은 게 가족에게도 좋은 거니까요. 그

시기에 주체적으로 많이 노력해야 돼요. 사이트에 적극적으로 들어가 보고, 커뮤니티에서 같이 행동도 해 보고, 동성애에 관한 지식도 쌓아 가고요. 그래야 호모포비아들을 만났을 때 '네가 잘못 생각한 거야, 이런 이론적 근거들이 있고, 나는 이렇게 생각해' 하고 논쟁도 하고, 비판도 하고, 토론도 할 수 있죠. 자신에 대한 지식이 없으면 논리적으로 전개해 나갈 방법이 없어요.

● **우리 가족이 이 사실을 알면 얼마나 힘들까 싶어서 숨기다 보니까 자신이 행복하지 않고, 그러다 보면 가족도 진정으로 행복해질 수 없을 텐데요. 한 번쯤은 자기 입장에서 우리 부모님이 나를 사랑하니까 내가 행복한 게 우리 부모님의 행복이기도 할 거야 하고 생각을 바꾸는 단계가 중요하다는 생각이 드네요. 그게 수용기를 넘어서 자긍심기로 가는 과정 같은데요.**

연구하면서 또 하나 느꼈는데요. 소수자 운동을 하면서 제 시각이 많이 바뀌었다고 했잖아요. 그 과정을 거치면서 동성애자 세계관이 언제부터 생겼을까 질문을 갖게 되었어요. 이성애자들 속에서 살아가면서 제 안도 온갖 이성애자 세계관으로 채워져 있었거든요. 그런데 제 정체성을 인식하면서 '왜 남자가 좋지, 왜 동성이 좋지' 하는 것이 조그맣게 생겼다가 동성애에 대한 책도 찾아보고, 사이트도 보고, 그러면서 커졌죠. 이성애자 세계관에서 떨어져 나왔고요. 처음에 바로 떨어져 나올 수는 없었죠. 조금씩 인식하고, 자각하면서 커지다가 어느 순간 완전히 분리된 거죠. 그리고 동성애자로서 제 세계관으로 세상을 바라보게 되는 것을 저는 경험했어요.

후배들 만났을 때 그런 얘기를 하거든요. '나의 시각으로, 우리 동성애자 시각으로 세상을 바라보고, 말을 해야 된다. 그렇지 않으면 다 어긋난다'고요. 왜냐하면 보수 기독교계에서 '신이 말하기를 어쩌고 저쩌고 하면서 자연의 섭리' 운운하거든요. 만약에 내가 이성애자 세계관을 계속 가지고 있으면 자연의 섭리를 거스르게 되잖아요. 그런데 내 세계관으로 말하면 '나는 달라, 나는 다르고 자연의 일부분이야, 모든 자연이 그렇게 돌아간다고 생각하는 것은 오산이야, 나는 자연인이지만 동성이 좋은 거야'라면서 내부에서 충돌이 안 일어나는 거죠. 한 번에 안 된다고 해서 포기하지 말고, 동성애에 대해 많이 공부하고, 활동하면서 계속 노력하다 보면 세계관이 분리되어 떨어져 나오는 순간을 경험하게 될 겁니다.

저의 동성애 세계관 안에는 이성애자와 공유하는 것도 조금 있어요. 그러니까 이전에 제가 이성애자 세계관을 가졌을 때 그 세계관의 일부가 남아 그들을 이해하는 데 도움을 주는 거죠. 저는 그게 아주 중요한 세계관의 변화인 것 같아요. 정체성 발달 과정에 있어서도요. 그런데 그렇게 인지하기가 쉽지 않아요. 어떤 사람은 수용하고, 그냥 끝나요. 받아들여도 자긍심까지는 가지 않아요. '우리가 얼마나 잘났다고 떠들어, 우리가 떠드니까 이렇게 혐오하잖아' 하는 식으로 개인 차이가 있어요.

● **동성애자 비율에 관한 연구 결과가 있나요?**

전남대 심리학과 윤가현 교수님은 5퍼센트 정도라고 하더군요. 교수님이 쓰신 《동성애의 심리학》(학지사) 감동적으로 읽었어요. 동성애자에 대해 이론적으로 잘 쓰셨더라고요. 그다음에 킨제이 같은 경우 보통 10퍼센트, 학자들마다 편차가 있지만 5~10퍼센트 정도라고 봅니다. 동성애 인정해 주면 동성애 인구수가 폭발적으로 늘지 않겠느냐고 하는데 고대 그리스, 로마 시대부터 동성애자는 있었거든요. 5~10퍼센트 정도를 넘어서지 않아요. 프랑스처럼 동성애자를 억압하지 않는 사회에서는 조금 더 드러내기 쉽기 때문에 많아질 수는 있죠. 동성애자를 인정하면 동성애자 인구가 계속 늘어나서 출산율이 낮아져 사회가 망하리라는 우려는 완전한 오해예요. 미신이고. (웃음)

● **간염 같은 경우 게이가 감염될 확률이 높다고 하던데요.**

그렇지 않아요. B형 간염 바이러스는 정액을 통해서 전염될 수 있어요. 제 파트너가 B형 간염이었어요. 활동성이었죠. 저는 백신을 맞아서 항체가 있거든요. 파트너 때문에 B형 간염을 공부하면서 학교에서 보건 교육, 성교육 시간에 간염도 가르쳐야 된다고 생각하게 됐어요. 정액을 통해서 B형 간염 바이러스가 여성의 질로 들어갈 수 있거든요. 그래서 콘돔이 필요한 건데, 간염이 전염된다는 사실을 대부분 사람이 몰라요. 간호사인 저도 몰랐잖아요. 그래서 동성애 커뮤니티에서 이런 얘기도 했죠. '콘돔 사용이 에이즈만 예방하는 게 아니라 간염도 예방해 준다, 내 파트너가 간염 보균자여서 알게 됐다.' 그러니까 동성애자라서 간염 발생률이 더 높은 건 아니에요.

● 논문에서 "동성애자는 가족 차원에서는 이성애자로 위장해야 하는 것, 가족 내 폭력, 결혼 압박, 무관심, 동성애의 부정, 가출 등을 경험하였고 사회적으로는 억압과 차별, 동성애 혐오증과 비하 등의 모멸감을 받았으며, 정체성을 숨겨야 했고, 이성애 문화에 대한 부적응 때문에 고통을 받아야 했다"고 쓰셨는데요. 그래서 알코올 의존증이나 약물 중독이 높아진다는 건데요.

동성애자라고 해서 그런 문제가 더 크다는 이야기는 아니에요. 이성애자도 스트레스 받으면 술 마시거든요. 담배도 많이 피우고요. 이성애자들도 살아가면서 어려움을 겪잖아요. 입시·취업 스트레스 등등. 동성애자 청소년들도 마찬가지예요. 그런데 성정체성이라는 고민이 '알파'로 더해지는 거죠. 그렇기 때문에 동성애자 청소년들 마음을 안정시킬 수 있는 심리 프로그램이 많이 제공됐으면 좋겠어요. 자긍심 프로그램 같은 것을 통해 약물이나 알코올에 빠져들지 않도록 하는 게 중요한 것 같습니다.

● 성소수자로서 소신껏 활동하셨지만, 앞으로 인생에 있어 불안한 점도 있을 것 같은데요.

올해 마흔여덟인데, 40대 중반으로 접어들면서는 나이가 들어선지 어쨌든 이것이 나의 삶이다, 받아들이게 된 것 같아요. 그래서 만나는 사람들한테 커밍아웃도 하게 되는 것 같습니다. 저에게도 부족한 점이 있지만, 제 모습을 통해 사람들이 가지고 있던 동성애 인간형에 대한 편견이 좀 더 달라졌으면 좋겠어요. 제가 커밍아웃했을 때 '나한테 동성애자라고 말한 사람 처음 봤다, 오히려 이해할 수 있었다'고 말하는 사람이 많았어요. 저에 대해 누가 물어보면 더는 회피하지 않겠다는 전략도 있어요. 예전에는 감추고 회피했거든요. 동성애운동을 하고 나서는 이것이 삶의 기반이 되어서 고통스러워도 행복합니다. 물론 호모포비아들이 공격하고 힘들게 하지만, 제 나름대로는 괜찮은 사람이라고 생각하고요. 제 하나의 힘으로 바뀌지는 않겠지만, 갈 수 있는 만큼 가고, 할 수 있는 만큼 하려고요. 그래서 조급함은 별로 없어요. 멀리 바라봅니다. 좀 더 나이가 들면 파트너와 같이 동성커플에 대해서도 공개적으로 얘기하고 싶고요.

● 말씀하신 부분이 정체성을 고민하는 분들에게 많은 도움이 될 것 같네요. 요즘 들어서 성소수자에 대한 혐오감 표출이나 심지어 공격적인 행동까지 표현의 자유 내지는 취향의 문제로 얘기하는 사람들도 있잖아요.

저는 그런 것은 폭력이라고 생각해요. 자기 사상이나 성적 규범을 강요하는 거잖아요. 혐오나 차별은 사회적 범죄라고 생각하고요. 그 사람들은 싫은 것을 싫다고 이야기하는 걸 권리라고 하는 거잖아요. 그런데 그렇게 싫다는 것 자체가 이야기로 끝나는 것이 아니라 혐오적인 행동이나 태도로 이어지잖아요. 표현을 해야 할 주장과 표현하지 않아야 할 주장이 있다고 생각하거든요. 표현의 권리와 혐오는 다르잖아요. 만약 우리가 '나는 기독교도들이 싫어, 개독교야' 이렇게 표현할 권리를 주장하면 본인들도 불쾌할 거잖습니까. 이처럼 존중하지 않는 표현, 비하하는 표현, 차별하는 표현, 저는 이건 범죄라고 생각해요.

● 논문 보면 "연구자는 정신과 병동에서 10년간 환자를 간호해 오면서 특히 취약 계층에 대한 인권과 옹호간호에 관심을 가지고 있다. 인권단체 활동을 통하여 성소수자들이 우리 사회에서 받는 억압과 차별 그리고 성정체성으로 인한 자아와 가족 갈등이 매우 심각함을 알게 되었고 성정체성으로 인한 정신건강 문제를 발견하게 되었다"고 나오던데요. 그런 경험을 바탕으로 지금 정신장애인을 위한 클럽하우스인 '해피투게더' 관장으로 일하고 계시잖아요. 어떤 단체인가요?

정신과 병동에서 10년 동안 근무했어요. 정신질환으로 입·퇴원하는 분이 무척 많아요. 그런데 퇴원해도 재활할 센터들이 지역사회에 별로 없는 거예요. 석사 때 지도교수님 지도를 받으면서 클럽하우스 모델을 알았고, 클럽하우스 '해피투게더'를 직접 만들었죠. 클럽하우스는 1940년대 뉴욕에서 시작됐어요. 정신장애인들이 모여서 만들었죠. 우리나라에는 1986년에 들어왔어요. 정신분열증, 조울증, 우울증 이런 병은 만성적이거든요. 치료 중에 희망을 갖고, 회복을 하고, 취업하고, 독립된 삶을 살아가도록 지원하는 게 클럽하우스 공동체죠.
　한국정신장애인인권연대 카미KAMI라는 곳에서 사무부총장을 맡고 있는데, 이 단체는 올해 만들어졌어요. 이것도 동성애운동과 무관하지 않습니다. 정신장애인들은 사회에서 낙인찍힌 사람들이라는 점에서 동성애자들과 처지가 다르지 않다고 생각하거든요. 우리 사회에서는 정신장애인들을 잠재적 범죄자로 여기니까요. 위험할 것이다, 폭력을 휘두를 것이다, 불을 지를 것이다. 그렇지만 연구 결과에 따르면 비장애인들 범죄율이 훨씬 높아요.

● 누구나 범죄를 저지를 수 있잖아요. 일반인이 범죄를 저질렀을 경우 일반인이 범죄를 저질렀다고는 안 하잖아요. 그런데 정신장애인이 그러면 장애인이기 때문에 범죄를 저질렀다고 보도되거든요. 그게 편견과 혐오를 부추기는 것 같은데요.

그렇죠. 정신장애인들이 차별받을 이유가 없고, 몸이 아픈 것처럼 마음이나 정신이 아픈 거다, 그럴 때 우리 사회가 지지해 줘야 된다고 생각합니다. 이분들도 '커밍아웃'을 해야 되거든요. 치료를 받고 나면 상태가 나아지고, 이상한 행동을 하지 않아요. 하지만 자기는 정신과 약 먹는 것을 숨겨야 되거든요. 정신장애인들한테 '우리 괜찮은 사람이다, 우리에 대해서 자랑스럽게 얘기하자, 내가 아프고 치료받은 것에 대해서 얘기해야 되고, 사회가 정신장애인을 차별하지 말아야 한다'고 얘기하는 것이 그분들한테는 많은 도움이 되죠. 어떻게 이런 생각을 할 수 있느냐고 얘기하는 분들도 있는데, 그러면 저는 내가 동성애자라서 차별받고, 낙인이 있기 때문에 동일한 입장이라고 생각한다고 말하죠.

● 고통을 이해하는 감수성이 높을 테니까요. '해피투게더'는 영화 제

목에서 따온 건가요? (웃음)

클럽하우스 역사를 쭉 읽는데 〈해피투게더〉 영화가 먼저 떠올랐어요. 초창기 클럽하우스 모토가 '우리는 혼자가 아니에요(We're not alone)'였어요. 21세기 클럽하우스에서는 그것을 넘어 같이 '함께' 모여 행복했으면 좋겠다는 뜻을 담은 거죠. 저희 하우스 로고가 무지개인데, 무지개는 정신장애인의 꿈과 희망을 상징합니다. 동성애자들의 자긍심이 무지개인데, 무지개에는 생명, 치유, 존중, 사랑의 뜻도 담겨 있거든요. 클럽하우스에 동성애운동 개념이 많이 들어간 거죠.

● 이제 무지개가 많이 보편화되었던데요. 경기도 지역의 야권 연대 모임도 '무지개 연대'더라고요. (웃음)

다양성의 상징, 이런 것 같아요.

결혼법 투쟁 꼭 하고 싶다

● 동성애운동을 하면서 가장 보람 있었을 때가 언제인가요?

무엇보다 가장 큰 보람은 소수자 감수성과 입장을 배우고, 내 삶의 운동을 시작할 수 있었다는 것이죠. 저에게 감사하고 저를 자랑스러워하고, 누군가에게 얘기해도 부끄럽지 않게 되었어요. 그다음은 진보 정당 안에 성소수자위원회를 공식적으로 만든 것이 자랑스럽죠. 그 과정에서 진보 진영에 변화 지점을 만들었다는 것도 제겐 큰 의미로 남았고요.

또 하나는 대학원에서 동성애 연구를 한 것이죠. 동성애가 정신질환 진단 목록에서 삭제된 과학적 근거들과 역사적 사건들을 찾으면서, 우리 사회에서 혐오·차별하는 많은 것에 근거가 없다는 걸 다 찾아서 정리했습니다. 동성애자들에게 가해지는 위협적인 요소들이 어떤 것이고, 보건의료 진영에서 이것을 어떻게 해결했으면 좋겠다는 것을 찾으면서 뿌듯했죠. 동성애에 관해 공부하고, 동성애운동을 하면서 배우고 느낀 걸 정신장애인운동 할 때 적용할 수 있었던 것도 저한테는 기쁜 일이었고, 가족들한테 저 자신을 온전히 보여 주었을 때 가족들이 내치지 않고 존중하고 받아들여 준 것도 마음속에 크게 남아 있습니다.

● **아쉬웠던 점은 어떤 건가요?**

결혼법 투쟁을 본격적으로 하고 싶었어요. 결혼신고서를 구청에 냈는데 받아들여지지 않았죠. 커뮤니티 차원에서 인권단체들을 통해서 인권위에 진정하거나 헌법소원 등을 하고 싶었는데 그때 못했어요. 저처럼 '굶어 죽어도 한번 해 보자'는 파트너였으면 오히려 해 볼 수 있었을 텐데 못했죠. 나중에 기회가 되면 시도해 보고 싶습니다. 또 하나는 공개적으로 결혼식을 하는 것도 괜찮겠다, 기자들도 다 부르고. 물론 결혼생활이 5년이 될지 10년이 될지 모르겠지만요. 그런 것도 시도해 볼 필요가 있겠다 생각합니다. 직장 다니니까 완전하게 커밍아웃을 못하는 상황도 생기는데, 그런 것이 많이 아쉬웠죠. 시간이 부족해서 동성애에 관해 좀 더 깊이 연구 못했던 것도 아쉽고요.

● 동성애운동과 직장생활 병행하는 것이 어렵지 않습니까? 시간적인 문제도 있겠지만, 불안하기도 했을 것 같은데요.

지금은 제가 오너이긴 해요. 저랑 같이 일하는 사회복지사가 세 명인데, 저의 정체성에 대해서 다 알아요. 그래서 직장 안에서는 어렵지 않은데, 사회복지시설이다 보니까 국고 지원을 받잖아요. 관의 영향력을 무시할 순 없는 거죠. 이번에 카미 사무부총장 겸임하는 문제로 관하고 한판 붙었거든요. 그들이 저한테 게이라고 공격할 것 같지는 않은데, 혹시라도 공격하면 맞서 싸워야 되고, 그건 피곤한 일이죠. 국고 지원 안 받으면 그런 어려움이 덜할 텐데 하는 생각이 들죠.

인천 서구 정신보건센터에서 강의를 요청해 온 적이 있어요. 스트레스 많은 고등학교 3학년 학생들한테 정신건강 차원에서 청소년 스트레스와 자살에 관해 교육하는 것이었어요. 그래서 여러 가지 파워포인트 자료를 많이 준비했죠. 그런데 어떤 부모가 인터넷 검색을 했는지, 제가 게이인 것을 알아서 그 교육이 취소된 거예요. 그 사람들은 명강의를 놓친 셈인데요. (웃음) 동성애자라서 이런 일을 겪는 거니까, 어려운 것은 사실이죠.

● 동성애운동에 관심이 없거나, 왜 그런 운동을 해서 혐오감을 부추

기느냐는 성소수자에게 해 주실 말씀은 없으신가요?

옛날에는 그런 사람들이 너무 싫었어요. 그런데 나이가 드는지, 누구든지 자기 그릇이 있다는 생각이 들어요. 정율처럼 완전히 빡세게 올인해서 운동하는 사람도 있고, 숨어서 아무 얘기도 하지 않는 사람도 있고, 괜히 동성애 혐오적인 발언을 하는 사람도 있고, 다양한 사람이 있을 것 같은데요. 누구나 역할이 다르고, 그릇이 다르다, 생각하고 행동하는 방식이 다를 수 있다고 생각해요. 하지만 숨어서 얼마나 힘들까, 고통스러울까 싶죠. 우리 같은 사람들은 대 놓고 '호모포비아들은 나쁜 놈들이야, 어떻게 그럴 수 있어?' 하고 욕이라도 시원하게 하고, 힘내서 싸운 뒤 모여서 술이라도 한잔하잖아요. 그런데 그 사람들은 친구나 또래가 있어도 숨기면서 만나야 되잖아요. 되게 안쓰러워요.

하지만 '너는 용기가 없어, 비겁해.' 이런 식으로 마음대로 잣대를 들이댈 수는 없을 것 같아요. 비록 말은 못해도 마음으로라도 지지하고, 응원해 주면 좋겠어요. 활동가들한테 용기 있게 싸워 줘서 고맙고, 힘내 줬으면 좋겠다는 격려도 해 주면 좋겠고요. 한 달에 3만 원, 5만 원 후원해 주는 것으로 함께할 수도 있고, 인터넷에서 비실명으로 자기주장도 할 수 있고요. 그리고 자신들이 가지고 있는 마음의 상처나 힘든 것들을 자신이 할 수 있는 방법 안에서 잘 치유할 수 있으면 좋겠어요.

● **앞으로 특별한 계획은 없으세요?**

후배들은 저더러 정치인으로 나섰으면 좋겠다고 해요. 저는 갈수록 정치가 싫어지는데. 딜레마죠. 보수는 부패로 망하고 진보는 분열로 망한다는데, 정치판에 들어가 네가 잘났네 못났네 하는 것이 재미가 없는 거예요. 소수자 운동은 힘들지만 재밌거든요. 1500만 원 모아 줄 테니까 비례후보로 나가라는 얘기도 있는데, 정치인으로 나가지는 않을 것 같아요. 동성애에 관해 더 연구하고, 번역하고, 제가 생각하는 자긍심 프로그램을 프로그램으로 만드는 것에 관심이 많습니다. 정신장애인 쪽에서도 교육, 캠페인 등 이론적으로 해야 되는 분야들을 더 연구하고, 시도해 보고 싶어요. 그다음에 결혼법 투쟁을 하고 싶어요. 이건 아주 중요한 문제예요. 제가 경험했고, 동성애자 후배들이 자기 사랑을 선택할 권리를 제도적으로 인정받고 존중받는 것이 필요한데, 이 문제를 어떻게 풀어 나갈까 고민이 돼요. 저는 제가 하는 일이 우리 사회의 변화나 변혁의 한 부분이라고 생각해요. 그래서 제가 할 수 있는 일, 하고 싶은 일을 통해서 계속 활동해 나갈 겁니다.

● 한국 정치판이 이전투구의 장인 면이 많고, 정치라는 것은 어떻게 보면 여러 사람을 설득하고, 포용해야 되고, 개인적인 욕심도 적어야 할 수 있는 거잖아요. 그러다 보니 역설적으로 가장 정치에 관심 없는 사람이 가장 잘할 것 같다는 생각도 들더라고요. (웃음)

맞아요. (웃음)

● 많은 사람을 조화롭게 하고 행복하게 해 주는 것이 좋은 정치라면

그런 정치인은 많이 안 보이고, 자기 행복에만 관심이 있거나 자신을 행복하게 하는 수준의 정치를 하는 분이 더 많아서 슬픈데요. 정치를 안 하신다니, 개인의 행복 차원의 문제니까 간섭할 수는 없을 것 같고요. 마지막으로 해 주고 싶은 말씀은 없으신가요?

여러 가지 주제를 다룬 것 같아요. 동성애 혐오라든지, 청소년 시기에 필요한 것들, 또 제가 파트너와 같이 살면서 느꼈던 차별과 억압의 문제 이런 것들이었는데요. 어떤 조건, 어떤 상황에 있든지 간에 사람은 인간으로서 존중받아야 된다는 생각을 요즘 많이 해요. 특히 혐오증 환자들한테 공격당하면서 느낀 것인데, 혐오하는 사람들은 자신의 잣대를 들이대면서 강요를 하거든요. 그런데 그것은 자유권을 침해하는 거고, 인권을 침해하는 거라는 생각이 자꾸 들어요. 그 사람이 에이즈에 걸렸든 아니든, 간염에 걸렸든 아니든, 당뇨병에 걸렸든 아니든, 정신질환을 앓든 아니든, 다른 성정체성을 가졌든 아니든, 그들이 소수라서 다수의 것을 강요하거나 폭력을 행사하지 말았으면 좋겠어요. 어떤 상태에 있든지 간에 존중했으면 좋겠다, 존중해야 된다고 생각해요.

또 하나는 정의롭지 않고, 차별과 억압을 강요하는 것에 대해 물러서지 않고 맞서야 된다고 생각해요. 물론 지금 우리 힘은 약하죠. 투쟁하는 데엔 물리력뿐 아니라 정신력도 중요하다고 생각하거든요. 정신력, 운동을 통해 지지와 동의를 확산시키고, 그런 사람, 단체들과 연대해 나가면서 우리가 할 수 있는 만큼 주장하고, 논쟁하면서 물러서지 않았으면 좋겠어요. 그들의 힘에 몰려 우리가 쓰러지고, 폭압을 당할 수도 있어요. 하지만 너희가 우리를 물리적으로 몰아넣고 파묻어도, 우리 정체성이나 세계관만은 장악할 수 없다는 마음을 가졌으면 좋겠습니다.

그다음으로 어떤 상황에서도 희망을 놓지 않았으면 좋겠어요. 아직까지는 커밍아웃을 하고 싸울 수 있는 사람이 많지 않고, 여러 어려운 조건 속에서 커뮤니티 활동을 하지만, 그래도 희망을 가졌으면 좋겠어요. 더 우리가 자유롭고, 평등하고, 행복할 수 있는 권리를 생각하면서요. 그리고 앞으로 연애하고 결혼하고 싶어요. (웃음)

● 좋은 사람과 연애하고, 헤어지기 싫어서 같이 사는 것은 모든 사람의 꿈이겠죠. 그런데 어떤 사람들은 이상한 게이트 이론을 신봉하는데요. 대마초 같은 문제를 볼 때도 그렇고, 인간은 계속 타락을 향해 가는 존재고, 사고를 칠 거라고 생각하는 것 같아요. 인간의 선의를 믿지 않는 거죠. 그런 사람들은 자기들 마음이 그래서 그런가 싶기도 하고요. 긴 시간 좋은 말씀 감사합니다.

#LoveWins

최근 몇 년 사이 국내외적으로 성소수자 가족구성권 운동에 많은 변화가 생겼다. 먼저, 여기동 활동가가 아쉬워한 동성혼 투쟁이 본격화됐다. 2013년 9월, 청계천 광통교에서 공개 결혼식을 올린 김승환-김조광수 부부는 구청에 혼인신고를 했고, 이를 반려당하자 법원에 소송을 제기했다. 행동하는성소수자인권연대는 이 투쟁을 지지하며 연대체인 '성소수자 가족구성권 보장을 위한 네트워크(가구넷)'[*]를 결성하는 데 적극적 역할을 했다. 가구넷은 현재 동성혼, 가족구성권 운동을 이끌어가고 있다.

전 세계적으로도 동성 결합/동성혼 법제화는 급물살을 타고 있다. 2014년 영국, 2015년 아일랜드에 이어 2015년 6월에는 미국 연방대법원의 판결로 미국 전역에서 동성 결혼이 보장받게 됐다. 2017년 5월, 이웃 나라인 대만에서도 아시아에서는 최초로 동성 결혼이 가능해졌고, 일본에서도 지방자치단체에서 동성파트너십 제도를 도입하며 성소수자 가

[*] 성소수자 가족이 겪고 있는 불평등한 현실을 드러내고 제도적, 사회적 변화를 요구하는 데 함께 목소리를 내고 사회적 지지를 확대하기 위해 만들어졌다. 성소수자가 평등하고 다양하게 가족을 이루고 살아갈 권리를 실현하기 위한 활동을 펼치는 연대 단체이다. http://gagoonet.org

족구성권 운동이 빠르게 성장하고 있다. 한국의 법 제정에 영향을 많이 준다고 하는 독일에서도 최근 동성 결혼이 가능해졌다.

국내 시민·인권 단체, 정당의 인식 변화도 눈에 띈다. 2015년 민주노총은 사무총국과 지역본부 사무처 활동가들 가운데 동성 배우자에 대한 가족수당을 주기로 내부 규약을 변경했고, 2017년 가구넷 주최로 열린 직장 내 '성소수자 가족' 친화적 정책 만들기 협약식에 녹색당, 민주사회를 위한 변호사모임, 장애여성공감, 정의당, 참여연대 등 국내 주요 시민·사회 단체, 정당이 참여하여 협약을 맺었다. 몇몇 의원실에서는 다양한 가족제도를 인정하는 동반자법 제정이 논의되고 있으며, 이정미 정의당 대표는 2017 서울 퀴어문화축제 무대에 올라 아시아에서 두 번째 동성혼 법제화 국가를 만들겠다고 약속했다.

하지만 그만큼 반발도 심하다. 국내외에서 동성혼 담론이 급부상하는 것에 위기를 느낀 보수우익 세력과 성소수자 차별 선동 세력은 일간지에 "헌법개정안에 동성애 동성 결혼의 합법화가 포함되는 것을 절대 반대한다"라는 광고를 싣고, 국회에서는 "동성혼 허용 개헌을 반대하는 대학 청년 연대 기자회견"을 버젓이 열었다.

변화는 이미 진행 중이다. 국내외 변화에 대중이 반응하기 시작했다. 미국 연방대법원의 판결 직후, SNS를 강타한 #LoveWins 해시태그는 동성 결혼에 대한 대중의 관심이 얼마나 큰지 보여준다. 2000년대 이전에는 성소수자에게 동성

결혼이 '꿈속의 일'로 치부됐다면, 현재를 살아가는 성소수자에게 동성 결혼은 '조만간 한국에서도 가능한 현실'로 다가온다. 비성소수자 대중에게는 '동성 결혼'이 가장 익숙한 성소수자 의제로 자리매김했다. 동성 결혼에 대한 찬반 설문조사에서도 찬성 의견이 가파르게 증가하고 있다.

사랑은 이긴다. 해묵은 관념으로는 이 변화의 흐름을 꺾을 수는 없다. 성소수자의 존재와 권리가 평등하게 존중받기 위한 이 싸움의 결과는 이미 정해져 있다. 다만, 그 시간을 조금이라도 앞당기기 위해 운동에 박차를 가할 뿐이다.

– 오소리(행동하는성소수자인권연대 운영위원)

7장

—

"우리는,
우리의 사랑을 위해 싸운다"

★ 인터뷰이 정욜

대학교 때 성정체성을 알았다. 학교에 붙어 있는 대자보를 보고 동인련(당시는 대학동성애자인권연합)을 처음 알았으며, 창립 초창기부터 지금까지 기쁜 일, 슬픈 일을 사람들과 함께 나누며 산다. 10년 가까이 대표를 맡고 있는데, 아직까지 안 잘린 거 보면 그냥저냥 잘하고 있나 보다고 생각한다. 제과점에서 빵을 만들어보았고 6년 가까이 대기업 도넛 회사에도 다녔다. 지금은 다 때려치우고 인권재단 사람에서 인권센터 건립을 위해 활동한다(인터뷰는 회사를 그만두기 전에 이루어졌다). 돈보다는 사람이 우선이라는 생각으로 인권 활동을 하고 있지만, 술과 사람 만나 수다 떠는 걸 더 좋아하고 즐긴다. 요즘은 청소년 동성애자들과 HIV 감염인들의 자긍심을 높이기 위한 다양한 활동을 기획하는 일에 푹 빠져 있다. 참, 얼마 전에 개봉된 〈종로의 기적〉에 출연하기도 했다.

사랑하는 애인 석주와 새로 입양한 담비(강아지)와 함께 살면서 세금 걱정, 월세 걱정에 주름살이 늘어 간다. 사랑하는 부모님과 남동생에게 삶의 많은 부분이 알려질까 봐 늘 전전긍긍하며 살아가는 나는, 보통의 평범한 게이다.

● 그동안 동성애 인권 활동을 많이 하셨잖아요. 본명도 특이해서 금방 알아볼 것 같은데요. 혹시 직장 동료들이 알고 있는 것은 아닐까요? (웃음)

그렇죠. 알지도 모르죠.

● 동료들 중에는 속으로 '저 친구가 지금쯤 얘기해 주지 않을까?' 하는 분도 있지 않을까 싶은데요.

이름도 너무 특이하고, 단체에 있다 보니까 여기저기 인터뷰 나가고, 회사 사람들이 장난으로라도 검색을 해 보면 나올 수 있잖아요. 요즘은 사진 같은 것도 나가고요. 과장이나 나이 있으신 분들은 '왜 결혼 안 하냐' 하시거든요. 여직원들은 눈치챈 것 같아요. 입사 초기에 소개팅시켜 주겠다고 했던 제안 같은 것이 없어지기도 했고요.

● 그런 쪽으로는 여자분들이 눈치가 빠르니까요.

술자리를 가지더라도 너무 편하게 대해 주고, 흔히 다른 남자를
대하듯 하는 것 같지는 않더라고요. (웃음) 팔짱을 자유롭게 낀다
거나 안거나 그러기도 하고.

● 직장생활 오래하셨는데, 동성애자인 게 알려지면 회사에서 어떻게
나올 거라고 생각하십니까?

제가 가지고 있는 정체성이 회사 업무에 영향을 끼치지 않는데도
눈치가 많이 보이는 것은 사실이죠. 저 사람들이 날 어떻게 볼까
하는 긴장을 늘 하고 있거든요. 그 이유로 잘리거나 하는 정도까
지는 생각해 보지 않았는데, 두려움과 긴장이 회사 생활을 망치게
할 수도 있겠구나 하는 생각은 들어요. 정말 누가 알 수도 있고,
아닐 수도 있지만, 그게 나한테 미칠 수 있는 영향이 클 거라는 생
각 때문에 알더라도 모르는 척해 주는 게 가장 편할 것 같습니다.

● 최근 동성애 혐오 움직임이 가시화되는 것을 보면 역시 제도보다는
문화적인 문제가 더 큰 것 같은데요. 동성애자를 일부러 뽑지 말라는
규정 같은 것이 있는 회사는 없겠지만, 동성애자라는 사실을 알게 되
면 아무래도 채용에서 불이익을 당할 텐데요.

동인련에서 활동하지만, 사실 일주일 스케줄을 보면 직장 동료들이랑 보내는 시간이 훨씬 많아요. 한 공간 안에서 함께 노동하고, 관계를 유지하는 것이 삶에 무척 큰 영향을 미치는데요. 이런 사람들에게 늘 거짓말을 해야 된다는 것, 솔직하지 못하고 나의 부분을 감춰야 된다는 것, 독신으로 행세해야 하는 것들이 힘들죠. 혹자는 동성애자라는 사실을 숨기는 게 뭐 그리 어려우냐 할지 몰라도 당사자 입장에서는 힘들어요.

게이나 레즈비언들에 대한 규정이 일반 회사 안에는 대체로 없죠. 하지만 입사 때 외모라든가 행동 이런 것들을 가지고 판단하는 경우는 있는 것 같아요. 특히 레즈비언의 경우 흔히 회사가 바라는 여성상이 있잖아요. 거기 부합되지 않아 불이익을 받는 경우가 회원들 중에서도 더러 있었습니다. 직장 들어가서는 직장 문화라는 것 자체가 남성적이고, 관계 자체도 불편한 자리들이 너무 많잖아요. 그런 자리를 거절하는 것도 어렵습니다.

● 실제로 한국 IBM의 경우 성소수자 쿼터를 본사에서 요구하기 때문에 어쩔 수 없이 채용하려고 하는데도 한동안 지원을 하는 사람이 없었다고 들었습니다.

그런 공고가 떴을 때 저희 회원이 편지를 보낸 적이 있어요. 밖에서 찾지 말고, 지금 IBM에 있는 직원들 중에도 충분히 있을 수 있으니 돌아보라고요. (웃음) 해외에서 정한 쿼터다 보니까 한국 IBM도 단순히 따라 한 걸 텐데요. 왜 지원이 없었는지 되새겨 보면 좋을 것 같아요.

누군가 나를 부정할 때

● 아프리카나 회교 국가 중에서는 동성애자 인권활동가를 사형까지 하는 나라도 있잖습니까. 그렇게 혐오를 드러내는 것을 표현의 자유 혹은 취향의 문제로 얘기하는 분들도 있는데요.

개인이 누구를 싫어하는 것은 성적 지향과 상관없이 개인의 자유를 표현하는 거라고 많이 얘기하거든요. 그 자유가 제도적으로, 법적으로, 문화적으로 누군가를 억압하고 차별하는 정당한 하나의 기준이 되고, 이유가 되고 있다는 생각이 많이 듭니다. 그래서는 안 되는데요. 대표적으로 최근의 차별금지법과 관련해서 동성애자들을 혐오하는 사람들은 차별금지법을 동성애 허용법안이라고 몰아세웁니다. 이 법이 통과되면 내가 동성애자를 싫어한다고 얘기하는 것도 법적으로 처벌을 받게 된다는 거죠. 사회적 소수자들에 대한 차별은 누가 누구를 싫어할 수 있는 감정적인 표현의 도를 넘어서고 있습니다. 이런 차별을 예방하자는 취지의 법조차도 제정되려는 움직임에 찬물을 끼얹고 있습니다. 사실에 기반을 두지 않은 내용들을 가지고 호도를 하고, 동성애자들은 문제가 있고, 비정상이고, 이렇게 표현할 수 있는 표현의 자유를 자기들이 누릴 수 없기 때문이죠.

걱정스러운 것은, 그 혐오가 폭력으로 나아갈 수도 있다는 것입니다. 역사가 그런 것들을 증명해 왔거든요. 한 개인의 감정 표현이 누군가에게는 끔찍한 폭력이 될 수 있습니다. 한국에서라고 예외는 아니라고 생각합니다. 그래서 너무 우려스럽고, 섬뜩할 때가 한두 번이 아니에요. 또 '나는 동성애자였다가 이성애로 전환했다'는 사람들의 양심 고백(?)이 신문에 실리면서, 단지 동성애자들이 싫다고 말하는 표현의 자유를 인정해 달라는 수준을 서서히 넘어서는 것 같습니다. 해외에서 이런 행위들이 동성애자들을 향한 끔찍한 폭력으로 나아가는 것을 봤을 때 동성애자들에 대한 혐오가 하나의 표현의 자유로서 얘기되는 것은 안 될 일이라고 봅니다. 이 점을 상기시킬 수 있는 운동들이 반드시 필요하고, 그 역할을 동인련을 비롯한 인권단체들이 계속 만들어 나가야 될 것 같습니다.

● 이를테면 대통령이나 수상의 초상을 태우는 것은 정치적인 표현의 자유로 허용되지 않습니까? 그 사람들은 큰 권력을 쥐고 대중한테 큰 영향을 끼칠 수 있지만 대중들은 그들에게 영향을 미칠 수 있는 것이 극히 제한되어 있다 보니 그런 과격한 표현을 해도 용인하는 건데요. 약자에 대한 표현의 자유는 좀 다르게 봐야 할 것 같습니다. 서양에서는 인종차별에 관한 발언은 사소한 것이라도 제재를 가한다든지 벌금을 내게 한다든지 하잖아요. 그것이 실질적인 폭력으로 표출될 가능성이 많고, 사회 통합을 저해하기 때문이죠. 그렇게까지 가기에 우리는 갈 길이 먼 것 같습니다. 예전에 동성애자였는데 지금은 반성하고 있다는 이요나 목사의 말은 예전 운동권 출신이 지금 뉴라이트가 된 것을 연상시키던데요. 보수단체들이 드라마 〈인생은 아름다워〉나 차별금지법과 관련해서 신문 광고 등을 통해서 자신들의 존재를 적극 커밍아웃하고 있는데 어떻게 생각하시나요?

1950년대에 미국에서 정적들을 공산주의자로 매도해서 공격한 매카시즘이 일어났잖아요. 사실 그때 동성애자가 많이 희생되었죠. 심지어 성적으로 문란한 사람들이 공산주의자들일 확률이 높다는 식의 말도 안 되는 논리가 당시의 정치, 사회 분위기와 결합되면서 많은 동성애자 공무원, 교사들이 해고의 위기에 놓였습니다. 명단이 공개되고, 치유하면 이성애자로 전환될 수 있다며 많은 과학적인 연구가 활성화된 적이 있었죠.

요즘 분위기를 보면 그 시절을 연상시킵니다. 섬뜩하고, 두렵고, 분노가 치밀어 오릅니다. 그들의 요구는 권리를 차별하고, 표현의 자유를 넘어서는 것이기 때문인데요, 왜 그러냐 하면 저의 삶을, 동성애자들 삶의 역사를 모조리 부정해 버리니까요. 이요나 목사가 과거에 동성애자였건 아니건 그건 중요하지 않아요. 하지만 이요나 목사 스스로도 자기 삶의 일부였던 과거를 부정해 버린 거잖아요. 그런데 그런 자신의 경험을 일반화하고, 정말 잘못된 것처럼 포장한다는 것은 아주 큰 문제죠.

동성애를 치유, 치료할 수 있다고 많이 얘기하는데요. 그런 주장은 저를 포함한 많은 동성애자 삶의 역사를 부정하는 것입니다. 깊은 고민을 거쳐 겨우 진정한 나의 모습을 찾았는데 누군가가 그것을 부정하고 짓밟을 때만큼 섬뜩하고 증오와 분노가 치밀어 오르는 때는 없다고 생각하거든요. 그렇기 때문에 우리는 자신을 위해서, 우리의 존재를 위해서, 우리 역사를 위해서 그들이 가지고 있는 논리에 반박해야 하고, 우리를 지지해 주는 사람들을 더 많이 늘려야 합니다. 동성애를 노골적으로 혐오하고 공격할 사람들도 더 늘어날 가능성이 많으니까요.

● 군대에서도 동성애자 관리지침에 이성애자로 전환할 시 지원해 준다는 문구가 있던데요. 감옥에서 사상전향서에 도장을 찍으면 내보내 준다고 하는 것과 비슷하죠. 사실은 도장 찍는다고 해서 그 사람 생각이 바뀌었는지 어떤지 어떻게 알겠습니까? 모욕을 줌으로써 동료들과 격리시키려는 전략 같습니다. 자기들도 그게 크게 문제가 되지 않는다는 걸 알면서 그런 식으로 문제를 해결할 수 있다고 인식한다는 건데요. 지금 시대에 동성애운동의 가장 큰 걸림돌이 무엇이라고 생각하십니까? 제도가 먼저 생기면 인식이 바뀌는 부분도 있거든요. 사람들이 '너 잘못했지' 할 때 움츠러들면 더 손가락질을 하는데, 너무나 당당한 태도를 취하면 '어, 이놈이?' 하면서도 마음속으로는 인정하는 면이 생기잖아요. 예전에 최현숙 씨가 레즈비언이라고 커밍아웃하면서 정치에 도전했을 때도 '뭐가 당당해서'라는 반응도 있었지만, '어 그래도 뭔가 있으니까 저런 사람도 국회의원 후보로 나왔겠지' 하는 반응도 있었잖습니까.

정치 안에서든 일상생활에서든 자신의 모습을 드러내고 당당하게 얘기하는 분들이 계속 늘어났으면 좋겠어요. 그것이 우리가 다양한 공간에 존재한다는 걸 알리는 출발이자 모델이라고 생각해요. 모든 게 다 걸림돌인데, 제 성격이 긍정적인 편이에요. 걸림돌이 있고, 누군가 우리를 불편해해도 작은 변화에 크게 만족하는 스타일이거든요.

　여전히 많은 동성애자가 자기 정체성을 깨달아 가는 과정에서 고통스러워합니다. 동성애가 문제가 된다고 배워 왔으니까요. 이 사회는 무척 빠르게 변하고, 많은 정보를 쉽게 찾을 수 있는 사회가 됐잖아요. 과거랑 많이 달라졌고요. 자기 성정체성을 고민하는 연령대도 많이 내려가 있습니다. 그 친구들이 가지고 있는 고민의 시작은 과거나 지금이나 자기의 성정체성을 깨달아 가는 과정 안에서 느끼는 불안일 텐데요. 내부적으로 그런 모습이 더 많이 드러나고, 많은 동성애자가 자신의 정체성을 고민하는 과정이 하나의 즐거움이어야 하는데, 그렇지 못한 상황이죠. 제도적으로든, 교육적으로든 지금 사회에서는 동성애자들을 어떻게 바라봐야 한다는 기준 자체가 없으니까요. 오로지 모든 상황을 본인 스스로 감당해야 합니다. 이것은 크게 잘못됐다고 생각해요.

동성애자들이 스스로를 드러내는 것이 정체성을 고민하는 많은 사람에게 영감을 줄 수 있고, 용기를 줄 수 있으리라 생각합니다. 정치든 그 밖의 다른 많은 공간 안에서 동성애자들이 자신이 문제가 되지 않음을 많은 사람에게 설명하는 과정도 중요해요. 그렇기 때문에 이요나 목사 같은 사람들이 등장해서 우리 역사를 후퇴시키려고 하는 것이 저희로서는 큰 문제라고 생각하는 거죠. 저는 이 사회에서 불편해하는 사람들을 많이 드러내는 일을 하고 있다고 생각하거든요.

문란하면 어때?

● 얼마 전 교육 관련 인터뷰집(《김상곤, 행복한 학교 유쾌한 교육 혁신을 말하다》)을 끝냈고, 지금은 동성애 인권 문제인데요. 두 문제에서 공통적으로 느꼈던 점이 세상은 빠르게 변하는 것 같지만, 어떤 면에서는

무척 더디다는 겁니다. 10년 전에 나온 얘기들이 지금도 그대로더란 거죠. 동성애 문제만 놓고 봐도 여전히 '동성애자들은 문란하다'부터 해서 '할 권리를 달라' 이렇게밖에 받아들이지 못하는 부분이 있는 것 같거든요. 쉽게 선동하기 위한 프로파간다일 텐데요. 진보적인 소설가 분도 '왜 남의 성행위에 간섭을 하나?'는 정도로 인식하고 계시더라고요. 성의 문제를 포함한 인권과 존재의 문제인데요.

우리 사회 자체가 성에 대해선 공개적으로 얘기하길 꺼리고, 불편해하고, 싫어하는데요. 문란의 기준을 누가 만드셨는지 모르겠지만, 문란이란 말 자체가 상당히 모호하잖아요. 동성애는 성정체성 일부고, 성적으로 표현하는 것은 다른 문제죠. 그런데 동일시해서 '문란'이라는 말을 덧씌워 비윤리적, 비도덕적으로 행동하지 않느냐고 하는데요. '우리가 문란하지 않다, 문란한 생활을 하고 있지 않다'고 하는 것은 모호한 기준이 되는 문란에 대한 싸움밖에 안 되는 것 같아요. 오히려 역으로 '문란하면 어때?'라고 얘기할 수 있어야 된다고 생각합니다. 문란의 기준이 뭐냐 되묻고, 우리 사회가 도덕으로 감춰져 있는데, 그 안에 보이지 않는 것들, 불편하게 하는 것들을 오히려 꺼내서 공론의 장에서 얘기해야 된다고 생각해요. 이 윤리와 도덕이 사회적 소수자, 특히 성과 연결된 많은 소수자를 공격하는 수단으로 사용되어 왔다는 점을 주목할 필요가 있습니다.

● 꼭 동성애 문제가 아니더라도 국민들의 평균 섹스 횟수가 많은 나라가 행복지수도 높더라고요. 아무래도 섹스라는 것은 사랑하고 동반

될 가능성이 높고, 그런 섹스를 할 때 행복하지 않겠습니까? 사람의 기본 욕구 중 하나이고요. 말씀하신 대로 '우리는 당신들이 말하는 것만큼 문란하지 않을 뿐만 아니라, 지금 한국 사회의 모습은 어떠냐, 우리와 이런 것을 비교해 보자' 이런 얘기를 공격적으로 해 나갈 필요도 있을 것 같습니다. 물론 막상 자신을 드러내고 운동을 하는 사람들에게는 큰 위험과 스트레스가 따를 테지만요.

자신을 드러내는 것을 누구한테 강요할 수는 없죠. 그들이 가지고 있는 현실이나 조건 때문에 이름을 밝히지 못하고 활동하는 것들에 대해서 우선은 공감할 필요가 있다고 생각해요. 저 역시도 저의 삶, 조건 안에서 커밍아웃을 하는 경우도 있고, 그렇지 않은 경우도 있거든요.

성을 매개로 가증스럽게도 자기네들 뒷모습은 가린 채 우리만 표적 삼아서 공격하는 경우가 많잖아요. 이런 상황에서 '너, 왜 드러내지 않느냐?'고 강요할 순 없다고 생각합니다. 성정체성에 대한 고민과 커밍아웃의 문제가 개인의 몫으로 남겨져 있는 것이 우리 현실이고, 위치라면 그런 것들을 사회적으로 얘기할 필요가 있죠. 좀 더 구체적으로 얘기하면 개인이 개인에게 하는 커밍아웃과 사회적으로 나 혼자만이 아니라 우리의 힘을 믿고 커밍아웃하는 것은 많이 다르거든요. 그 안에서는 익명이 보장되고 한 개인이 드러내는 것과는 다른 의미로 사회에서 받아들여지리라 생각합니다. 드러냄과 동시에 그것은 엄숙함에 대한 하나의 도전이 될 겁니다. 굳이 우리가 문란하지 않고, 우리 삶이 이러저러하다고 구구절절 설명하지 않아도 되고요. 저는 한 개인이 아니라 우리가 집단적으로, 사회적으로 드러내는 것이 가지는 의미, 그 의미 안에서 많은 것을 찾고 싶습니다.

커밍아웃은 긍정적이고 즐거운 표현

● 가족한테 커밍아웃하는 것부터 TV에 나와서 얘기하는 것까지 커밍아웃하는 통로도 다양한데요. 실제로 커밍아웃해서 알려진 홍석천 씨의 경우 사실 처음에는 아웃팅에 가까웠지 않나요? 정욜 님도 군대에서 아웃팅을 당하고, 그게 가족에게 알려진 거고요. 동인련에서 활동하는 것은 사회적으로 커밍아웃을 한 셈이지만, 직장에는 아직 알리지 않으신 거고요. 참 맥락이 복잡한 것 같습니다.

커밍아웃은 우리 삶의 과정이에요. 앞으로 만날 누군가에게도 조건에 따라서 말을 할 수밖에 없는 상황이 될 거고요. 그래서 커밍아웃이 아주 소중하고 중요하죠. 자신을 잘 모르는 상태에서 내가 누군지 알아 가는 것도 커밍아웃이고, 친구들을 찾으려고 단체를 찾거나 게이바를 가거나 우리 공동체 안에 한 발을 들이는 것 또한 커밍아웃이고, 가족·직장 동료·친구들에게 솔직하게 나를 드러내는 것 역시 커밍아웃이고요. 커밍아웃은 무척 긍정적이고 즐거운 표현인 거죠. 누군가 내게 커밍아웃을 하면 나만 알고 있어야 한다는 식으로 받아들이는 사람들도 있지만, 커밍아웃 자체의 의미는 용기와 역사로 받아들여야 한다고 생각해요. 홍석천 씨도 사실 큰 용기를 낸 거잖아요. 본인 의지와 상관없이 누군가가 얘기했을 때 그 때문에 큰 피해를 입었는데도, 그것을 극복하고 커밍아웃을 했잖아요.

군대 안에서 겪은 경험들이 저한테는 더 큰 용기를 낼 수 있는 하나의 계기였어요. 가족에게도 마찬가지고요. 주변의 소중한 사람들에게도 얘기하지 못한 상태였거든요. 안 좋은 계기였지만, 아웃팅을 발판 삼아서 얘기하게 됐고, 지금도 계속 얘기하고 있어요. 아직도 안 믿으셔서. (웃음)

● 집에서 계속 커밍아웃을 한다는 표현이 재밌네요. 부모님께서는 전향할 거라는 일말의 기대를 하고 계신 건가요? (웃음)

이런 상황에서 "《조선일보》 광고 만세!"를 부르실지 모르죠. (웃음) 저뿐만 아니라 다른 많은 동성애자도 그럴 텐데요. 커밍아웃이 한 번에 끝나겠어요? 계속해야 하는 거죠.

● 요즘은 좀 달라지지 않으셨나요? 처음에 알았을 때보다는.

세 번째 커밍아웃, 네 번째 커밍아웃을 준비해야겠다, 이런 글을 쓴 적이 있는데요. 사실 가족 얘기하면 가슴이 많이 아프잖아요. 소중한 사람들이니까. 처음 군대에서 제 얘기 들었을 때 너무너무 충격을 받으셔서 그때는 얘기를 많이 못했어요. 어머니가 보내 주신 편지를 아직도 갖고 있는데, 여전히 자식을 사랑하는 마음과 혼란스러운 마음과 바뀌었으면 하는 마음이 다 뒤섞인 것이었죠.

제대하고, 두 번째로 커밍아웃했죠. 엄마랑 산책하는데 군의

관이 어머니한테 무슨 얘기를 했는지 궁금한 거예요. 제대한 지도 한참 지났고 해서 다시 얘기한 거죠. "바뀔 수 있다고 하던데?" 군의관 말에 결국 어머니는 그런 기대를 가지고 사셨던 거예요. 서른 살이 넘어서 세 번째 커밍아웃했을 때 가장 마음이 아팠어요. 충격은 덜하셨지만, 어머니랑 찻집에 나란히 앉아서 그동안 할 수 없던 얘기들을 나누었어요. 어머니는 계속 우셨어요. 제가 싫어서가 아니라 제가 살아온 삶이 너무 안타까워서 우신다고 하셨어요. 제가 상처를 받아 왔다는 생각에 자책하신 것 같아요. 〈인생은 아름다워〉에서 태섭이가 울면서 커밍아웃하는 장면이 있는데요. 결국 모든 것을 자기 탓으로 받아들이는 그 어머니 모습이 겹쳐져 마음이 너무 아팠어요. 그런 상황이 있었는데도, 어머니는 지금도 저한테 좋은 여자 만나라고 얘기하세요. 그렇다고 제가 '세 번씩이나 얘기했는데, 왜 그러세요' 하면서 짜증 낼 수도 없잖아요. (웃음) 저에 대해 잘 알면서도 어머니는 그렇게밖에 얘기할 수 없다는 걸 이해해요. 그렇기 때문에 어머니 생각을 무조건 밀쳐 내기보다는 계속 얘기를 해야 된다고 생각해요.

가족들한테 커밍아웃하는 것은 어려운 과제죠. 부모님들은 누군가에게 자식의 문제를 '커밍아웃'할 수 없는 상황이잖아요. '내 탓이었나, 과거에 무슨 일이 있었지, 그때 뭐 했지, 내가 잘못 가르쳤나?' 하면서 자괴감에 많이 빠지실 것 같아요. 특히 종교를 가지고 있는 경우는 더 그렇겠죠. 설령 모든 것을 받아들였더라도 그것을 어떻게 얘기해야 될지 고민스러우실 거고요. 제 어머니는 돌아가실 때까지 변하지 않으실 것 같아요. 다만 바라는 것은 저를 창피해하지 않으셨으면 좋겠어요. 문제라고 생각하지도 않으셨으면 좋겠고요.

● 그래도 어머님이 좋으신 분인 것 같아요.

정말 좋으신 분이에요. 간혹 폭력적인 부모님도 있잖아요. 제 삶에 어머니, 가족들은 너무나 중요한 분들인데요. 저를 싫어하지 않고, 내치지 않고, 폭력을 쓰지 않아서 고마웠죠. 더 바란다면 창피해하지 않고, 자식으로서 있는 그대로 봐 주고, 받아들여 주셨으면 하는 건데요. 〈인생은 아름다워〉가 얼마 전에 종영되었잖아요. 어머니가 보셨는지 안 보셨는지 궁금하더라고요. 보셨으면 좋겠다고 말씀드릴 수도 없고, 보셨냐고 여쭤 보기도 좀 그렇잖아요. 어떤 드라마인지 아니까, 요즘 신문 광고에 나오는 걸 보면서 같이 분노해 주셨으면 좋겠어요. 그게 작은 출발이 될 거니까요. 사실 어머니가 우리 단체에 와서 활동하실 수는 없잖아요. 자식들로 인해 부모님들 가치관이 변할 수 있다면 그것도 (사회가 바뀔 수 있는) 하나의 좋은 계기라고 생각해요.

군 자체가 싫다

● 탈영했다가 부대로 돌아와 동성애자라는 사실을 밝히고 정신병동에서 1개월 반 동안 있었다고 들었습니다. 탈영했을 때 동인련 사무실을 들렀다고 하던데요.

탈영을 했는데, 갈 데가 없더라고요. (웃음) 나왔다가 바로 들어갔고, 처벌도 받고. 그게 저한테는 잊을 수 없는 상처지만 용기를 갖게 한 사건이기도 해요. 지휘관들이 되게 난감해했어요. 군대 안에서 문제가 있진 않았거든요. 그런데 저는 두려웠던 거죠. 성정체성과 상관없이 군대 자체가 갓 입대한 사람들에게는 두렵고 어려운 곳인데 그런 감정이 저한테는 더 컸던 것 같아요. 그래서 탈영이라는 극단적인 방법을 택했고요.

탈영해서 당시 동인련 대표한테 전화를 했는데, 그때 동인련 사무실에서는 잔치를 벌이고 있었거든요. 사람들이 모여서 맛있는 것 해 먹고 있었는데, 군대에 가서 잘 지내고 있어야 될 애가 휴가 때도 아닌데 나왔으니 잔치고 뭐니 다 엉망이 된 거죠. 문산에 있는 부대로 동인련 친구들이 차로 태워다 줬죠.

군에 들어가 보니까 다 뒤집혀 있더라고요. 같이 생활하던 선임들이 모두 나와서 벌을 받고 있었어요. 팬티 바람으로. 그때 술자리가 있었는데 술기운이 있어서 탈영한 면도 있죠. 사람들이 제정신을 못 차리고 벌을 받는 거예요. 술을 마셨으니 일찍 자야 되는데, 얼마나 난리가 났겠어요. 지금은 한참 지난 얘기여서 웃으면서 얘기할 수 있지만, 어린 저한테는 그 광경이 무척 충격적이었어요. 그래서 어떻게 보면 아웃팅이라기보다는 커밍아웃에 가까운 얘기를 한 거죠, 지휘관들한테. 제가 가지고 있는 두려움에 대해서 얘기했는데, 너무 난감해하더라고요. 이런 일이 벌어졌으니 저는 낙인에 꼬리표를 달더라도 제대를 해야겠구나, 생각했죠. 지휘관도 어떻게 해야 하나 고민하다가 병원에 가 보는 게 어떠냐고 제안하더라고요.

병원에 가서 진료를 받기 시작했죠. 군의관들도 난감해하긴 마찬가지였어요. 처음에는 사단 병원에 있다가 국군 창동병원으로 옮겨 정신과 병동에서 1개월 반 정도 있었어요. 그 안에서 여러 경험을 했죠. 사실 너무 무서웠어요. 정신과 병동이 흔히 상상하는 모습이더라고요. 창살 있고, 조그만 문을 열고 들어가면 독방이 세 개 있었어요. 조그만 길을 지나야 사람들이 어울리는 광장이 나오는데, 거기서 TV도 보고 잠도 자고 했죠. 그 사이 군의관이 가족들에게 제가 왜 그 공간에 있는지 알렸고요. 가족들과 갈등하기 시작했죠. 저는 그 공간에서 버텨야겠다고 생각했어요. 어떻게 하면 나갈 수 있을까를 고민했죠.

거기서 제 역할이 무척 중요했어요. (웃음) 입소자가 15명 내지 스무 명이었는데, 이들이 먹을 밥을 제가 나가서 타다 나눠 줬거든요. 발작을 일으키는 사람들은 정말 독방에 묶여 있는데, 그 사람들한테 밥을 주거나 그 사람들 대소변을 치워 주기도 했죠. 그런 역할을 아침, 점심, 저녁으로 했는데도 밤이 되면 그들과 같이 못 자고 독방에서 자야 했어요. 무슨 약인지 모르겠는데, 계속 약을 먹어야 되고. 처음 들어갔을 때 모욕적인 말을 많이 들었어요. 옷 벗기고, 제가 눈이 나쁜데 안경도 벗기고는 왜 들어왔느냐고 윽박지르고, 호모 새끼 한 명 들어왔으니까 잘 관리하라고 병사들에게 얘기하더라고요. 그런 말이 군의관 입에서 나왔다는 게 너무 끔찍했어요. 참고 참고 참아서 이 공간을 꼭 벗어나리라 결심했죠.

부모님도 참 힘든 시기였어요. IMF 직후라 경제적으로 힘들었는데, 그런 부모님에게 상처를 줬다는 것 자체가 정말로 싫었어요. 그래서 거기서 일어난 일들에 대해서는 부모님께 말씀드릴 수가 없었어요. 혼자 삭였죠. 나중에 이 문제로 인권위에 진정했을 때에야 제가 신경안정제류의 약을 먹었다는 걸 알았죠. 그 약에 대해선 잘 모르지만, 센 거래요. 아무튼 잠은 되게 잘 왔던 것 같아요. (웃음)

저에게 군대는 잊을 수 없고 아물지 않는 상처와 기억을 남긴 중요한 곳이죠. 그래선지 군대에서 어려움을 겪는 동성애자들을 만날 때마다 그들의 상처와 두려움이 저한테 많이 옮겨 오는 것 같아요. 안타깝고, 격려해 주고, 지원도 해 주고 싶어요. 군대에서 그런 경험을 했기 때문에 더 안타까움을 느낀다고 말할 수는 없겠지만, 그런 경험이 저한테 큰 전환이 된 건 사실이죠.

그런데 제대를 못 했어요. 억울하더라고요. 그 공간을 벗어날 방법이 제대뿐이라고 생각했는데, 복귀 판정이 난 거예요. 어찌 보면 당연하죠. 낮에는 사람들이랑 어울리고, 탁구도 치고, TV도 보고, 게임도 하고, 진료도 받았거든요. 어느 날 간호장교가 솔직하게 얘기해 주더라고요. 나갈 수가 없다, 왜냐하면 멀쩡하니까, 너무 생활도 잘하고. 예전에 동성애자였던 사람이 여기서 제대한 적이 있었는데, 그 사람은 정신질환이 있었다는 거예요. 그러니까 심지어 저더러 문제를 일으키라고까지 하더라고요. 그런데 그럴 수는 없잖아요. 거기 있는 분들한테 밥도, 맛있는 반찬도 많이 갖다 줘야겠다는 의무감만 컸어요. 군대의 조직 문화 때문에 피해 본 분들이잖아요. 안타깝더라고요. 왜 저렇게 발작을 하고, 그럴까.

우리도 서로에 대해 모른다

● 전역 후 다시 동인련에서 활동하고 2002년엔 대표도 맡았잖아요.
동인련하고는 어떻게 인연을 맺으셨나요?

2000년에 전역했거든요. 전역한 후에 바로 복학해서 아르바이트
하면서 생활했어요. 당연히 동인련에 바로 찾아갔고요. 갈 곳이
없잖아요. (웃음) 아직 학생이었고 당시 대표에게서 대학생 캠프
를 준비해 보는 게 어떻겠냐는 제안을 받았어요. 재밌을 거란 생
각에 각 학교 모임에 연락을 했고 몇몇 분이 사무실로 찾아와 주
셨어요. 한 50명 정도 참석했는데, 재밌더라고요. 함께 있는 것도
좋았고 나이대가 비슷하니까 대화하기도 편했어요.

● 장기 독재 아닌가요? (웃음) 조금 있으면 대표한 지 10년이 되는
데, 할 사람이 없는 겁니까? 아니면 과도한 책임감 같은 건가요?

대표는 동인련이 잘되길 바라는 개인적인 희망이 있어서 한 건데
요. 저만의 생각인지는 모르겠지만, 회원들이 좋아해 줘서 좋아
요. 동인련은 사회단체 중에서도 규모가 아주 작아요. 여기에 들
어왔다 나가는 사람들도 있지만, 이 공간 안에서 친구도 찾고, 애
인도 만나고, 고민도 나누고, 술도 마시고, 운동도 하고, 세상을
바라보는 눈도 찾게 되죠. 이런 단체를 지향하는 제 모습을 좋게
봐 주어 너무 고맙죠. 그래서 뜻하지 않게 독재를 하고 있는 거고
요. (웃음)

동인련은 게이나 레즈비언들뿐만 아니라 모든 성소수자가 함께 어울리고 나이와 성별을 뛰어넘고, 심지어 이성애자들과도 함께해야 한다는 거창한 원칙을 내세우고 있어요. 하지만 안을 들여다보면 얼마나 갈등이 많은지 몰라요. 청소년과 성인들의 갈등도 있고요. 같은 성소수자이지만 성인들이 보기에 청소년 행동에 불편한 것이 많거든요. 하지만 우리는 평등한 관계를 지향하기 때문에 그런 것들을 중간에서 설명하려고 노력해요.

● 정체성이 같아도 어른과 아이들이 같이 있기 힘들거든요. 어른들로서는 다 겪은 일이라고 생각하지만, 그사이 알게 모르게 변한 부분도 많아서 이해하기 쉽지는 않죠.

그렇죠. 그리고 여성과 남성의 문제도 있어요. 레즈비언들이랑 게이들은 삶의 문화, 사회적인 위치가 다르잖아요. 게이들 문화에 레즈비언들이 적응하지 못하는 부분도 있어요. 동인련에 이성애자 회원이 몇 분 있는데, 그분들은 회원 모임에 잘 못 오세요. 불편하니까요. 트랜스젠더 회원도 있는데, 이분들은 동성애자들은 아니니까 단체 이름이 마음에 안 든다면서 바꾸라고 요구도 하세요. HIV 감염인도 있는데 이분들은 감염되지 않은 게이들이 갖고 있는 편견을 해소해 줘야 되고요. 무척 다양한 사람이 동인련이라는 공간 안에서 갈등도 겪고 그러면서 조금씩 서로 배워 가고 있죠. 작은 사회인 셈이죠.

● 친구사이와 다른 점이 레즈비언 활동가들과 같이 운동을 하고, 청

소년 회원들도 많다는 점인 것 같은데요.

각자 혼자 살아와 잘 알지 못했던 것들을 서로의 삶을 통해서 배워 가고 있다고 생각해요. 대표적으로 청소년들이 학교 안에서 겪는 것들을 졸업한 사람들은 알 수 없잖아요. 이들이 성적에 대해 고민하고 "형, 성적표 나왔어." 하고 보여 줄 때면 학창 시절이 새록새록 떠오르면서도, 그동안 내가 잊고 있던 것들을 다시 한번 일깨우는 계기가 되죠. HIV 감염인 회원들은 자신이 겪는 차별을 가장 가깝게 생활하는 다른 회원들한테 얘기해 줌으로써 문제의식을 갖게 하고, 트랜스젠더들도 마찬가지고요. 갈등이 존재하지만, 서로에게 배울 수 있는 점이 무척 많다고 생각해요.

여러 갈등을 해소하려고 동인련에서는 문제를 들춰내요. 게이들이 여성 비하적인 발언을 하는 것에 대해 문제 제기도 하죠. '이런 표현은 쓰지 말자'고 했을 때 '쟤는 뭐야'라고 했다면 이 조직은 처음부터 망했을 거예요. 하지만 문제를 들춰냈을 때 이 문제가 왜 생겼을까, 뭐가 문제일까 하면서 해결책을 찾아봐요. 어떤 한 사람이 문제라고 접근하는 방식이 아니라 문제들을 공론의 장으로 끌어내 바꿔 나가려고 노력하죠.

운동이 아니라 삶을 지키려는 몸부림

● 그런 문화를 만드느라 힘드셨겠네요. 회장이 바뀌면 모임 문화도 조금 달라지긴 하잖아요. '내가 이걸 왜 하나?' 하는 생각이 들 때는

없었습니까?

사실 많은 단체 활동가가 운동을 직업으로 생각하는데요. 그러나 저희는 동성애자들이 동성애자 단체에서 활동하는 거잖아요. 저나 회원들에게 동인련 활동은 그냥 운동이 아니라 자기 삶을 지키려는 삶의 일부예요. 그래서 어떤 활동이 잘 안 된다는 건 제 삶 자체가 힘들다는 얘기가 되죠. 직업이면 여기를 그만두면 되잖아요. 하지만 동성애는 그만둘 수 있는 게 아니니까요. 힘든 순간이 있어도 내 삶의 한 과정이기 때문에 버티면서 개선점을 찾아 나아가야겠다고 많이 생각합니다. 가장 힘든 것은 사람들과 갈등할 때예요.

● **대학에 들어간 뒤 동인련 전초인 대학동성애자인권연합에 97년에 가입했는데요. 가입한 계기가 있나요?**

제가 96학번이거든요. 정체성에 대해 고민은 했지만, 다르다고만 생각했지 누구한테 내가 뭐고 하는 규정을 내리지는 않았어요. 지금은 이상하게 생겼지만, 막 대학 들어갔을 때는 귀여운 편이었거든요. (웃음) 선배들이 너무너무 예뻐해 줬어요. 남자 선배 한 분이 특히 그랬죠. 선후배로서 좋은 감정이 아니라 나중에 감정이 싹트더라고요. 1학년 때였어요. 그게 사랑이었는지 아니었는지 모르겠지만, 너무 혼란스러웠어요. 그러다 우연히 97년도에 대자보를 보게 됐는데, 그게 대학동성애자인권연합이었죠. 거기서 인권운동을 해 보리라는 거창한 포부를 안고 간 것은 당연히 아니고,

늘 혼자였기 때문에 나와 같은 사람들을 만나 보고 싶어서 갔죠.

● 그 선배를 만나면서 '내가 동성애자인가' 처음 생각하고, 그분과 헤어지면서 '다른 사람을 만나면 사랑할 수 있겠구나' 이런 생각을 했다고 들었는데요. 그럼 고등학교 때는 몰랐던 건가요?

저는 게이가 아니라고 생각했어요. 왜냐하면 TV에 나오는 게이들은 여성으로 분장하고, 어딘가에서 공연을 하잖아요. 왜 나한테는 사춘기가 없을까, 고등학교 또래 친구들은 만날 여자 얘기를 하는데, 나는 왜 그렇지 않을까, 그런 고민을 하면서 졸업을 했죠. 내가 다르다고만 생각하고, 사춘기가 좀 늦는구나 했던 거예요. 대학 1학년 때 그 선배를 만나면서, 그런 거 있잖아요, 이 사람이랑 손을 잡고 싶은데, 너무 가슴이 떨려서 못 잡겠는 거예요. 죄짓는 것 같아서요. 그 선배도 그런 생각을 했는데, 우리 둘만의 비밀이 된 거죠. 아무도 모르는. 너무 문제가 될 것 같다는 생각도 들고, 두렵기도 하고, 그 감정을 통제하지 못할 것 같다는 생각도 들었어요. 그러다 어느 날 그 선배 집에서 같이 자면서 성적인 경험을 하게 된 거죠. 둘 다 게이라고 생각하지 않은 사람들이 스스로의 감정을 통제하지 못했다고 생각했기 때문에 관계를 하고 나서 한동안 못 봤어요.

● 처음 운동 시작해서 단체 꾸려 갈 때와 지금은 어떤 게 다른가요? 좀 나아졌습니까?

처음과 다르게 우리의 구체적인 요구를 스스로 만들고 그것이 이루어질 수 있도록 다양한 사람이 이 공간 안에서 움직이고 있다는 게 다른 점이죠. 과거에는 우리 존재를 알리고, 우리의 자긍심을 회복하는 데에 초점을 맞추었다면 지금은 그것을 토대로 우리 권리를 주장하고 우리를 혐오하는 것에 대응해야 하는데요. 다들 용기를 내어 모일 때 작지만 힘이 발휘되는 한순간이 있다는 것, 이것이 어떻게 보면 가장 큰 변화죠. 보이지는 않지만 역사 속에서 만들어 온 중요한 변화라고 생각하고요.

여전히 변하지 않는 것은 경제적인 어려움이죠. 이전에도 그랬지만 지금도 마찬가지예요. 한 단체를 사람들이 모여서 꾸려 나간다는 건 어려운 일 같습니다. 그렇지만 단체의 독특한 정체성을 잃지 않으면서, 서로 상처를 보듬고 배우고, 세상 보는 눈을 갖고 가치를 배우는 것, 이것이 저나 회원들에게나 많은 의미를 부여한다고 생각해요.

● 회원 수는 어떤가요?

초창기보다는 많이 늘었죠. 단체 운영하다 보면 여러 풍파를 겪는데, 저희도 그런 일이 있어요. 회원이 사무실에서 자살한 일이 있었는데, 그런 일이 생기면 회원들이 안 나오게 되죠.

● 그런 일이 여러 번 있었나요?

98년도에 사무실에서 한 명이 자살했어요. 2003년도에는 청소년 회원이 자살했고요. 회원들에게는 충격적인 일이죠. 이런 풍파가 있었는데도 아주 더디게라도 잘 극복해 온 것 같아요.

● 소수자로서 자긍심을 회복해 나가다가도 그런 일 겪으면 갑자기 무너지지 않나요?

정말 한꺼번에 무너져요. 그럴 때마다 마음을 다잡아야지, 다잡아야지, 했어요. 어린 나이에 철들 수밖에 없었죠. 2003년 육우당이 죽었을 때는 직접 목격을 했어요. 그때 제가 스물다섯 살이었어요. 훌훌 털어 버리려고 해도 이 공간을 벗어날 수 없는 건 여기서 일어난 많은 사건과 함께해 왔기 때문이죠.

● 어떻게 보면 욜 님은 외유내강형 같은데요. 그런 일을 겪고 나면 '여기서 내가 뭘' 이런 생각도 들고, 잠시 떠나 있고 싶기도 할 텐데요.

육우당이 죽었을 때 그런 생각이 들기도 했어요. 그런데 장례도 치러야 하고, 회원들도 다독여야 하고. 많은 사람이 육우당 죽음을 가볍게 여기지 않고, 그 죽음을 계기로 우리 삶이 녹록치 않고, 감히 평가될 수 없음을 알게 됐으면 좋겠다고 많이 생각했습니다. 그래서 안간힘을 쓰면서 마음을 다잡았죠. 그 친구 부모도 뵙고, 추모도 하고, 많은 단체에 알리고. 그러면서 더 용기를 얻었어요. 어차피 죽는 거 잘 살다가 죽자는 생각도 했고요.

98년도에는 완전히 단체가 무너졌고요. 5월에 오세인이 자살한 이후에 많은 회원이 힘들어했고, 일부는 탈퇴도 했습니다. 사람은 없고 우울한 상황이 계속되었죠. 초창기 멤버가 없을 수밖에 없는 이유인데요. 2003년에는 조금 달랐던 것 같아요. 슬픔을 나누는 것에 대해 많이 배웠던 것 같습니다. 슬픔을 함께 나눌 수 있어 좋구나, 이런 나는 다른 동성애자에 비해 축복받은 사람이구나, 생각했습니다. 또 누군가가 우리 삶을 이해하고, 우리 삶을 좀 더 깊이 바라봐 준 소중한 계기도 되었고요. 그렇게 보니 세상이 많이 안 바뀌었네요. 육우당이 고 3 때 경험한 일들을 지금 찾아오는 청소년 회원들도 겪고 있으니까요. 7년이 지났는데도.

● 같이 무언가를 해 나가는 사람들끼리는 부채감과 정 같은 게 있잖아요.

삶에 지쳤을 때 위로받고, 함께 분노해 주고. 비단 동인련뿐만 아니라 많은 동성애자가 친구들을 만나는 공간, 공동체를 소중히 여겨요. 저에겐 동인련이 그렇고 다른 회원들도 그런 거죠. 그런데 그런 커뮤니티나 공동체를 무시하는 기사들이 나오니까 사람들이 분노를 참지 못하는 지경에 이르는 거죠. 제 역할은 그런 분노들이 개인의 분노로 그치는 게 아니라 작지만 사회를 변화시킬 수 있는 방향으로 나아갈 수 있도록 이끄는 거라고 생각해요.

요즘은 예전과 다르게 책임감을 많이 느껴요. 삶에 대한 책임 있잖아요. 제 삶과 동인련 활동에 대해서 책임을 많이 느끼고, 그런 책임감이 저를 지금까지 있게 해 준 것 같습니다. 중간중간 단체 안에서 회원들이 상처를 입고, 때로는 죽음으로 때로는 울음으로 자신을 드러내 계속 제게 할 일을 만들어 줘 떠날 수 없을 것 같아요. 대표는 누구한테 물려줘야 될 것 같고요. 나이가 들면서 제 역할이 많이 바뀌겠죠.

● **동성애운동을 하면서 가장 보람 있었을 때는 언제인가요?**

가장 보람 있었을 때요? 저는 늘 보람이 있어요. 특히 우리를 지지해 주는 사람들이 점점 더 많아진다는 걸 알게 될 때 보람이 크죠. 우리 목소리가 우리 안에서만 울리는 것이 아니라, 세상에 더 넓게 퍼져야 하잖아요. 우리끼리만 살아가면 너무나 행복하겠지만, 그럴 순 없으니까 이성애자들과 우리를 지지해 주는 사람들과 연대하는 걸 많이 강조하거든요.

　그런데 가끔씩 불편한 상황이 생겨요. G20 때문에 노동자대회에 간 적이 있어요. 4, 5만 정도로 사람들이 엄청나게 모였는데요. 거기 오신 분들한테 우리 상황을 알리려고 유인물도 뿌리고, 서명도 받으려고 갔어요. 저희 깃발이 무지개잖아요. 그것을 보고 한 분이 오셨어요. 굴삭기 운전하는 노동자분이었어요. 술 한잔하셨는지 웃으면서 "동성연애 하는 단체도 나왔다"고 해요. (웃음) 그러더니 저희한테 "왜 나왔냐"고 물으시더라고요. 그래서 '우리 문제를 많은 사람에게 알리려고 나왔습니다. 단체가 만들어진 97년부터 지금까지 함께하기 위해서 계속 나왔습니다. 저희는 동성연애하는 단체가 아니라 동성애자인권연대라는 단체고, 사회적 약자들의 인권을 넓히려고 활동하는 단체입니다'고 설명하니까 '계속 나왔는지 몰랐다. 좋은 일 하는 단체다'고 말씀해 주셨어요. 어떻게 보면 별것 아니지만 저희로서는 크게 보람을 느낀 일이었어요. 제도적으로나 문화, 교육 분야에서 이루어 낸 것은 많지 않지만, 우리 모습을 집단적으로 드러내는 순간 변화는 시작되고, 그 안에서 보람을 찾을 수 있으리라 생각해요.

2008년 촛불집회 때 동인련 이름이 빠진 무지개 깃발을 들고 참여했어요. 사람들이 깃발이 예쁘니까 와서 물어보는 거예요. 행진을 하고 있으면 정말 끊임없이 물어봐요. 나중에는 지칠 정도였는데, 그게 너무 기쁜 거예요. 한 목적을 이루기 위해 함께 행동하는 공간 안에 너도 있고, 나도 있고, 특별하지 않게 받아들여지고, 행진하던 누군가가 '최고다 당신네들이 촛불의 중심이다'고 한마디 던져 주고. 정말 놀라운 경험이었죠. 깃발 아래 스치듯이 지나가던 동성애자들이 그 깃발을 보고 자긍심을 느끼고, 나 같은 사람들이 있구나 생각했을 것 같아요. 처음에는 광우병 때문에 분노에 찬 한 시민으로 나왔겠지만, 동성애자로서 누군가와 조우할 수 있는 공간이 된 거죠. 깃발을 들고 회원 4, 5명이 나갔는데 나중에 뒤풀이할 때는 10명, 20명이 되더라고요. 누군가 지나가면서 '저도 이거예요. 커플인데, 같이 나왔어요.' 하던 것이 우리한테는 소중하고 보람찬 일로 기억되죠. 사람들의 생각, 동성애자들의 생각이 변한다는 것에 보람을 느끼고, 활동 하나하나, 사람들과 만나는 공간 하나하나, 늘 소중하게 생각해요.

이성애자들과도 어울릴 수 있어야

● **커뮤니티 안에서 조용히 살고 싶은데, 자꾸 주목받게 하고, 아지트**

인 종로가 알려져서 피곤하다고 생각하는 분들도 있다고 하던데요. 아직 동성애운동에 부정적이거나 관심이 없는 성소수자들에게 하고 싶은 말이 있다면요?

인권이라는 말 자체가 어렵잖아요. 그래서 커뮤니티 안에서도 인권운동을 어렵게 받아들이는 것 같아요. 그럴 수 있어요. 저만 해도 이게 차별이고, 그것을 해결하려고 노력해야 한다고 생각하기까지 긴 시간이 걸렸거든요. 단체에서 활동하면서 많은 경험을 하고, 개인적인 경험과 회원들을 통해서 알지 못했던 것들을 알아가면서 그렇게 된 거니까요.

　'너네들 왜 설레발치면서 돌아다니냐, 난 조용히 살고 싶은데, 왜 그러냐'고 생각하는 사람들도 있는데, 인권운동이라는 것이 특별하고 나와 무관하다고 여겨서 그런 게 아닐까 싶어요. 인권이라는 것 자체가 자신의 삶에서 중요한 말이 되어야 하는데, 거기까지 나아가지 못해서인 것 같습니다. 꼭 어떤 단체에 가입해야 인권운동을 하는 건 아니에요. 살아오면서 인권운동을 해 온 건데, 그런 것들을 인식하지 못했을 수도 있죠. 저는 동인련과 함께하면 너무너무 좋겠다고 말하고 싶지만, 반드시 참여하라고 얘기하지는 않거든요. 하지만 당신이 이 공간에 오면 무엇을 배울 수 있고, 무엇을 함께할 수 있으며, 혼자가 아니라 좀 더 많은 사람이 모였을 때 어떤 변화를 일으킬 수 있는지에 대해서는 설명을 해 줘요. 동인련이라는 공간 안에서 모든 것이 완벽하게 이루어지리라는 환상은 주지 않고요.

● 그런 환상을 가지고 들어오면 더 힘들겠죠. 좋은 일만 있는 줄 알고 들어왔다가 여러 어려운 일도 겪게 될 테니까요.

여기 안 들어왔으면 가까운 친구가 죽는 일은 겪지 않았겠죠. 하지만 여기 안 들어왔더라도 어쩌면 그네들이 평생을 살아가면서 한 번쯤은 겪을 일이었을지도 모릅니다. 자기 친구가 그렇게 되거나.

오히려 인권운동 안에서 운동 방식을 돌아봐야 한다고 생각해요. 많은 생각 끝에 사람들이 단체로 찾아오는 거잖아요. 그런데 그런 공간에 가면 마치 커밍아웃을 해서 대사회적인 발언을 해야 될 것 같거든요. 그게 잘못되었다고 말하려는 건 아니고요, 인권운동의 스펙트럼을 좀 더 넓혔으면 좋겠다는 거죠. 많은 사람이 자신의 재능을 가지고 다양한 방식으로 참여할 수 있게요.

인권운동을 한다고 해서 반드시 커밍아웃을 해야 하는 건 아니거든요. 제가 직장을 그만두지 못하는 이유가, 많은 사람이 일을 하면서 자기 삶을 꾸려 가기 때문이에요. 동인련 회원들 중에서 직장인들은 자기 시간을 쪼개서 동인련에 와요. 활동하는 시간이 적든 많든, 그들의 활동이 의미 있고 중요하다는 걸 알게 해 주는 게 필요하다고 생각해요. 사회에 드러내는 인권운동에만 지나치게 의미를 부여하면 운동의 스펙트럼을 넓힐 수 없으리라는 생각이 들어요.

● 동인련에서 활동하면서 아쉽거나 힘들었던 점이 있나요? 모든 게 옆에서 보기에는 쉬워 보이잖아요. '가시적인 성과가 뭐냐'고 묻는 분

들도 있다고 하셨는데요. (웃음)

가시적인 성과가 많이 없는 건 사실이에요. 하지만 언젠가는 그 성과가 보여지리라 생각해요. 저는 한국 사회에서도 동성애자들을 지지하는 사람이 많아지리라 긍정적으로 생각하며 살아가기 때문에, 뭔가 잘 안 되었을 때 좀 더 잘해 볼걸, 잘해 볼걸 하며 안타까워할 뿐이죠. 개인적으로는 직장에 다녀 시간을 더 쏟을 수 없는 게 아쉽고요. 이것도 할 수 있었을 텐데, 후원인도 많이 끌어올 수 있을 텐데, 이런 생각을 하죠.

● 어쨌든 일종의 정체성을 갖고 하는 운동이라서 단합은 잘될 것 같습니다. '내가 널 도와줄게'가 아니라 '같이하자'고 할 수 있는 거니까요.

저희 단체뿐만은 아니고, 그런 결집력은 분명히 있는 것 같아요. 상황과 자기 조건, 위치에 따라서 결집력이 달라지긴 하지만요. 결집력은 그런 것 같습니다. 누가 누구를 설득해서 되는 게 아니잖아요. 동인련은 회원과 활동가들이 대부분 동성애자라서 오히려 이성애자들이 함께하고 싶어도 불편해서 오지 못하고, 동성애자들은 자기들대로 '쟤는 왜 왔는데' 할 때가 있습니다. 그런 걸 보면 안타깝죠. 그건 우리가 지향하는 게 아니니까요. 그래서 이성애자들이 오는 것을 불편해하는 동성애자들을 설득하고, 사무실에 와서 쭈뼛거리고 있는 이성애자들이 있으면 적극적으로 다가가서 얘기해도 괜찮다고 설명해 주죠. 자기들끼리 있으면 더 편하니까, 이성애자들과 상관없는 자기들만의 말로 좀 더 자유롭게 얘기할 수 있으니까 좋아하는 건데, 좀 더 많은 사람과 결집하려면 달라져야 할 부분이라고 생각해요.

자긍심과 권리는 누가 누구한테 해 줄 수 있는 개념은 아니잖아요. 동인련이라는 공간에서 너의 자긍심과 권리를 찾아가되, 함께 찾아가는 방법을 배우자고 말해요. 그래서 군대나 학교에서 차별당해 큰 상처를 입은 사람들을 지지하고, 지원할 수 있는 역량을 계속 쌓아 가면 좋겠어요.

● **앞으로 인생에 있어서 불안한 것이 많을 텐데요.**

도전을 계속 받겠죠. 저도 그렇고, 단체도 그렇고. 어쨌든 삶은 지속해 나가야 하니까, 살다 보면 이성애 중심적인 사회에서 차별당하는 일도 있을 거고, 불편한 상황도 있을 거고, 사람 관계에서도 문제가 생길 수 있고요. 과거 군대 경험을 말씀드렸지만, 거기에 버금가는 많은 일이 살다 보면 생길 거라고 생각해요. 지금 파트너랑 같이 살고 있는데, 우리 둘을 인정해 주는 제도도 없고, 동성애자들이 부정되는 사회에서 그런 권리를 얘기할 수 있는 현실도 아니고, 그러다 보니까 저와 연결된 모든 상황이 저한테는 큰 문제로 와 닿죠. 그렇기 때문에 저에게 동인련은 '보험'이죠. 이 공간을 찾는 사람들이 저에게 일어난 여러 일에 함께 슬퍼하고, 기뻐해 줄 테니까요. 또 제가 누군가의 슬픔과 기쁨에 함께할 수 있고요. 사람 사이 관계의 중요성을 저는 이 공간에서 많이 배웠어요. 그래서 제도가 만들어져 있지 않더라도 가시밭길 같은 세상을 살아갈 수 있으리라 생각합니다. 기본적인 제도, 장치들을 만들기 위한 노력은 끊임없이 해야 될 거고요.

　전국장애인차별철폐연대 박경석 상임공동대표가 어떤 토론 자리에서 이런 얘기를 하신 적이 있어요. "장애인 활동가들은 사실 이 세상에서 그동안 만들어 온 것에 대해 불편함을 제기하는 사람들이다, 이런 거 이런 거 불편하다, 이런 거 이런 거 개선해야 된다, 끊임없이 이 사회가 불편하게 느낄 수 있도록 의제를 던지고 싸우는 사람들이다"고요. 그 말에 크게 공감했어요. 그게 저나 동인련이 해야 할 역할 같았습니다. 특별히 불편하지 않게 살아가는 많은 사람에게 불편함을 제기하는 것, 나의 불편함이 아니라 이 사회가 불편하게 느끼도록 하는 문제를 제기하는 것이 중요하다고 생각해요. 그래야만 동성애자들이 살아가는 데 놓인 많은 가시밭길이 조금이라도 사라질 테니까요.

우리가 부드러운 이유

● 불편함을 제기하는 방식이 과격하게 보일 수도 있는데요. 장애인이동권연대의 경우 전철을 세우거나 도로를 점거하면서 문제를 제기하잖아요. 그런 것에 비하면 동인련은 부드러운 방식이지 않았나 싶기도 합니다.

그것은 맞는 말이에요. 운동을 하는 데 어떤 방법을 취할 거냐 하는 고민은 요즘같이 드러내 놓고 동성애자들을 혐오하는 상황에서는 더더욱 할 수 밖에 없는 거고요. 저희 운동 방식이 부드럽다고 평가하는 분들도 있는데, 쉽게 얘기하면 조심, 조심한다는 거죠. '거칠지 않으면 우리 얘기를 누가 들어줄 것이냐', 그런 얘기를 장애인 활동가들이 하시더라고요. 왜 그럴 수밖에 없었는지 설명해 주실 때 많이 공감했어요. 우리는 왜 못할까, 그런 시도를 안한 걸까, 못한 걸까, 이런 생각이 들었고요. 그래서 드러내기 방식에 대해 고민이 많습니다.

● 그런 태도를 취하지 못하는 이유도 이해는 가는데요. 그게 딜레마일 수도 있을 것 같거든요. 그래서 가끔은 조금은 거친 방법이 필요하지 않을까 하는 고민도 있으실 것 같네요.

일부 활동가들이 만들어 낸 드러내기 방식보다는 많은 사람의 공감과 힘을 모아 낸 방식이면 좋겠어요. 우리 힘으로 세상에 불편한 물음을 던졌으면 좋겠고요. 여하튼 이거든 저거든 부족한 것은 사실이에요. 호모포비아들이 노골적으로 저희를 공격하는 지금은 모든 방법이 필요한 시점이긴 하죠. 공격적인 뭔가가 필요할 것도 같고요. 결국, 절박함의 문제 같아요. 장애인운동 활동가들이 철로에 누울 수밖에 없었던 건 '절박함' 때문이라고 생각해요. 우리가 절박함을 공격적인 방식으로 드러냈을 때 사람들 반응은 어떨까, 우리가 그 반응을 고민해야 되는가, 여러 가지 고민을 합니다.

● 철로에 눕거나 차를 세우고 이런 것만이 공격적인 것은 아니라고 생각하거든요. 이를테면 개고기 식용을 반대하는 분들은 개고기를 먹는 분들에게 말로 공격하고, 도덕으로 공격하잖아요. '어떻게 개를 먹

는 개새끼가 있냐?' 이런 식으로요. (웃음) '니들이 후진 거야'라고 얘기하는 공격성도 좀 필요하지 않나 싶은데요.

맞습니다. 동인련이 원하는 사회를 만들기 위해 어떤 활동과 의식이 지금 필요한가라는 질문과도 연결되는 것 같아요. 그동안 동인련은 공동체를 지향하는 단체였어요. 인권과 권리를 확장할 수 있는 문제 제기를 하고, 우리한테 무엇이 필요하고, 어떤 것들을 차근차근 만들어 갈지에 대해서 얘기하기 시작한 건 얼마 되지 않았죠. 그러다 보니까 우리 전술이나 고민을 표현하는 방식이 너무 수세적이었다는 것도 엄연한 사실이죠. 역사가 모든 것을 만들어 주는 것도 아닌데요. 동성애운동에서 지금 필요한 것은, 우리가 앞으로 어떤 모습으로 사람들에게 다가가고, 권리가 무엇이고, 우리 권리를 어떻게 만들 것인지에 대해 치열하게 논의, 논쟁하는 거라고 생각해요. 그런 점이 부족했던 것 같습니다.

저라고 뚜렷한 정답을 안고 활동하는 것은 아니에요. 회원들과 어떤 것을 결정하거나 논의해 보면 동성애자이기 때문에 쉽게 도전하지 못하는 것이 많죠. 철로에 눕는 것, 우리도 그런 얘기 많이 했어요. 그런데 우리가 철로에 누우면 깔고 지나갈 것 같더라고요. (웃음) 장애인들을 바라보는 시각이 부러울 때가 있었어요. 이주노동자들의 경우 같은 사회적 소수자지만, 놓인 위치는 또 저희와 다르다고 생각해요. 저희는 한국 사회에서 무척 불편해하는 성과 직접 연결되어 있잖아요. 그러다 보니까 활동가들도 무척 위축되죠. 스스로 어떤 자긍심을 쌓기도 전에 공격을 받으면서 활동한 사람들이니까 출발 지점이 다른 것 같습니다.

그동안 우리가 투쟁해 온 과정을 보면 부족해 보일지 모르겠지만, 그간 이루어 낸 것들과 드러나지 않았던 내공, 성과들이 보일 날이 분명히 있으리라 생각해요. 그리고 그것들은 폭발적으로 드러날 겁니다. 단점이라 여기는 것들을 역으로 쓰면, 아주 독특하면서 새로운 전략을 만들 수도 있다고 생각해요. 얼마 전에 교황이 방문한 유럽 쪽의 나라였는데, 교황은 동성애를 인정하지 않는 사람이잖아요. 동성애자 2백여 명이 교황이 가는 길목마다 서서 키스 시위를 했습니다. 우리는 사랑을 위해서 싸우는 것이다, 그걸 보면서 사랑을 표현하는 방식이 시위 수단이 될 수 있겠구나 하는 생각이 들었어요. 과거에도 많이 써 왔던 방식이지만, 그런 것들을 보면서 한편으로는 무척 유쾌하고, 우리가 쓸 수 있는 공격적인 방법일 수도 있겠구나 싶었죠.

● 일단 사람들의 분노를 불러일으킨다는 점에서는 생각해 볼 거리가 있겠네요. (웃음) 방통대에서 청소년학을 공부했다고 들었는데, 동인련 청소년 회원들의 잇따른 자살 때문이었을 것 같은데요. 앞으로는 어떤 사업을 구상하고 있나요?

아이디어는 아주 많아요. 너무 하고 싶은 일이 많아요. 아까 청소년과 에이즈 문제를 얘기하셨지만, 반대편에 있는 사람들이 동성애자들을 공격할 때 많이 하는 얘기가 동성애는 청소년들에게 유해하다, 동성애자들은 에이즈 질병을 퍼뜨리는 주범이다는 건데요. 상당히 시대에 뒤떨어진 얘기라 우리는 웃고 넘어가지만, 그들로서는 고도의 전략이죠.

● 먹히니까 쓰겠죠.

당사자 그룹을 조직해 이런 주장을 반박하는 게 중요하다고 생각
해요. 청소년 동성애자들과, 에이즈 환자들과 동인련이 함께할 수
있는 바탕을 마련하기 시작한 게 겨우 2009년, 2010년이에요. 이
런 시도들을 안착시키는 것이 제 역할이라고 생각해요. 성소수자
중에서도 세 그룹이 어렵다고 생각해요. 청소년 동성애자, HIV
감염인 동성애자 그리고 트랜스젠더예요. 동인련 회원 중에도 이
런 분들이 있지만, 이들의 삶에 대해선 깊이 고민해 보지 못했어
요. 이들과 함께 더 많은 활동을 해 보고 싶어요. 동성애자 커뮤니
티가 에이즈에 큰 편견을 가지고 있어요. '너네들 때문에 우리까
지 욕먹는다'는 막연한 생각 때문에 공동체에서 계속 감염인들을
배척해요. 에이즈는 전염병이고, 감염 경로가 명확해서 예방만 잘
하면 되는데도 그냥 싫은 거죠.

● 뭔가 찜찜한 거겠죠. 공격하는 사람들의 논리가 머릿속에 알게 모
르게 각인된 측면도 있을 것 같고요.

우리 커뮤니티가 그들을 배척하면 안 된다고 생각해요. '뜨거운
포옹'을 해야 한다고 생각해요. 포옹하면 말을 하지 않아도 감정
이 서로에게 전달되는 것처럼 이 사람의 상처와 즐거움 모든 것을
함께하자는 캠페인을 벌인 적이 있는데, 이런 운동을 더 확대하고
싶어요. 편견이 없게끔 커뮤니티가 좀 더 다른 사회적 약자들을
포용하면 좋겠어요.

청소년들을 자주 만나니까 이들이 필요로 하는 것이 뭔지 많이 보이더라고요. 놀이 문화도 없고, 교육도 부족하고. 청소년들을 위한 교육센터, 교육과 상담 이런 것들이 하나로 연결된 중추적인 역할을 하는 기관이 필요하다고 생각해요. 나이 든 선배들의 가장 큰 두려움은 혼자 살아가야 한다는 거예요. 노후 복지 부분에 대해선 논의조차 못한 게 현실인데, 앞으로 이런 영역으로까지 문제 범위를 더 넓혀야 한다고 생각해요.

트랜스젠더를 담지 못한 단체 이름

● 아까도 말씀하신 것처럼 그런 문제를 풀어 가려면 내부에서 그런 것에 대해서 불편해하는 사람들 생각도 바뀌어야 될 텐데요.

저는 바꿀 수 있다고 생각해요. 불편한 것은 끄집어내야지, 그다음부터 얘기가 시작되지 않습니까? 속으로 갖고 있으면 해결이 안 되잖아요. 저는 동인련이라는 이름이 불편해요. 트랜스젠더들에게 할 말이 없어요. 이성애자들도 포함하면서 성소수자 인권을 위해 함께하자는 단체인데, 동인련 이름 자체가 걸림돌이 된다면 과감하게 버릴 수도 있어야 된다고 생각해요.

● 그래도 10년이 넘은 전통 있는 단체 이름인데, 바꾼다면 반발하는 사람도 있을 것 같은데요.

진통이 있겠지만, 불편함을 함께 얘기할 수 있다는 것 자체만으로도 큰 의미가 있다고 생각해요. 회원들 모이면 그런 얘기 많이 해요. "동인련 이름 바꿔야 해." 회원들이 동인련을 정확하게 바라보고 있다는 생각이 들어요. 그런 생각은 나만이 아니라 다양한 사람이 모이는 곳이기 때문에 이 이름이 때로 걸림돌이 될 수 있겠구나 하는 문제의식에서 출발하는 거잖아요. 언제 바뀔지는 모르겠지만, 동인련의 역사와 가치를 지키기 위해 이 단체를 바라보고, 앞으로 이 단체에 찾아올 많은 사람에게 벽을 만들 필요는 없다고 생각해서요.

● 친구사이와 다른 점은 뭔가요? (웃음)

친구사이는 큰 단체죠. 게이들이 모여 있고. 인권운동 하면서 자주 만나는 단체고요. 회원 구성이 좀 다른데, 저희의 경우 아까도 말씀드렸듯이 여성과 청소년 등과도 함께 활동하죠. 친구사이는 게이 문화에서 중요한 역할을 하고요. 저희도 저희 나름의 역할을 하고 있어서, 특별히 다르다고 생각하진 않아요. 부럽죠. (웃음) 상호 보완적이라고 해야 하나요.

● 어떤 점이 부러운가요? (웃음)

자금력. (웃음) 게이라는 타깃 그룹이 명확하고, 공동체 안에서 친구사이가 하는 역할과 친구사이에 대한 기대치가 있는데 그런 점도 많이 부러워요. 그다음에, 회원이 많잖아요. 회원들이 자부심

퀴어 퍼레이드에서 나부끼는 동인련 깃발.

을 갖고 있어서 주변 사람들에게 적극적으로 자랑하면서 후원을 권하고, 그래서 후원자가 빨리 늘어나는 걸 보면 부럽죠.

● **마지막으로 하고 싶으신 말은 없으세요?**

요즘 들어 사랑에 관해 많이 생각해요. 우리 사랑을 이 사회가 부정하고, 인정하지 않는 것 자체가 너무 슬퍼요. 우리는 우리의 사랑을 위해서 싸우는 거예요. 우리가 자유롭게 사랑할 권리, 어떻게 보면 좋아하는 상대와 파트너십을 유지하면서 살 수 있는 권리를 위해서요. 그러자면 제도와 사람들 인식을 바꿔야겠죠. 우리의 최종 목표 지점은 사랑입니다. 그 사랑이 특별하지 않고, 보편적으로 이 사회에서 받아들여지게끔 동인련이 활동해야겠고요.

저도 부끄러운 점이 많아요. 제 사랑을 사람들에게 보여 주지 못했거든요. 파트너랑 5년 넘게 살고 있는데, 회사 동료들에게는 파트너 없는 독신주의자였어요. 상대를 부정한 거죠. 용기를 못 낸 것에 대해 많이 자책했어요. 그러면서 제가 하고 있는 사랑에 대해 자랑도 많이 하고, 그 사랑이 별나지 않고 부끄럽지도 않다는 마음을 가져야겠다고 생각했습니다. 많은 사람에게 그렇게 하자고 권하고 있고요.

동인련이 무겁지는 않지만 센 단체로 남았으면 좋겠습니다. 가벼워 보이지만 원칙은 센, 할 말은 하는 단체로요. 부족함을 아는 단체, 사람들과 갈등했을 때 갈등만 남는 게 아니라 서로에 대해 공감하는 능력이 더 깊어지는 단체, HIV 감염인들을 위해 최선을 다하는 단체, 청소년 인권을 위해 최선을 다하는 단체로, 동성애자인권연대라는 이름값을 하는, 그렇게 기억되는 단체가 되었으면 좋겠어요. 이 책도 그런 역할을 하는 데 쓰였으면 좋겠고요. 동인련을 보기보다 동인련을 매개로 한국 사회에서 살아가는 동성애자들의 알려지지 않은 삶들을 생각해 주셨으면 좋겠습니다.

행동하는 성소수자인권연대의 '행동들'

1997   가칭 대학동성애자인권연합 건설준비위원회 발족.
        대학동성애자인권연합(약칭 대동인) 출범(노동법안기부법개악에 반대하는
        동성애자연대투쟁위원회 위원 양지용 외 여러 대학 학생들이 발기인이 되
        어 발족).

1998   〈왜곡된 언론보도와 에이즈정책에 대항하는 범동성애자 비상대책위원회〉
        참여.
        소식지 《Dyke》(다이크) 창간. 동성애자인권연대로 명칭 전환.

1999   정부의 인권법 날치기 당정협의에 반대하는 18개 단체 인권활동가 단식농
        성 참여.
        동성애 비하 국정 교과서(윤리, 교련, 성과행복 외 1권) 수정신청서 제출.

2000   홍석천의 커밍아웃을 지지하는 모임 활동.

2001   제1회 대학동성애자연합캠프.
        동성애자 사이트 '엑스존' 유해 매체물 규정 철회, 청소년보호법 개정을 요
        구하는 동성애자 차별철폐 공동행동 결성.

2003   동성애자인권연대 새 소식지 《LGBT paper》 발행.
        故 육우당 추모 활동. 엑스존 청소년 유해 매체물 규정 철회 청소년보호법
        의 동성애자 차별 조항 즉각 삭제 운동.

2004   청소년 성소수자 상담을 위한 기초 교육 프로그램.

2005   예비 교사와 함께하는 동성애 워크숍.

2006   故 육우당 추모집 《내 혼은 꽃비 되어》 발간.
HIV/AIDS 감염인 인권 증진을 위한 에이즈 예방법 대응 공동행동 및 HIV/AIDS 감염인 인권 주간 참여.

2007   2007 성소수자 진보 포럼 '성소수자, 진보에 레인보우를 입히다' 개최.
누더기 차별금지법 반대 활동, 성소수자 차별 및 혐오 저지를 위한 긴급 번 개 참여.

2008   에이즈 치료제 공급을 거부하는 로슈 규탄 활동.
성소수자 차별반대 무지개행동 결성 참여.
미국산 쇠고기 수입, 한미FTA 반대 촛불 운동 참여.

2009   故 육우당, 오세인 추모 청소년 성소수자 인권증진 캠페인, 청소년자긍심팀 구성.
군 관련 성소수자 인권 침해, 차별 신고 및 지원을 위한 네트워크 출범.
성소수자 노동권팀 결성.

2010   차별금지법제정연대 활동, HIV/AIDS 인권팀 구성.
드라마 〈인생은 아름다워〉와 동성애 혐오를 조장하는 '바른 성문화를 위한 국민연합', '참교육 어머니 전국모임' 규탄 기자회견 공동개최.
《교사들이 반드시 알고 있어야 하는 청소년 성소수자 인권지침서》 발간.

2011   동성애 처벌법 군형법 92조 위헌 판결 촉구 활동.
《후천성 인권 결핍 사회를 아웃팅하다》 출판.
제10회 아시아 태평양 에이즈 대회 참가.
성소수자 노동자 인터뷰 사업 진행.
차별 없는 서울시 학생인권조례 제정을 위한 농성.

2012   농성장연대-순회지지방문(연대한바퀴) 활동.
              동성애자인권연대 15주년 기념 사무실 이전을 위한 후원 사업.

2013   故 육우당 10주기 추모 문화제. 제1회 육우당 문학상.
              성소수자 가족구성권 보장을 위한 네트워크 결성 참여.

2014   세월호 진상규명 운동 참여.
              성소수자 부모모임 시작.
              서울시민인권헌장 선포 촉구, 박원순 시장 사과 요구 및 서울시청 점거
              농성.

2015   행동하는성소수자인권연대(행성인)로 단체명 변경.
              故 육우당 추모, 혐오와 차별에 희생된 이들을 기억하는 이상한 연대문화제.
              《행성인 회원을 위한 HIV/AIDS 가이드북》 발간.

2016   행성인 인권캠프.
              《성소수자 자녀를 둔 부모 가이드북》과 성소수자 부모모임 인터뷰집 《나는
              성소수자의 부모입니다》 발간.
              박근혜 정권 퇴진 비상국민행동 참여.

2017   차별금지법제정연대 재발족 참여.
              육군 성소수자 군인 색출 수사 규탄 행동.
              대선 대응 활동.
              《후천성 인권결핍 사회를 아웃팅하다》 개정판 출판.